课程治理现代化丛书

张秋来　王　琦　杨四耕　主编

个性化学校课程体系

王　琦◎主编

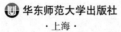

华东师范大学出版社

·上海·

图书在版编目(CIP)数据

个性化学校课程体系/王琦主编. —上海:华东师范大学出版社,2025. —(课程治理现代化丛书).
ISBN 978 - 7 - 5760 - 5871 - 0

Ⅰ. G423

中国国家版本馆 CIP 数据核字第 2025EZ9113 号

课程治理现代化丛书

个性化学校课程体系

丛书主编　张秋来　王　琦　杨四耕
主　　编　王　琦
责任编辑　刘　佳
项目编辑　林青荻
审读编辑　陈成江
责任校对　陈　易
装帧设计　卢晓红

出版发行　华东师范大学出版社
社　　址　上海市中山北路 3663 号　邮编 200062
网　　址　www.ecnupress.com.cn
电　　话　021 - 60821666　行政传真 021 - 62572105
客服电话　021 - 62865537　门市(邮购)电话 021 - 62869887
地　　址　上海市中山北路 3663 号华东师范大学校内先锋路口
网　　店　http://hdsdcbs.tmall.com

印 刷 者　浙江临安曙光印务有限公司
开　　本　787 毫米×1092 毫米　1/16
印　　张　16.25
字　　数　183 千字
版　　次　2025 年 4 月第 1 版
印　　次　2025 年 4 月第 1 次
书　　号　ISBN 978 - 7 - 5760 - 5871 - 0
定　　价　54.00 元

出 版 人　王　焰

(如发现本版图书有印订质量问题,请寄回本社客服中心调换或电话 021 - 62865537 联系)

编委会

主编:王　琦

成员:朱一鹏　欧惠玲　杨秋琳　单含嫣　岳　丽
　　　邱上元　林可盈　朱舒莉　饶娇英　李小阳

丛书总序

　　为了高水平推进区域课程治理现代化,深圳市坪山区立足"创新坪山、未来之城"的建设,唱响"深圳坪山,无限可能"的口号,相信每一所学校的力量,相信每一位教师的力量,相信每一个学生的力量,深化区域课程教学改革,推进课程治理机制创新,深化育人重点领域和关键环节改革,提升课程智治水平,转变育人方式,高水平推进深圳东部中心课程治理现代化。

　　坪山区确定了课程治理现代化的总体目标:完善课程治理机制,优化课程治理方式,创新课程治理载体,提升课程治理效能,形成国家主导、区域统筹、学校实施、社会参与和学生选择的课程治理新局面,开辟高水平推进区域课程治理现代化新赛道,争当深圳市课程治理现代化先行者,努力成为全面展现中国特色社会主义教育制度优越性的示范窗口和典型样板。在此基础上,形成了区域课程治理现代化的具体目标。

　　1. 完善课程治理机制。构建上下联动、问题倒逼、试点推广和协同推进等课程治理新机制,持续深化基础教育课程改革;广泛吸纳各种力量参与,通过由学校引导机制、师生参与机制、专家干预机制和社会力量融入机制等组成的复合型机制,促进课程资源高质量供给,有效达成课程改革的多重目标。

　　2. 优化课程治理方式。采用文化治理与依法治理相结合、内部治理与外部治理相结合、全面治理与专项治理相结合、横向治理与纵向治理相结合的多维课程治理方式,实现课程治理方式的优化组合。根据治理的问题难度、治理的主体组合和治理的过程情况,灵活采取一种或多种治理方式,实现课程治理最优化。

　　3. 创新课程治理载体。进一步厘清政府、社会、学校及教师的课程治理权限,强化课程治理的国家意志,把握课程政策走向,理解课程标准,设计课程计划,研制课程规划,优化课程设计,推进课程审议,落实课程研修,开展课程视导,寻求技术赋能,创建多元协同课程治理共同体,不断创新课程治理载体。

　　4. 提升课程治理效能。培育一批深入实施新课程的先进学校,提升教师课程治理能力,促进学生个性全面发展;总结发现一批课程育人成效显著的典型案例,形成一套更加完善的,有时代特征、坪山特点、中国特色的课程治理制度体系,为率先实现高水平课程治理现代化提供坚实保障,奠定坪山教育现代化的制度基石。

如何高水平推进区域课程治理现代化?深圳市坪山区把握以下几条原则。

一是坚持正确方向,强化课程治理的国家意志。课程治理是国家事权,要坚持正确方向,充分体现课程治理的国家意志,确保社会主义办学方向,坚持立德树人,服务国家战略需求,将社会主义核心价值观融入课程体系之中。

二是坚持问题导向,破解课程治理的系列难题。围绕着课程理念难更新、课程逻辑难理顺、课程实施难深入、课程资源难协调、课程研究难深化、课程治理体系不配套等突出问题,深化体制机制改革,着力破解课程治理的系列难题,助力学生健康成长。

三是坚持守正创新,把握课程治理的内在逻辑。加强学校课程顶层设计,总结课程改革成功经验,着眼于课程制度建设,坚持守正创新,鼓励各校深入探索、勇于创新、不断完善,把握课程治理的内在逻辑,持续激发学校课程治理活力,讲好坪山课程故事,传递中国课程话语。

四是坚持放管结合,构建课程治理的协同机制。处理好政府办学主体责任和学校办学主体地位之间的关系,遵循多元治理原则,明确政府、社会、学校和教师的治理权限,发挥自上而下与自下而上相结合的课程改革动力作用,坚持顶层设计与分步推进相结合的课程改革方法论,构建课程治理的协同机制,深化基础教育课程改革。

五是坚持有序推进,完善课程治理的路径选择。强化党委统筹、政府依托和各方参与间的协调配合,坚持渐进调适与全面深化相结合的课程治理路径选择,注重从实际出发,加强分类指导,因校制宜,积极稳妥推进,处理好改革、发展、稳定三者的关系,切实增强课程治理的针对性、协调性和有效性。

为高水平推进区域课程治理现代化,深圳市坪山区注重系统性,避免零打碎敲;注重渐进性,实现平稳过渡;注重协同性,实现点面结合,全面建设高品质课程体系。深圳市坪山区主要围绕以下六大任务推进区域课程治理现代化。

第一大任务:健全立德树人落实机制

1. 价值引领机制。以课程规划为抓手,建立健全德智体美劳全面发展的人才培养体系。在坚定理想信念、厚植爱国主义情怀、加强品德修养、增长知识见识、培养奋斗精神、增强综合素质上下功夫,建构坪山区"5T"课程目标观,着力培养有思想

(thinking)、有才干(talented)、有韧性(temper)、会合作(teamwork)、可信赖(trusty)的新时代坪山学子,使学生有理想、有本领、有担当,培养德智体美劳全面发展的社会主义建设者和接班人。

2. 系统衔接机制。完善中小幼一体化德育课程体系,大力培育和践行社会主义核心价值观,推进各学段纵向衔接、各学科横向融通、课内外深度融合。提高智育水平,培养关键能力,激发创新意识。完善体质健康教育,增强师生审美能力。加强劳动教育,完善家庭、学校、社会教育体系。实现不同学段、不同环境中的课程思政的前后贯通和优势互补。

3. 动力形成机制。以评价改革为纽带,通过设计和推进适用于政府、学校、社区和教师等不同主体的立德树人评价标准,探索多样化的适合师生需要的激励方式,增强不同教育主体立德树人的动力,不断激发课程育人的积极性、主动性和创造性。

4. 能力提升机制。以学科育人为重点,通过加深教师对学科课程哲学和育人价值的理解,通过对各学科课程目标、结构、内容、实施方法和评价要求的把握,发挥好立德树人主渠道的作用,不断提升课程育人能力。

5. 力量汇聚机制。以供给侧改革为统领,通过对人、财、物、时间、空间五大要素的优化整合与合理配置,构建社会支持、机构指导、协会自治、联盟推进、家校共育的合作体系,形成学校全面开放、家长深度参与、社会共同支持的力量汇聚机制,形成立德树人合力,不断提高课程育人成效。

第二大任务:建设高质量课程体系

高质量课程体系建设要突出课程育人属性,面向全体学生,因材施教,通过多主体协作、多资源统整、多场域协同,研制学校课程规划,优化学校课程结构,形成学校课程特色,满足学生多元发展需求。

1. 研制学校课程规划。坚持"一校一策",把国家统一制定的育人"蓝图"细化为学校的个性化育人"施工图"。学校要立足实际,分析资源条件,确立学校课程哲学,厘定培养目标,细化课程目标,因校制宜规划学校整体课程,以育人方式和学习方式变革为重点,创造性设计课程实施方案,激活学校课程管理,提升课程的文化内涵,彰显课程的逻辑力量。

2. 优化学校课程结构。以促进学生个性全面发展为目标,设计刚需课程、普需课程和特需课程,高质量落实体现国家课程刚性要求的刚需课程,建设体现学生兴趣爱好的普需课程,设计基于学生个性发展的特需课程,将课程理念、原则要求转化为具体的育人实践活动,满足学生多样化发展需要。

3. 形成学校课程特色。学前教育阶段按照幼儿学习与发展五大领域的要求,注重共同课程与特色课程的全面建构;义务教育阶段确保全面落实国家课程,注重与地方课程和校本课程的统筹实施;普通高中在保证开齐开好必修课程的基础上,注重适应学生特长优势和发展需要,提供分层分类、丰富多样的选修课程,形成体现学校办学特色的课程育人体系。

第三大任务:开发高品质课程内容

积极回应社会发展的新要求和育人实践的新挑战,把握课程迭代发展要求,构建以国家课程为主体、地方课程和校本课程为重要拓展和有益补充的课程内容体系,促进课程资源的高质量供给。

1. 推动学科课程群建设。以学科课程标准为依据,立足学校实际,培育优势学科和特色学科,基于学生发展需求,从学科课程哲学、学科课程目标、学科课程框架、学科课程思路、学科课程实施和学科课程管理等方面研制学科课程群建设方案,推动学科课程群建设,形成学科教学特色,优化学科教学过程,落实学科核心素养,严格学科常规管理,抓实学科教研活动,促进学科教研组建设,打造一批特色学科建设示范学校,实现优质均衡发展。

2. 落实科学素养提升行动。立足科技发展前沿,深化科学教育改革,开齐开足科学课程,强化做中学、用中学、创中学,推进跨学科综合教学。加强科学教育实践活动,持续深入开展科普教育,激发青少年好奇心、想象力、探求欲,提升学生解决实际问题的能力,发展学生科学素养。继续推进 STREAM 课程、创客教育课程、大师进校园课程和人工智能课程,关注未来社会,传播未来思想,增强未来意识,建立未来观念,探索未来教育课程体系,增强课程摄入的主动性。

3. 推进综合素养课程建设。继续推进家校共育"燃"课程、阳光阅读"亮"课程、底色艺术"炫"课程、悦动体育"嗨"课程、劳动教育"润"课程和生涯教育"导"课程,积极融入时代潮流,充分彰显课程的时代内涵,提升学生的综合素养。

第四大任务:提升课程实施质量

立足课程标准,通过试点先行和示范引领机制,探索单元整体课程设计,推进教学方式深度变革,提高作业设计水平,着力解决课程改革重难点问题,全面提高课程实施质量。

1. 探索单元整体课程设计。聚焦核心素养培育,基于学科课程标准,以学科大概念为核心,从明确单元课程理念、分析单元课程情境、厘定单元课程目标、研发单元课程内容、激活单元课程实施和设计单元课程评价等方面入手,探索单元整体课程设计,实现标准要求与目标设计、课程设计与教学设计、内容设计与学习设计、任务设计与活动设计、教学设计与评价设计的有机统一,提升学科课程育人价值。

2. 推进教学方式深度变革。根据核心素养形成规律,依据学生学习发生的基本途径,在学习、交往、实践和反思的基础上,逐步把间接学习和直接学习,知识学习与问题解决,形式训练与任务完成,课堂学习与实践活动,课内外、校内外、家庭学校社会结合起来,多主体协同、多途径融合、多情境转换,课程实施路径与学生学习方式紧密结合,注重学科实践和跨学科学习,让学生通过亲身体验丰富学习的直接经验,促进经验之间的转化和融合。加强课程学习与综合实践、社会生活的联系,建立以学习为中心的课程连续体,丰富学生的学习情感态度,体验学习过程与方法,促进学生核心素养的形成。

3. 全面提高作业设计水平。在用好基础性作业的基础上,多维度引导教师提高作业设计水平,鼓励教师设计探究性作业和实践性作业,探索设计情境性跨学科综合作业;广泛开展优质作业设计展示交流,加强作业设计培训。

第五大任务:创新课程评价方式

课程评价是课程建设质量的根本保证,对高品质课程建设具有激励、监督和调控作用。

1. 课程发展的文本评价。系统考查学校课程规划、学校课程指南、学科课程群建设方案、跨学科课程创意设计、校本课程纲要、单元整体课程设计等课程文本是否齐备,查看相关内容要素是否完整、表述是否科学、设计是否规范。

2. 课程建设的主体评价。课程建设的主体评价主要包括校长、教师和学生。其中,评价校长的课程领导力,主要从价值理解力、逻辑建构力、目标厘定力、框架设计力、课程开发力、实施推进力、评价激励力和资源保障力角度进行;评价教师的课程执行力,最主要看教师对所教课程的理念理解度和目标达成度;评价学生的课程学习,最主要是看通过课程的学习,学生的行为模式和学业成绩的提升效果,即学校育人目标的达成度。此外,外部因素对于课程实施的影响,比如政府机构的支持力度,相关社会力量诸如社会团体、社区资源以及学生家长的支持和理解等,也是课程实施过程评价需关注的内容。

3. 课程实施的效果评价。从以下三个维度进行评价:一是学生的学习结果,包括学生在课程学习过程中的表现、学生对课程学习的态度、学生核心素养的培养、学生对不同学习方式的运用、学生对课程的满意程度；二是教师的专业发展，包括教师课程领导力的提升、教师参与课程设计能力的提升、教师进行评价能力的提升、教师共同体的成长、教师对课程方案的满意程度等；三是学校的发展成效，包括课程建设是否促进学校的发展、是否为学校发展带来新的契机，家长对学校课程的满意程度，课程评价结果对于学校课程发展的价值等。

第六大任务：提高课程智治水平

课程治理现代化是在信息化、数字化、智能化背景下，通过创新教育模式、优化课程体系、推进课程实施、加强课程管理，全面提升课程品质的过程。升级课程资源数据库，构建课程智治长效发展机制，全面提高课程智治水平，是课程治理现代化的重要任务。

1. 加快课程数字化转型。充分利用人工智能和大数据技术，建设泛在学习环境，推进课程数据库建设，实现课程供给的个性化精准服务和资源多元融合，推进课程数字化转型，发展终身学习体系。

2. 推进数字化赋能教学。充分利用数字化赋能基础教育，推动数字化在拓展教学时空、共享优质资源、优化课程内容与教学过程、优化学生学习方式、精准开展教学评价等方面广泛应用，基于大数据开展信息技术与教育教学的深度融合，推进个性化精准教学，促进教学更好地适应知识创新、素养形成发展等新要求，构建数字化背景下的新型教与学模式，助力提高教学效率和质量。

3. 建立课程反馈改进机制。完善课程管理规范体系，建立学习数据隐私保护机制。统筹推进课程数据无感采集、深度挖掘和开放共享，建立贯通的课程大数据归集和分析系统，形成课程反馈改进机制，为有效推进课程实施提供参考依据。

为了落实上述六大任务，深圳市坪山区变革传统教研方式，以问题为导向，在区域层面推进科研、教研、师训、信息四大研究部门贯通与融合，整合各类资源，建立健全协同研究机制。联合教科研机构、高校及培训、电教、装备等部门，充分发挥外部专业力量与内生力量的共同作用。探索课程备案与审议制度，强化专业引领，促进课程品质的整体提升。同时，构建课程督导机制，强化政府履行教育职责，提升政府对课程改革的保障能力，优化课程资源配置，优化区域课程改革环境。推进课程视导，落实课程专项督导制度，提升课程专项督导水平。引入第三方课程视导机制，合理运用视导结果，将结果作为资源配置的重要依据。

五年来，坪山区推进课程治理现代化取得了丰硕的成果，抢占了时代制高点，找准了理想落脚点，突出了现实结合点，把握了根本着力点，形成了常态落实点，积累了独具特色的坪山课程改革经验。

张秋来　　王琦　　杨四耕

2024 年 6 月 7 日

目 录 | contents

第一章　　　语境的独特性：个性化学校课程体系的起点　　　　　　　1

每一所学校的课程情境都是独特的。分析学校课程情境，在宏观层面，要用历时的眼光看待特定时间的经济社会条件以及人文政策环境等因素，在顺应时势和趋势中构建学校的课程体系；在中观层面，要在特定的时间段，分析和了解学校周围的社区环境以及居民对教育的期盼等，争取更多社会资源的支持，丰富学校的课程资源；在微观层面，要从即时性的角度，了解教师的课程能力、学生的学情以及学校的实际情况，构建出符合实际、可操作性强的课程实施路径。

每一所学校都有自己的课程价值观，这种课程价值观总是持续地蕴含在课程实践中，具有持衡性。课程价值持衡性首先是平衡性，课程要在个体与社会、知识与活动之间寻找平衡点；其次是恒定性，持续稳定地存在于学校课程的各个要素和整个过程之中，为个性化学校课程的建设指明方向、指导行动、引领发展；最后是聚焦性，学校课程需要清晰明确的价值观念引领，因此课程的社会价值和课程个人价值的确立，都需要紧紧聚焦对于教育根本问题的探究和思索。

课程目标的聚焦性，是课程建设的价值导向和基础核心，直接映射了学生所达成的预期学习成果。学校课程建设，需要确立科学完整的、高聚焦性的学校课程目标体系。目标体系的确定，需结合国家教育方针目标的总要求，明确学生发展核心素养和关键能力；需结合学校办学理念和课程哲学，确定学校育人目标和课程目标；需结合学生身心发展特点进行细化和分解，确定年段目标。聚焦目标是学校课程建设的战略核心，有了明晰、全面、系统的课程目标才能确保课程框架的明晰、全面、系统，从而引领学校课程整体构建和实施。

学校课程框架的谱系性是通过遵循科学合理的逻辑，梳理、分析、判断各课程之间的内在联系和功能定位，以形成横向、纵向关联的立体架构。在横向分类上，按照一定标准将学校所有课程进行合理分类，并明确各类课程之间的关系，把握各类课程要素的横向组织。在纵向布局上，按照年级和学期进行课程布局设计，将各种课程要素合理排序，形成学校整体课程体系。一句话，课程框架建构需遵循"横向连接、纵向贯通"的原则，对整个课程之间及内部的关联性进行廓清与整合。

课程实施的本质是实践活动。实践逻辑要求采取多样的途径和方式来推进课程实施，可以通过活跃的课堂教学，可以通过多样的社团活动，可以通过深度的项目学习，可以通过丰富的学科节日，可以通过整合的研学旅行，可以通过综合的跨学科活动，可以通过各抒己见的学习沙龙，可以通过有意义的创客学习……一句话，活跃的课程实施实现了与自己、与他人和与世界的对话,开启了从熟悉世界向陌生世界的"旅行"。

课程评价是以课程体验为核心的"事件"作为载体,以学习任务体验、学习活动体验、学习情境体验、学习结果体验为具体观测点,对个体的知识体系、情感世界、综合能力、智慧获得感、课程整体成效等进行评价的过程,具有明显的增值性。学校需要运用增值性课程评价来作为不断完善课程建设的重要依据和途径。因此,不仅要充分挖掘课程的增值元素,促进本我多元发展,而且还要借助媒介和现代化评价方式,构建多维度的增值性课程评价体系,促进评价的交互性形成,实现个性化学校课程体系的支撑。

学校课程治理是一项系统性工程，要从制度建设、组织架构、多元主体三个维度建立起协同有效的治理体系。其中，制度建设协同保障，指需要建立起完备的课程开发制度、课程实施制度和课程优化制度；组织架构协同高效，指各部门既要有侧重分工，又要相互协调合作，高效高质量地推动课程建设；多元主体协同共促，指校长、教师、学生、家长、社会等多个主体共同参与学校课程治理，保障个性化学校课程体系的有效实施。

建设个性化学校课程体系

深圳市坪山区是面向未来的创新区域，"建设创新坪山，打造未来之城"是坪山区的总体目标。2012 年，校本课程开发聚焦特色。2014 年，学校课程变革关注八大素养。2016 年，学校课程规划聚焦育人哲学。2019 年，区域推进课程品质提升行动，研制《坪山区品质课程系列建设方案》，聚焦核心素养和育人方式变革。"品质课程"系列建设作为我区课程建设 3.0 行动指南，被列为坪山区教改重大项目。为了促进《坪山区"品质课程"系列建设方案》扎实有效地推进，2020 年坪山区又研制了《坪山区引领性课程实施方案》《坪山区普及性课程实施方案》，以重点研究项目为抓手，引领中小学树立促进核心素养发展的新课程观，唤醒教师现代课程意识，主动迎接技术变革的时代，在立德树人的课程变革行动中，以专业精神、专业行动投入到区域品质课程建设的行列。2021 年，坪山区"品质课程"进入实施关键阶段，项目以区级引领性课程和普及性课程项目为推手，以学校个性化课程整体规划与实施为重点，坪山区学校课程品质得以进一步提升。至此，坪山区课程建设经历了校本课程建设的实践探索、学校课程建设的自主规划和区域课程变革的深度推进三个阶段，每一个阶段都有不同的任务并呈现出别样的特点。

坪山区"品质课程"体系构成中，普及性课程具有全面普及性，引领性课程具有超前引领性，个性化课程具有整体特色性。个性化课程聚焦学校文化、育人目标与现实基础，通过国家课程校本化、地方课程专题化、校本课程特色化，加强学校课程整体规划。通过一校一课程规划、一校一课程图谱、一校一课程特色，建设个性鲜明的学校课程。学校个性化课程比较好地解决了课程碎片化、大杂烩问题，课程更丰富，更契合学生的学习需求，增强了课程的适应性，有效提升了学校课程的理性与品质，彰显了学校课程变革的自主性和创造性。

一 排除干扰，凝聚课程价值共识

坪山区"品质课程"建设倡导多主体参与，充分发挥课程整体育人功能，凝聚课程变革共识的最大值。

课程改革是多主体参与的课程实践活动，应以相关主体间的课程价值共识为基础。2014年，教育部颁布《关于全面深化课程改革落实立德树人根本任务的意见》，强调要统筹和协调课程改革需要的教师、管理干部、教研人员、专家学者、社会人士等多方人员力量，以及课堂、校园、社团、家庭、社会等多元育人阵地，基本形成多方参与、齐心协力、互相配合的育人工作格局。建立区域课程改革价值共识是形成和谐的课程建设主体格局的重要出路，有助于最大程度地实现各课程主体的利益诉求。要发挥课程整体育人功能，课程建设就必须寻求基本的价值共识，要凝聚最大共识，只有上下互动，才能减少阻力，排除各种干扰和障碍。

任何一种课程体系和目标都内含了特定的教育价值观，都体现着一定的价值取向。由于不同课程主体所处立场、视角和代表利益不同，其在对课程的理解上存在很大差异。坪山区"品质课程"凝聚了不同课程主体的价值共识。其中，校长是学校课程整体规划和实施的主要领导者，学校课程建设质量是校长工作业绩的重要体现。教师是学校课程整体规划以及具体课程设计、实施和评价的主要参与者，学校课程建设水平直接影响着教师的工作质量。学生是学校课程的受用对象，是学校课程建设活动的最直接利益相关者，同时也是学校课程设计、实施和评价的重要参与者。家长基于和学生的亲缘关系，成为学校课程建设的间接利益相关者，也是影响学校课程的重要主体，还是学校课程建设的重要资源。各级课程行政管理部门分别代表了不同级别的课程行政权力，负责引导、规范和监督学校的课程建设行为，维护不同层级的课程利益诉求。课程专家代表课程的理论理性，保障学校课程建设的实践探索符合客观规律，同时还是国家课程和地方课程设计的必要参与者。社区和企事业单位为学校课程建设提供重要课程资源，也代表着社会发展对学校课程的利益诉求。这些主体围绕学校课程建设中的具体公共事务，形成了学校课程建设共同体，对区域课程改革达成了一致意见，建立了区域课程改革的价值共识。

二 场景关注,分析学校课程情境

坪山区"品质课程"建设注重场景化课程研究和分析,注重深刻理解特定场景中的课程实践,很好地提升了学校课程的适应性。

影响学校课程发展的因素是复杂多样的。学校课程情境的构成涉及学校内部的一切事物,包括物质的、精神的、有形的、无形的,同时还涉及学校外部的诸多因素。这些因素有的对学校课程发展起着直接的、关键的作用,有的则起着间接的、一般的作用。学校课程情境的构成要素是多元的、多层的、复杂的,坪山区中小学课程情境分析注重宏观、中观和微观课程情境分析。

1. 宏观情境分析。学校课程发展的宏观情境分析,既要分析社会政治、经济与宏观文化背景,又要分析国家教育方针、课程政策以及课程改革的基本走向。英国课程学者劳顿指出:课程开发必须关注宏观文化背景。他认为,旨在课程规划的文化分析会涉及这样一些问题:现行社会是怎样一种社会? 该社会在以何种方式发展? 社会成员希望它如何发展? 在决定这种社会发展方向以及决定实现这种发展所需的教育手段时,将涉及哪些价值观与原则? 在文化分析过程中,劳顿提出,我们应把注意力放在社会政治系统、经济系统、交流系统、理性系统、技术系统、道德系统、信仰系统、美学系统和成熟系统等九种文化系统的分析上。我们通过宏观情境分析来决定人类普遍具有的文化特征,并基于这些宏观情境分析研制课程。学校诞生于特定的时代背景与文化架构之中,是文化选择的结果,我们不能脱离社会现实在"真空中"开发课程。学校领导团队要注意分析社会、政治、经济与文化发展以及国家课程改革政策,只有在情境分析的基础上,才能准确把握学校课程变革的宏观背景,深刻理解课程变革的文化架构,进而准确地揭示课程变革的本质,制定出符合学校发展实际的课程方案。

2. 中观情境分析。学校课程发展的中观情境分析,主要包括学校所在区域实际、社区资源以及家长期望和要求。我们可以通过走访、座谈、问卷、观察、资料查阅等方式,确定在地文化资源状况,分析这些本土资源的可利用性,以及社区对学校课程变革的支持程度和课程的可行性,研究家长参与课程变革的可能性和具体要求等。区域是学校课程发展的重要支撑,社区是学校存在的环境,学校课程发展需要得到区域和社区的广泛支持。学校应尊重家长在学校课程建设上的合理意见,认真分析家长对自己孩子的发展和学校课程方面的期望。此外,学校课程发展还要充分考虑大众媒体的因素,注重对校外教育机构因素的分析。因此,学校应充分把握学校课程发展的中观情境,以利于推进学校课程变革。

3. 微观情境分析。学校课程发展还要对学校微观情境进行分析,将关注的焦点放在学校的具体情况和师生方面。学校微观情境分析主要包括:(1)学生。学校课程变革首先要基于对学生的分析研究,主要包括学生数、年龄状况、男女生比例、家庭背景,以及知识、能力、兴趣、爱好等。(2)教师。教师是学校课程发展的核心要素,教师的专业素养直接关系到课程发展的水平。教师情况分析包括对教师数、年龄分布、性别比例、学历结构、职称结构、专业结构、政治成分结构、身体健康状况、师生比、工作负荷、学术专长、事业心、责任感、合作态度等分析。(3)学校。包括组织架构、课程资源和课程制度。学校的组织架构是为实现教育目标经由分工与合作及不同层次的权利和责任制度而构成的人群集合系统;课程资源状况则包括人力资源、财力资源、物力资源、时间资源、信息资源等;课程制度则包含师生参与课程活动的基本准则和学校管理课程的制度规范等。对这些情况进行分析需要作细致的调查和数据统计,有针对性地对影响学校课程发展的因素作出分析和判断。把握学校课程微观情境因素的具体分析方法主要有五种:一是内外兼修方法,将学校课程史(内史)与学校发展史(外史)兼容合并分析;二是古今统一方法,把学校课程的"过去历史"与"当下走向"结合起来研究;三是史论结合方法,把学校课程史与学校课程哲学结合起来讨论;四是历时共时方法,同时运用历时的纵向研究方法和共时的横向研究方法来确定学校课程历时态的各种思想、观点的关联和共时态的各种行动、思想、观点及文化的关联;五是SWOT分析方法,就是分析学校课程发展的优势(strengths)、劣势(weaknesses)和机会(opportunities)、威胁(threats),对学校课程发展作出清晰、准确的研究,根据分析结果制定课程发展方略。

开展学校课程情境分析可以比较好地把握特定时间段的学校课程宏观、中观和微观情境,有利于研判特定场景中的学校课程哲学和课程实践策略,提升学校课程适应性,推进学校课程深度变革。

三 关注过程,整合课程目标要求

坪山区"品质课程"建设从培养更加完整的人的角度,基于过程取向实现课程目标整合,努力实现课程育人的最大价值。

课程目标的类型主要有一般性目标、行为目标、生成性目标以及表现性目标。一般性目标在课程宏观目标上主要表现为教育方针、教育目的,在课程中观目标上表现为培养目标,它们是教育要达到的一个总体要求,在较长的一段时间内具有相对的稳定性。行为目标是以一种清晰的、具体的、可操作性的方式陈述的课程目标,指明课程与教学过程结束后发生在学生身上的行为变化,具有精确性、可观察性和可操作性,易于导致教师的高度控制,过于追求目标的达成度,忽略学生的个体表现和差异性。生成性目标是随着教育过程的展开而自然生成的课程目标,强调教师、学生与教育情景的交互作用,是课程实践场景的产物,强调课程目标的动态性和生长性,关注过程的动态性和生长性,关注学生的多样性和个性化表现,追求的是教育的过程价值。表现性目标关注每一个学生在与具体教育情境的种种"际遇"中所产生的个性化表现,是学习行为发生的这一过程中学生的多样性反应和个性化表现,追求学生个性的发展和创造性的表现,其在本质上是对"解放理性"的追求。

　　坪山区"品质课程"系列项目秉持过程取向,关注各类课程目标的整合,清晰地反映出各种课程目标的价值。在学校"个性化课程"规划设计过程中,注重从教育方针的角度思考学校育人目标,发挥一般目标的开放性优点,创造性地提出学校育人目标。同时,为了更好地指导学校课程设计,又发挥行为目标具有精确性、具体性、可操作性的优点,从育人目标的年段要求出发厘定学校课程目标。从生成空间来看,一般目标属于比较宽泛的目标,具有开放性,有助于实现课程实施过程中教师主体性、创造性的发挥,建构新的课程以满足学生的学习需要。行为目标属于精确、具体的目标,比较有利于指导教师设计课程。从培养完整的人的角度看,一般目标有助于学生的理解力、创造力、情感、态度以及价值观等方面的培养,行为目标的精确、具体在学生对技能的学习上就会产生明显的效果,从这一角度而言,一般目标和行为目标虽然着重于人的不同方面能力的培养,但为了培养一个完整的人,两者都发挥着很大的作用。坪山区"品质课程"建设从对各类课程目标的比较中发现课程目标整合的实践智慧。课程目标的整合,更有助于实现教育过程的最大价值,培养更加完整的人。因此,坪山区"品质课程"建设关注一般性目标与行为目标的整合,既把握培养人的总要求,又基于过程取向,从义务教育课程方案和课程标准要求中,把握不同年段学生的不同要求和表现,厘定学校课程目标。在课程实施过程中,关注主体参与过程中情境的变化、学生的表现,调动学生参与学习过程的积极性,积极引导学生解决问题,积极与他人交流。如此,学习过程更有价值,更能满足学生的需要,更能关注学生的主体性、差异性以及促进学生的发展。

四 立足时代,筛选课程文化经验

坪山区"品质课程"建设立足时代要求,选择与当代社会生活密切关联的课程文化内容,强调亲身体验和动手实践,给予学习者充分的自主权。

课程内容是构成课程的基本要素,是课程内在的核心成分。从课程理论角度上看,对课程文化内容的筛选,大致分为三种:课程内容即学科知识;课程内容即当代社会生活经验;课程内容即学习者经验。坪山区"品质课程"建设选择与当代社会生活密切关联的课程文化内容,突破了规定性的、外部施加给学生的内容取向,使课程内容具有二维动态性,课程内容不再是实施之前就预先设定好了的一系列相关联的静态内容,而是开放的经验体系,课程内容由原来的课程专家编制的固定的内容体系,变成了由课程开发主体决定的开放的经验架构。如此,课程开发者的主体地位得到尊重,决定学习的质和量的是学习者而不是教材。教师需要通过对学习情境的构建,来激发学习者知识结构中有助于认知的背景知识,构建适合学生能力与兴趣的各种情境,以便为每个学生提供有意义的经验。因此,课程内容不仅是一种事实性的实体性存在,更因不同个体所理解的不同意义而存在,学生从自己的经验出发来理解课程内容,这是一个不断生成的过程。

坪山区"品质课程"建设实践证明:社会文化发展状况对课程文化内容选择具有重要导向作用;课程内容引入当代社会生活经验和学习者经验取向更具有时代气息,更容易在情感共鸣上引导学生参与课程内容,更容易在亲身体验和动手实践上激发学生已有认知结构嵌入。课程内容的文化选择不仅是一个"选择什么"的问题,也是考虑"选择的倾向"的问题。文化选择远远不是一个选好就行的问题,一方面在静态的课程内容层面选择时要保有思想的活力,另一方面还要关注当代生活与课程的互动和释放。当下的选择,必须同时考虑"社会关系"与"个体发展"两个逻辑前提。

五 打破界限,重构课程内容组织

坪山区"品质课程"建设智慧地推进跨学科学习,打破学科界限,重构了课程内容组织,有效地解决了课程超载问题。

一般地说,课程内容组织要考虑纵向组织与横向组织、逻辑顺序与心理顺序、直线式与螺旋式等几对关系,以使课程内容达到平衡和一致。面对复杂的课程世界,坪山区"品质课程"建设智慧地处理了纵向组织与横向组织的关系,主张课程内容按从具体到抽象、从已知到未知、从简单到复杂的顺序呈现给学生,主张打破学科界限,推进跨学科学习/全科教学,以便让学生更好地探索科技和社会问题。我们在创造性探索就广泛的知识范围来编制课程,这和泰勒的整合性原则以及克尔的统合原则是一致的。克尔认为:"如果我们组织的课程旨在达到业已明确规定了的目标,或者是要赋予各个学习领域中所使用的独特概念与方法的经验的话,那么,学校中彼此的孤立的学科设置就是一个问题了,使知识渐次走向更广泛的综合化,才是合乎理想的。"他主张编制课程时,自然科学、数学、人文科学、社会科学四领域的要求应统一。坪山区的跨学科学习注重不同学科的横向结合,特别注意学科知识与校内外资源的有机结合。长期以来,我们强调知识的逻辑性、系统性,但在不同学科的结合,尤其是横向结合方面却有许多缺陷,造成学科学习的孤立性,地理是地理,历史是历史,学生解决实际问题的能力较差,知识面也过于狭窄。学校应充分利用社会(社区)资源,多与社会沟通,以达到校内校外互相配合,这应是我们努力的方向。坪山区跨学科学习就是按横向组织原则编制课程的,我们强调学科综合,实践证明有利于增强学生解决实际问题的能力。同时,在"双减"背景下,中小学生在校活动时间总量以及各年级的作业量都有规定。坪山区"品质课程"建设特别关注课程内容平衡,既包括量的方面(某一学科所代表的工作负荷在整个内容中所占的比重),又包括质的方面(各种内容价值的统合、理论与例证之间的关系等),有效地解决了因课程超载问题而导致的学生的负担过重问题。

六 变革方式,激活课程实施路径

坪山区"品质课程"建设采取多元的实施路径和灵活的实施方法,提升了学生的综合素养。

课程实施是复杂的,具有非线性、整体性、动态性、开放性和自组织性。面对复杂的课程实施,坪山区"品质课程"建设形成了基于核心素养形成机制的多维课程实施路径。首先,课堂教学作为课程实施的主渠道,在有效促进学生把握学科基本知识、思想、方法,确立学科思维和价值方面,具有奠基作用。基于核心素养的形成机制,坪山课堂教学突出学科知识与学生经验的链接,突出自主、合作、探究等多种方式的运用,突出知情意行的和谐统一,突出在真实情境中解决实际问题,突出对知识、行动、问题等的价值及意义的思考。其次,实践活动成为课程实施的基本路径,包括学科实践和综合实践,两者共同促进学生核心素养发展。学科实践是依据学科知识、学科思维和学科方法等学科课程内容设计的,主要依托参观、调研、制作、实验、表演、展示等多种形式实施的,以学科内容综合为主的主题活动课程。学科实践与学科课堂教学相互融通,让学生通过亲身经历、自主参与,综合运用学科所学,提升自主探究、团队合作、逻辑思维等多方面能力,拓宽成长视野,丰富生活经验。综合实践是以贴近学生现实的生活实践、社会实践、科学实践为基本内容,以培养学生综合素质并促进其个性形成为目的的跨学科实践性课程。综合实践面向学生完整的生活世界,通过考察探究、社会服务、设计制作、职业体验等方式,促进学生从个体生活、社会生活及与大自然的接触中获得丰富的实践经验,培养价值体认、责任担当、问题解决、创意物化等方面的意识和能力。再次,交往学习构成坪山课程实施的重要方式。交往学习是指学习者以他人为对象并以与他人的对话和互动为主要形式的学习类型。课程实施中教师应积极引导学生进行良好沟通、相互协作,采取研究型教学法、任务型教学法、体验型教学法、交流型学习方法等多种方式,发挥学生学习的主体地位,促进团队成员间的相互交流,增强学生的学习能力和团队合作意识。

坪山区"品质课程"建设在课程实施方面,针对不同目标、课程、内容及空间环境、资源条件等,多种途径实施,调动学生多样学习方式。在此期间,学生亲自或间接经历活动过程而获得的经验,从类型上看有操作经验、探究经验、思考经验与复合经验等,从水平上看有初始性经验、再生性经验、再认性经验、概括性经验、经验图式等。一方面,学生发挥已有经验的桥梁作用,根植已有经验、打破已有经验,使经验在"破"与"立"的动态平衡中得以汇聚与积淀;另一方面,学生将隐性经验显性化,经历从"模糊经验"到"清晰经验",从"较少经验"到"丰富经验"的积累过程。

一句话,课程实施路径多元,课程实施方法灵活,充分显示了课程改革在发展素质教育方面的积极效果,充分显示了课程改革在推动学习方式变革上的内在价值。

七 聚焦素养,创意课程评价方法

坪山区"品质课程"建设采取多元的课程评价方法,科学地评价课程及其实施情况,促进了课程品质的全面提升。

课程评价是对课程活动进行价值判断的过程。课程发展需要完整的课程评价体系对其进行评估,并对当前的课程及学生学习成效进行价值判断。现有的研究成果中对课程评价的界定各有侧重,但它始终是依据一定的评价标准通过有效的方式进行系统的数据收集后,对课程的相关问题和过程做出判断并改进课程的活动。随着新课改的推进,如何培养学生的核心素养逐渐成为研究热点,呈现出从关注课程到重视人、从关注学业成就到重视学生素养的特征。

　　坪山区课程评价的价值旨归在于学生的全面发展。课程的实施包括实施计划、实施过程以及实施结果,课程评价对这三方面的具体价值判断与核心素养要求、学生和课程本身之间有着深刻的联系。因此核心素养要求下课程评价的价值体现在有效判断现行课程是否能满足学生核心素养发展的需要、能否实现课程和学生核心素养发展中信息交流的功能,以及评价过程是否实现课程评价主体之间的对话与沟通三个方面。从评价体系的价值判断来看,检测课程实施方案与课程实施的具体过程是实现学生核心素养发展的两大维度,评价体系作为课程与学生核心素养发展对话关系中的桥梁和纽带,其地位是无可替代的。此外,课程评价主体之间的想法和要求需要以课程评价作为桥梁进行多方面的沟通和协商实现有效交流,然后在解决问题的方案中达成一致。只有对核心素养理念下的课程评价做出抽象的概括,形成新的概念思维惯性,并在原有知识思维体系中构筑基本单位后,才能实践在课程评价过程中,才能拥有有效的方法论指导。不过,核心素养理念包含的品格和能力具有整体性,不是简单的基本要素堆叠,是当前时代命题与课程改革背景下对教育要"培养什么人"问题的深刻解答,彰显了在新的时代要求下的发展转向。

　　坪山区课程评价聚焦三个方面:一是课程项目设计评价。建立区校两级课程设计评价审核制度,通过课程开发评价检验课程目标适切性、课程内容准确性、课程资源正确性、实施方案可行性、课程评价科学性,进行系统评价,以提高课程开发水平,提升课程建设品质。二是教师课程实施评价。树立全面的现代课程实施评价观,建立对教师的课程设计能力、教学实践改进能力、教学方式创新能力、学生学习指导能力、学习素养评价能力等维度的课程实施评价指标和办法,全面反映教师的课程建设与实施水平。三是学生综合素养评价。以促进学生综合素养和个性发展为评价目的,建立学生的品德素质、身心素养、文化科学素养、审美素养、实践与创新等素养评价指标体系。通过多样化评价方式、多元化评价主体、动态化评价过程,建立学生成长档案,形成全景式、扫描式、诊断式的评价体系,科学地评价学生每一个阶段的发展水平,关注每一个学生的现状及未来发展趋势,促进每一个学生的综合素养都得到全面提升。

八 充分挖掘,拓展课程资源空间

坪山区"品质课程"建设充分挖掘自然环境资源、生活环境资源、文化资源和人力资源等各类课程资源,不断拓展课程资源空间。

基于对不同类型课程资源的认识,考虑课程资源开发的实际需要、具体条件等因素,坪山区挖掘课程资源有以下三种策略。

一是需求导向策略。课程资源开发以实际需求为起点、以明确目的为导向。不同课程资源开发主体,目的和需求会有差异。以地方教育行政部门为主体进行课程资源开发,其目的是促进该地区整体教育的发展,其需求则是基于该地区教育发展的现实问题与未来发展而确定的。以学校为主体进行课程资源开发,就要考虑本校的优势与不足,设计学校当前课程实施及未来课程发展的规划,确定课程资源开发的目的及相应的途径和方式方法。以教师为主体进行课程资源开发,教师就会结合本人的教学观念与教育教学水平,根据自己所教学科的特点及学生的实际,确定自身的需求,以此为课程资源开发的起点。恰当运用需求导向策略进行课程资源开发的前提,首先是对需求客观性、长远性的把握。需求源自对现实的不满足,源自对理想的追求及面向未来的积极态度。其次是对需求情境和个体性的充分考虑。教育教学是一个动态的过程,在这个过程中充满了变化,表现出鲜明的情境性和个体性,因此,进行课程资源开发要正视它们。最后是对需求发展性、潜在性的深刻理解。需求具有明显的发展性,同时也具有潜在性,把这种潜在性转变为一种现实性,有赖于课程资源开发主体的教学观念与教育教学水平及对未来课程发展的洞察和整体把握。只有全面把握需求的特性,进行课程资源开发才具有针对性和实效性,才能使课程资源开发进入良性发展过程。

二是增强特性策略。特性是指事物在长期发展过程中所表现出来的区别于其他事物的性质,它是表明一个事物存在的重要证据。特性之存在有其客观性,也具有较强的可塑性。据此,人们可以根据实际需要,通过各种努力使特性不断增强,使特点更为鲜明。增强特性应成为课程资源开发的一种策略。教育中所蕴含的特性包括地方教育的特性、学校教育的特性、课程自身的特性,以及教师自身的特性等。我们视之为课程开发的资源,并通过课程开发来加强这些特性。教师的个性、能力、水平以及所教的课程性质,也会使他们在长期的教育教学实践过程中形成自己的风格。因此,教师完全可以把课程资源开发与自身教学风格的完善、自身的专业成长结合起来,既利用自身的教学风格进行课程开发,又使课程开发的过程成为自身的专业成长过程。随着课程资源开发的不断推进,随着广大教育工作者课程意识的不断增强,及其课程资源开发技能的不断熟练,原有教育的特性会得到增强,新的特性也将不断形成和发展起来,最终使整体的教育教学焕发出新的活力。

三是因地制宜策略。因地制宜策略包含三方面的含义:一是目的的地方指向性,旨在解决当地的实际问题,为当地的经济、文化发展以及人才培养服务;二是资源的地方依赖性,即要借助当地的经济、文化、自然环境、历史、人才等各种条件;三是方法的地方特色性,即该方法具有较强的地域特色,适宜在该地区采用。因地制宜策略既可以表现在增强原有的地方特色和优势,又可以用来转化本地在经济、人才、资源环境等方面所存在的先天不足,使之达到"寸有所长"的实际效果。

九　全景关注,提升课程管理水平

坪山区"品质课程"建设采取"四动"课程管理策略,从全面管理与全程管理的角度,推进学校课程管理,落实品质系列课程建设任务。

坪山区实行"四动"课程管理策略,推动落实品质系列课程建设任务。一是政策推动,区教育局制定《坪山区构建品质系列课程实施方案》,各校相应制定学校课程体系规划及实施计划,等等。二是机制带动,建立课程管理机制、课程建设学术交流机制、课程评价等机制,提炼优质精品课程和优秀课程成果。三是管理联动,建立区校联动、校际联动(公民办帮扶学校、集团化学校、学段衔接学校等),培育区域优质共享课程。四是项目驱动,整合区域课程资源,体现区域课程建设整体推进与重点项目驱动建设的有序性、丰富性和持续性。坪山区课程管理是以学校发展为基础,以人的主体发展为根本目的,对学校中各级各类课程的决策、规划、实施和评价及相关因素与条件进行管理的主体实践活动。"四动"课程管理策略,其实是以"权责分担"为要求,关注全面管理与全程管理。

"全面管理"是就学校课程管理对象的类型范畴而言的。学校课程是国家课程、地方课程和校本课程的校本化,是学校根据中央和地方政府授权自主建构的课程。实际上,学校是各类课程生成与实施的具体场所,"学校课程"不仅包括国家课程和地方课程,而且指校定课程、校本课程乃至潜隐课程等一切在学校中存在并发生作用的课程,它们都是学校必须面对和直接管理的对象。一方面,学校应将国家和地方的法定课程进行具体化、操作化和校本化的处理,另一方面,还要根据学校实际开发和实施校本课程。

"全程管理"是就学校课程管理对象的过程范畴来说的。就整个课程领域来说,最关键和最核心的活动或环节主要就是课程开发、课程实施和课程评价,对课程进行的管理也可以认为主要就是对这三个环节的管理,学校课程管理"不仅仅限于课程内容如何,而且意味着推进课程内容的计划、编制→实施、展开→评价这一过程中所进行的种种组织、运营上的条件创造"。从国家课程到校本课程、从教材管理到资源管理、从显在课程到隐性课程、从课程实施到课程研制,充分表征了学校课程管理对象观的根本变化。

课程管理是一个自组织过程。课程管理系统内部要素间的非线性相互作用是课程管理系统自组织演化的根本动力。课程管理系统具有变无序为有序的自组织能力,它善于在随机涨落中把偶然性与必然性统一起来,具有自创生、自生长、自适应、自复制等自组织特性。只有从自组织视角分析问题,才能全面理解课程管理系统从无序向有序的转化以及自适应和自组织性。学校作为课程管理的主体,理应担负起课程管理的主体权责,全面认识与实践学校课程管理主体论,对于改变学校长期习惯了的"外控管理",促进教育者与学习者在课程开发、教学与管理中主体性的呈现、发挥和发展,具有鲜活的理论意义和实践意义。

十 聚焦行动,提升课程研究水平

坪山区"品质课程"建设倡导课程行动研究,密切联系课程实践,不断提升课程研究水平,形成高品质课程研究成果。

如何转变课程研究范式,在国外课程理论引进和本土课程实践研究中间找到一个切合点,生成富有生命力的课程成果,坪山区"品质课程"建设作出了自己的回答。

坪山区"品质课程"建设善于在行动研究中发现问题。行动研究始于真实而有意义的实践问题。课程研究的内容包括课程设计、开发、实施、评价、领导等一系列课程问题,可以说教师在教学过程中遇到的大部分问题都有研究价值,问题在于如何"确定问题"。"确定问题"并不单纯指"发现问题",还要审查问题的意义、价值,以及研究此问题时自身的条件等。他们特别善于发现需迫切解决的课程问题。虽然是小问题,但解决小的问题将使教师的课程能力有大的增强,而且"小题大做"正是现今课程研究所缺乏的,值得提倡。若选此类问题开展行动研究,不仅可以在行动中解决自身问题,还能对其他教师解决类似问题起到重要的迁移、借鉴作用。确定问题之后,需要匹配适当的研究方法。

坪山区"品质课程"建设善于在行动研究中融合理论。课程行动研究过程中,坪山区校长和教师善于把实践知识和外来理论双向转化,充分发挥自身的主观能动性,把外来理论有效内化,不断超越原有的理论、超越自己。通过外来理论与自身实践的融合,创生出独具特色的个体理论。教师的行动研究不仅遵循着外来理论,而且在不断丰富着外来理论,没有创造性的课程行动研究,就不可能有新的课程理论。在行动中反思,在反思中建构,不断反思,不断建构,努力成为"反思性实践者"。同时,在行动研究中升华理论,让更多的人知道,让道理推广到课程实践领域,帮助解决具体的实践问题。如此,将来源于实践问题解决过程中升华而成的"个体理论"纳入"既有理论"之中,是课程研究在地化的理论追求,为课程研究做出应有的贡献。

高品质课程研究成果具有鲜明的时代指向性和问题聚焦性。坪山区"品质课程"建设行动研究充分说明,课程研究的重点是深刻理解特定场景下的课程实践本身,而不是理论的推导和逻辑的演绎。坪山区的课程研究场景框架以求解具体课程问题为导向、以特定课程行动为中心,坚持直面鲜活的课程实践,坚持介入式回应实践真问题,坚持基于实践智慧的理论思考与场景理解,综合运用实证的解释的方法,对特定场景的课程问题予以适宜性解答,实现基于场景的方法论统一。可以说,理论与实践相互滋养,走向解决具体课程问题的"场景课程论",是坪山课程改革的一个重要经验。

前瞻的项目开发、深入的课题研究、务实的教研推进和扎实的课程研究有机结合。在项目设计过程中,提高课程决策咨询服务水平,在服务实践过程中,培育高质量课程研究成果,在实践推进过程中,引导教师积极参与课程研究,这就是坪山课程研究的行动逻辑。正是这个行动逻辑,坪山课程研究呈现了大量的原创性成果、发展性成果和精品性成果。

总之,坪山区"品质课程"建设源自于外,发自于内,依靠自身的资源和力量,是典型的后发内生型课程治理现代化模式。一枚鸡蛋,从外部打破是蛋清和蛋黄,从内部打破是一个新生命。坪山区课程改革正如一枚从内部打破的"鸡蛋",创造了课程治理现代化的新模式、新经验和新样态。

第一章

语境的独特性:个性化学校课程体系的起点

每一所学校的课程情境都是独特的。分析学校课程情境,在宏观层面,要用历时的眼光看待特定时间的经济社会条件以及人文政策环境等因素,在顺应时势和趋势中构建学校的课程体系;在中观层面,要在特定的时间段,分析和了解学校周围的社区环境以及居民对教育的期盼等,争取更多社会资源的支持,丰富学校的课程资源;在微观层面,要从即时性的角度,了解教师的课程能力、学生的学情以及学校的实际情况,构建出符合实际、可操作性强的课程实施路径。

学校课程情境是在特定时间内学校课程生成和发展的主客观环境和条件的总和。好的学校课程设计,必须依托学校的办学情境以及育人情境,脱离具体情境办课程,就会让课程成为无本之木、无源之水,甚至"无枝可依",进入无序发展状态,衍生出来的就是缺乏活力、难以延续的课程形态,导致学校的课程建设出现系统性不强、质量不高、认可度不佳等问题,难以促进立德树人根本任务的真正落地。

学校课程情境具有什么特征?顾书明在《析学校课程情境及其优化》一文中指出,学校课程情境具有客观性、社会性、传统性、整体性、潜在性、愉悦性、差异性、变动性等特点。[①] 杨四耕在《学校课程情境的语境论特征与分析模型》一文中,则进一步将学校的课程情境特征概括为客观实在性与主观赋意性、文化传承性与应时发展性、整体囊括性与矛盾转换性、意域潜在性与对话依赖性、现实差异性与特色累积性等。[②] 从两位专家对课程情境的特征分析中,我们可以看出课程情境的特征体现出了时序、客体、主体的三维属性。

杨四耕认为,从语境论角度看,学校课程情境分析可以分为客体集 P、主体集 S、时序集 T 等三个部分。其中,客体集 P 是学校课程情境的客观构成要素之集合,这些元素具有明显的客观性、历史性和现实性。客体集 P 是学校课程情境的组成部分,如空间、资源、设备等,有无穷多项。我们将客体集 P 表示为:客体集 $P = [P_1, P_2, P_3, P_4 \cdots] = [$空间,资源,设备,……$]$。主体集 S 是主体分析学校课程情境的思路、工具和方法等要素之集合。主体是学校课程情境的分析者或参与者,主体的专业水准、价值取向和参与程度等影响着学校课程发展。这些要素具有主体性、能动性和创造性。我们将主体集 S 表示为:主体集 $S = [S_1, S_2, S_3, S_4 \cdots] = [$学校课程情境的分析者或参与者,主体的专业水准、价值取向、参与程度……$]$。时序集 T 是与时间关联的无限集。

① 顾书明.析学校课程情境及其优化[J].淮阴师范学院学报(哲学社会科学版),2002(6):798—801.
② 杨四耕.学校课程情境的语境论特征与分析模型[J].教育学术月刊,2022(12):3—9.

每一所学校的课程情境都是由学校课程发展的不同阶段构成的,每一个阶段都有相应的客体集 P 和主体集 S 参与其中,具有时序性、继承性和动态性。这一系列的因素构成了:时序集 $T=[T_1,T_2,T_3,T_4\cdots]=$[与时间关联的动态量]$=$[时序性,继承性,动态性]$=$[学校课程发展阶段 1,阶段 2,阶段 3,阶段 4……]。学校课程情境正是以上三个集合元素纵横交错、相互作用所呈现出来的整体样态。要分析学校课程情境就必须从各个元素的相互关联中寻找它的特征,分析其中的奥妙和规律。学校课程情境的 T-PS 语境分析模型,可以用以描述特定时间节点的学校课程情境。①

具体来说,在宏观层面要用历时的眼光看待特定时间的经济社会条件,以及人文政策环境等因素,在顺应时势和趋势中构建学校的课程体系;在中观层面要在特定的时间段,分析和了解学校周围的社区环境,以及居民对教育的期盼等,争取更多社会资源的支持,丰富学校的课程资源;在微观层面,要从即时性的角度,了解教师的课程能力、学生的学情以及学校的实际情况,构建出符合实际、可操作性强的课程实施路径。

每一所学校的课程情境都是独特的。学校课程情境的 T-PS 语境分析模型可以用来阐释学校课程发展的不同阶段客体和主体运动变化情况,从而清晰地梳理学校课程哲学及其实践框架,强化对学校课程情境的语境结构的多维理解,使学校课程情境的要素、联结和效应获得系统的分析和合理的说明,避免学校课程情境分析的随意性和盲目性。

（撰稿者:深圳市坪山区马峦小学　朱一鹏）

童之梦课程:每一个梦想都精彩

深圳市坪山区马峦小学地处美丽的马峦山下、大山陂水库旁。学校开办于 2018

---

① 杨四耕.学校课程情境的语境论特征与分析模型[J].教育学术月刊,2022(12):3—9.

年 9 月,占地面积 11 365.59 平方米,建筑面积为 21 111.21 平方米。计划办学规模为 24 个教学班,每班级规模 45 人。学校现有教职工 67 人,其中专任教师 51 人,在编教师 38 人,骨干教师 5 人,一级及以上教师 18 人,本科及以上学历 51 人,现有学生 789 人,分属 1—6 年级。学校提出以"森林里的童梦学园"为办学愿景,以"优质教育、特色文化、服务社群"为教育使命,以"学校文化影响力、特色课程领导力、学生关键能力"为抓手,着眼于每一个学生的全面、个性与可持续发展,遵循教育规律,努力培养自信昂扬好少年。为了进一步打造优质教育品牌,学校结合"创新坪山·未来之城"的区域发展战略,系统推进学校课程建设,取得了可喜成绩。

第一节　森林里的童梦学园

学校课程情境分析是学校课程规划十分关键的步骤。学校课程规划必须指向特定的地区、特定的学校、特定的学生群体,这是学校课程发展的起点和基础。

一　学校课程发展的优势与经验

坪山区马峦小学自开办以来,在区教育局的领导下,紧紧围绕立德树人根本任务,团结合作,勇于探索,走出了一条新建学校快速发展和高质量发展的新路径,取得了较为显著的办学业绩,在办学起点、课程特色、师资队伍,以及家校共育等方面存在一定的优势和经验。这些优势与经验是学校课程建设的客观基础,也是学校课程开发的重要资源。

(一)高位的办学起点

从区委、区政府,到区教育局,都希望把马峦小学办成一所优质学校,能够加快实现"素质教育示范、区域教育标杆、未来教育窗口"的办学目标。从目前建设情况来看,在硬件设施、办学项目、经费支持等方面,行政部门都给予了学校高度的重视和扶持。学校没有历史包袱,具有后发优势,可一步到位高标准完成学校基础设施建设,率先推进指向未来学校的智慧校园规划实施,高位构思搭建优质教师团队,盘活社区及周边丰富的人文、生态教育资源,探索出具有区域影响力的有效教育教学模式,迅速建立学校品牌知名度与美誉度,力争到 2025 年把学校建设成为粤港澳大湾区高品质学校。学校课程改革与教师发展具有显著特色,学生成绩名列深圳东部同类学校前茅,已逐渐成为粤港澳大湾区有较高知名度和影响力的名校。具体来说,体现在以下几点:一是课程体系完善有特色,满足学生个性化学习需求,围绕国家课程,打造以思政、阅读、科创、艺体为核心的高品质课程体系,部分课程形成品牌特色,具有较强影响力。二是学科教学改革具有引领性,立足学科核心素养培养,推进学科教学改革,形成了一批引领性的学科教学典型模型或案例,打造出若干有影响的学科教学方式。三是培育一批名师和骨干教师,创新教师专业成长方式,培育出一批师德高尚、引领教学改革方向的名师和骨干教师,整体提升教师发展水平,师资水平进入区域一流。

(二) 清晰的价值追求

马峦小学确定了自己的办学愿景:森林中的童梦学园。"森林"来自学校坐拥的自然环境——马峦山。学校以开放的环境建设理念,引入马峦山森林生态资源,作为学校环境文化和课程文化的重要组成部分。在这里,"森林"也是绿色生态的代表,是生态教育思想的象征,学校以森林景观为主题进行文化建设,同时将森林作为课程资源,融入校本课程。"学园",学习之园,学习乐园。学园是学习知识、启迪智慧的地方,是孩子们构筑梦想并逐步圆梦的学园。"童梦"是指孩童的自然之梦和社会之梦。从一定程度上说,教育的本质就是唤起生命梦想,成就人生梦想。小学教育就是唤起儿童梦想,并为儿童实现梦想奠定基础,因此"童梦"就是儿童梦、人生梦、未来梦;从社会层面上来说,是指中国梦、复兴梦。用生态教育构建儿童梦想乐园,学校坚持"生态育人,成就梦想"的办学宗旨。所谓"生态育人"理念是指把生态学的基本理论运用于教育治理和教育实践中,即为学生创设良好的育人和成长环境,为学生的终身发展奠基。学校"生态育人"内涵包括尊重生命、科学育人、和谐成长、持续发展四个层面。尊重生命指尊重学生天性,尊重生命发展规律;科学育人指遵循科学规律,聚焦学生核心素养;和谐成长指培养学生身心和谐,铸造健全人格;持续发展指着眼终身持续发展,培养创新人才。

(三) 鲜明的课程特色

作为新办学校,可以从人、财、物等不同途径汇聚优势资源,突出重点,优化课程与项目,打造学校教育特色。借鉴国内外先进办学理念,结合学校实际,探索特色学校办学模式和运行机制,逐步形成学校的管理风格、教学特点,从"生态教育——塑魂健体、科技教育——实践创新、人文教育——活动赋能"三大切入点,凸显优质化办学品质。搭建与学校培养目标适切的"特色课程—特色社团—特色项目"体系,特色课程体系包括人文教育系列、生态教育系列、科技教育系列,特色社团包括 STEAM 社团、创客社团、志愿者协会,构建高效灵动的创新型教学模式,建立过程性、发展性、个性化、智能化评价体系,为学生全面发展、特长发展提供多样化平台。

(四) 蓬勃的课程团队

学校负责人钟映霞是坪山区首届小学数学学科带头人。在引领团队方面,以身作则,率先垂范,在校领导执着追求和勤勉努力的感召下,老师们你追我赶,比学赶帮。办学四年以来,学校先后获得国家级"优秀大课间创编""感动大课间故事""全国百佳校园大课间操优秀单位""全国活力校园创新案例奖"四项荣誉,获评广东省绿色学校,入选教育部"基于教学改革、融合信息技术新型教与学模式"实验校,是深圳市"智慧教育示范校"培育对象、深圳市首批义务教育阶段"减负提质"试验校、深圳教育改革创新大奖——"最受关注新锐学校"获得校、深圳市"儿童友好基地"、"深圳市年度家校共育典范学校",拥有"深圳市青年文明号"、"深圳市巾帼文明岗"、坪山区戏剧品质课程试点学校、坪山区底色艺术"炫"课程"小剧场"试点学校、坪山区"阳光体育一小时"试点学校等荣誉称号。师生在各级各类竞赛活动中更是成绩喜人。在坪山区"新教育杯"教师基本功及教学能力大赛中,学校教师获得一等奖的有十三人;在深圳市教学基本功及教学能力大赛中累计获得市级一等奖的有三人,获得二、三等奖的共有四人;在科研方面,钟映霞校长的科研课题成果获广东省一等奖,两个市级课题、十个教师课题及八个学生小课题已结题。一个市级课题已立项公示,三个教师课题已被区级立项。

(五) 强大的课程需求

学校根据办学理念,将国家课程校本化实施,通过融合学校的优势资源和特色资源,着力构建人文、生态和科技等三大校本课程系列,促进学生全面发展和个性发展,培养学生手脑并用和解决实际问题的能力。学校遵循边研究、边建设、边完善、边实施的"四边"课程原则,分年级逐步推开,自主选课,全员覆盖,学生培育效果日渐明显。学校开办四年多来,学生获得国际比赛奖项两人次,全国比赛奖项七十二人次,省级比赛奖项四十四人次,市级比赛奖项一百六十六人次,区级比赛奖项五百七十五人次。

其中在 2021 年德国纽伦堡国际发明展中获青少年组金奖,在 2020—2021 学年"少年硅谷——全国青少年人工智能教育成果展示大赛"中获一等奖两人次、三等奖两人次,在第十七届中国青少年创造发明展比赛中获一金一银,在 2022—2023 年全国少儿啦啦操精英赛中收获两个项目冠军,戏剧《郑和下西洋》《跨越时空的问答》获得深圳市戏剧比赛一等奖。

(六) 多维的家校共育

开展家校共育,着力全员育人、全程育人、全景育人。家校携手,做温暖的教育,实现"学生进步,家长满意、社区和谐"的目标。通过不同渠道与家长联系,让家长参与学校活动,营造良好的家校沟通氛围,密切家长与学校的相互交流和深度了解。主要举措包括:一是成立学校家委会,家长代表对学校的教育教学工作进行督查,以促进学校规范管理和质量提升;二是校长每天早晨在校门口迎接学生,借机与家长交流,搜集其对学校的意见建议;三是召开家长见面会,让家长进班听课,了解孩子的课堂表现及成长故事;四是举办童梦体育节、趣味赛事、亲子活动等,彰显"我运动,我快乐"主题;五是开展校园艺术节、班级文化节等活动,家长参与活动策划与组织,活动开展井然有序。学校家校共育效果显著,家长满意度不断提升,办学仅四年时间就收到家长的多面锦旗和众多感谢信,高标准的家校共育得以有效落地,被评为"深圳市家校共育典范学校",科研课题成果《小学家校共育机制研究》获区级优秀教学成果奖。

(七) 丰富的在地资源

学校地处马峦山畔。马峦山云遮雾绕,幽静清妙,水奇石怪,鸟语花香,茂林修竹,田园村落,宛若世外桃源。登高,望海,赏梅,入山,观瀑,玩石,别有一番情趣。其中马峦瀑布是感受"飞流直下三千尺,疑是银河落九天"的最佳场所……马峦山,山色葱绿,溪水清灵,在岩上小坐一会,听一曲悠扬的口琴;在林中悄然穿梭,攀几条青枝;在溪旁撩动几缕水波,望一望水底细细的沙粒……马峦山植物茂密,物种丰富,马峦千亩梅园、万株梅树更是远近闻名,是广东境内最大的梅园景观胜地,冬季人们常到马峦赏梅花。每到 12 月下旬或 1 月初,这片梅林开满了星星一般白瓣红芯的梅花。马峦梅花盛开之际,这里还会成为蝴蝶谷,一串串粉蝶翻飞飘舞,蔚为壮观。马峦山将建成一个以远足登山、观海观瀑为特色,集休闲旅游、野外健身、自然生态教育为一体的市级郊野公园。学校"以生态育人"特色为载体,尊重自然、融于自然,推进以"绿色马峦山,生态健康游"为主题,以远足登山、观海观瀑为特色的课程建设。所有这些在地课程资源,对于学校课程发展有重要价值。

二 学校课程发展的问题与空间

马峦小学自开办以来,发展态势良好,课程体系初步形成,青年教师成长迅速,管理逐步规范化,家校合作愈为密切,为未来发展奠定良好基础,但与深圳"教育先行示范"的要求和"学有优教"的目标还有差距,必须乘势而上,锐意进取,改革创新,力争更快更好地推进课程教学改革。学校虽然积累了一些经验,但学校课程在逻辑感、丰富性、深刻度,以及管理方面都存在相对不足,课程发展还有很大的向上空间与成长点。

(一)办学理念亟待进一步明晰

学校坚持党对教育的全面领导,全面落实立德树人根本任务,适应时代发展需要,彰显"童梦学园"办学追求,深化并做强课程建设、教学改革、教师发展等特色,努力打造办学品牌特色,加快实现"学有优教"目标,为坪山经济社会民生事业发展贡献力量。办学与管理理念—制度机制(组织结构)—推进方略—实践实施—总结反馈—条件保障,这些内容构成学校办学方案的基本框架。理念居于核心地位,指导学校体制机制和组织建设。在当前改革的大趋势下,如何发挥先进办学理念的灯塔效应,指导学校管理团队建设管理,实现教育教学有机磨合和有序运行,保证新创建学校尽快转入正轨等问题都极具挑战。

(二)办学机制亟待进一步完善

新创建学校犹如一张白纸,需要确立学校发展核心理念和校园文化主题,需要依循办学和管理理念建章立制,使学校制度建设能够尽快步入良性发展轨道,并产生长效影响。新办学校面临明确学校办学定位与目标,建立和完善学校管理制度和运作机制,健全学生教育教学管理和发展指导,推进教师队伍建设,实现部门运行磨合,创建学校文化及特色品牌等全新问题。学校创办伊始,会经历相对艰难的一段时间,管理与教育教学工作必须理顺关系,协调人事,人尽其才,物尽其用,先规范化,再人性化和高效化。

（三）办学特色亟待进一步培育

办学特色如何确立主题，办学特色的内涵如何丰富，未来学校智慧校园如何创建，如何借力科技推动教育质量的提升，实现三年行动计划设定的"品牌目标"——发展成为有区域影响力的优质教育和学校品牌……这些都是摆在办学者面前的重大课题。学校必须紧紧围绕立德树人根本任务，立足学校发展实际，深化课程体系建设，做精做强课程特色，培育办学特色；深入推进学科教学改革，探索学科教学的改革方向，更加精准地实施素质教育。

（四）教师队伍亟待进一步强大

近几年，教师队伍规模将不断扩大，每年都有一定比例的教师新入职；制度机制刚刚建立，文化尚未形成，这对教师专业成长和队伍建设是个不小的挑战；对于教师队伍结构，如职称结构、学科结构、年龄结构、性别结构等尚需优先规划，结合学校长远发展和眼前需要，进行纳新和团队建设；在学科组建设方面，也要以骨干教师为核心，抓好学科梯队建设，逐步凝聚战斗力。

第二节　每一个梦想都精彩

马峦山是深圳市东部一座幽静美丽的山。此地树木茂盛，百年古木参天，四季都有不同的奇花异草点缀，一切浑然天成，是寻幽探秘的好去处。这里有深圳最大的瀑布，既有倾泻而下的瀑布飞流，也有跳跃灵动的层层跌水，又不乏欢快清幽的潺潺小溪。这里瀑布数量之多，落差之大，水量之丰富，景观之美，让人叹为观止。谷内岩石因水流冲刷而形成各种形态，大小不等，且呈犬牙交错之状，溪水清澈见底，山谷两旁植被浓郁，藤蔓横生，野花遍地，偶尔伴有的鸟叫虫鸣，会使此地更显静谧。在马峦山，可观海，欣赏到海市蜃楼的人间仙境；可观山，欣赏到层峦叠嶂的庞大气势；可观湖，欣赏到湖的宁静、淡泊；可观瀑布，欣赏到大自然的呐喊和灵气；可观乡野，欣赏到世外桃源的休闲自得。山下有波光粼粼极其幽清的红花岭水库，山上水奇石怪，鸟语花香，茂林修竹，田园村落交错，宛若世外桃源。身处这样童话般的美好环境之中，马峦小学确定了自己的办学愿景——"森林中的童梦学园"，由此展开了美妙的课程慎思之旅。

一 学校教育哲学

什么是学校教育哲学？它是学校共同体的教育信奉，是学校共同体的教育价值观和生活方式。学校教育哲学不仅仅是校长个人的教育思想，还是对学校共同体的教育价值选择、过滤和沉淀的结果。学校只有对教育工作进行哲学思考，学校课程变革才有深刻性、系统性、连贯性和一致性。

我校的教育哲学概括成一个核心概念，那就是"童梦教育"。在我们看来，儿童是国家的未来，教育是梦想的事业。在一般意义上，教育即对梦想的追寻；在终极意义上，教育即梦想、即超越。"童梦教育"是以理想之手段培育有梦之儿童的教育，是学校发展素质教育的理论概括和实践样态。

我校的"童梦教育"之哲学体现出对时代精神的理解和把握，对教育规律的尊重和持守。这一教育哲学概念对三个基本问题作出了积极回应：学校为谁服务？学校提供什么服务？学校拥有什么样的理想和信念？概言之，"童梦教育"是儿童教育，是为儿童发展服务的；"童梦教育"是森林教育，提供生态化教育服务；"童梦教育"是梦想教育，是基于现实、着眼未来的教育理想。

（一）"童梦教育"是儿童教育

儿童立场是"童梦教育"的基本立场。教育的智慧是认识和发现儿童。卢森堡说过一句话："一个匆忙赶往伟大事业的人，没心没肺地撞倒一个孩子是一件罪行。"这句话简洁形象，恰恰给出了"认识和发现儿童"的真义——对于教育者，儿童始终应在自己的前方，在自己的视野里，一个连孩子都要伤害的人根本就不是一个革命者，哪怕他从事的是再伟大的事业。可是，现实往往是，教师在赶往伟大教育事业的路上，常常撞倒孩子。正因为如此，著名教育学者成尚荣先生提出一个重要命题："教师的第一专业是儿童研究"。他用十二个字来表达这项研究的主题：认识儿童、发现儿童、引领儿童。这三个短语的根基在"回到儿童中去认识真正的儿童，发现真正的儿童"。回到儿童原来的意义上去，回到儿童最伟大之处去，回到儿童完整的生活中去，回到儿童的生活方式和游戏方式上去。"儿童"意味着自由，儿童本来的名字就是自由；儿童最伟大之处是"可能性"，意味着生命伟大的创造；儿童生活在三个世界，现实世界、理想世界、虚拟世界，让儿童真正生活，就是对这三个世界不偏废更不遗漏；儿童还是游戏者，游戏是生活方式,也是学习方式。

(二)"童梦教育"是森林教育

什么是森林教育？森林是绿色生态的代表,森林教育是生态教育的象征。"童梦教育"顺应儿童自然天性,期待儿童从自然中取得身心成长原动力。电子产品的普及、"过度的"早期教育,让童年离户外越来越远,随之而来的一系列问题——注意力不集中、过早近视、肥胖、厌学、抑郁等,令我们不得不深思自然缺失对儿童身心发展的影响。幼儿时期是身体和心灵发育的重要阶段,需要接受大自然的刺激来得到感知上的全面发育,如果仅以服从式的方式来获取知识,就容易失去对新鲜事物的感知能力。"森林教育"是顺应儿童自然天性的产物,让孩子通过感官刺激,在自然中获得身心成长的原动力,既能全面提高儿童的认知水平,又能愉悦儿童的情绪,提升儿童的身体素质。作为传统教育的有力补充,"森林教育"让儿童在自然环境中亲密接触自然,通过自然感官的刺激诱发儿童独立思考,获得主动学习的乐趣,增强他们内在感知能力与外在认知能力,开阔儿童的视野。例如:在农耕实践的过程中,通过观察植物的生长,感受四季的变化,体会劳动的辛苦和丰收的喜悦;在工具使用过程中,让孩子们获得掌控风险的能力;在具身实践中,骨骼和肌肉得到训练,身体素质得到充分的提升。在与自然相处的过程中,孩子们对自然、对生命愈加尊敬与热爱,在广阔的天地滋养下,孩子的精神世界也随之宽阔起来,这对于养成孩子的心理健康和完整人格具有积极作用。地处自然环境幽雅的马峦山,学校将以开放的环境建设,引入马峦山森林生态资源,以森林景观为主题进行文化建设,将森林作为课程资源融入学校课程。

(三)"童梦教育"是梦想教育

从一定程度上说,教育的本质就是唤起生命梦想,成就人生梦想。小学教育就是唤起儿童梦想,并为儿童实现梦想奠定基础。因此,"童梦"就是儿童梦、人生梦、未来梦,从社会层面上来说,"童梦"是指中国梦、复兴梦。

儿童都是怀揣着美好梦想进入校园生活的,学校应该是梦想开始的地方。当然儿童的梦想是天真烂漫的,教育的本质就是要呵护儿童的梦想,聚焦儿童的梦想,指导儿童逐步细化完善他们的梦想,引导儿童不断追逐自己的梦想,帮助儿童不断实现自己的梦想,培养儿童不断超越自己的梦想,鼓励儿童继续构建新的梦想。因此,点燃儿童心中的梦想,成就儿童的美好梦想,并使其成为一名孜孜不倦的追梦人,是学校的教育价值追求。

基于上述理解,我们提出学校的办学理念:向着梦想奔跑。在学校教育意义上,"童梦教育"是让人时时感受到被鼓励、被期待的教育,是每一个孩子都能放心地打开自己的教育,是鼓励儿童不断追随梦想的教育。为此,我们提出自己的教育信条:

> 我们坚信,
> 童年可以永恒;
> 我们坚信,
> 每个梦想都精彩;
> 我们坚信,
> 有一种教育叫童梦;
> 我们坚信,
> 学校是梦想启航的地方;
> 我们坚信,
> 每个孩子都有烂漫的梦想;
> 我们坚信,
> 过有梦想的教育生活是最美的;
> 我们坚信,
> 向着梦想奔跑是教育最舒展的姿态。

综上所述,"童梦教育"从本体论角度确认了教育就是梦想、就是超越的教育观,它让我们相信:学校就是梦想启航的地方。

二 学校课程理念

儿童的梦想是值得珍视的。学校课程建设,就是要为儿童创造萌生梦想的舞台,提供梦想成真的空间,搭建创意实践的平台。因此,我们将学校的课程理念确定为:每一个梦想都精彩。这一课程理念有深刻的内涵。

（一）课程即个性的生长

梦想不是命中注定的，而是由人类创造的。从这个意义上可以说，科学地预测和把握教育的未来，正是为了创造和选择更符合人类需要与理想的教育世界的未来。教育不仅创造着自身的未来，而且孕育着未来世界的创造者，这一特点决定了在对未来的选择与创造中，教育负有特殊而重大的使命。今日教育塑造出的人决定着明天世界的面貌。教育的使命在于通过对未来社会创造者的培养而架设起由现实通向未来的桥梁。立德树人，指向教育的本质，是学校教育的根本，贯穿于儿童学习生活的全部，终其一生都在产生影响。教育的目的在于弘扬天性，激发梦想。学校课程关系到每一个人的成长和发展，关系到国家与民族的兴亡。学校要面向未来，为孩子们提供多样化的课程，为孩子们提供各种各样的学习经历，帮助儿童孕育美好梦想、描绘美好未来，为每一个孩子提供无限可能，帮助每一个孩子追求个性成长。

（二）课程即生命旅程

课程的展开过程就是师生的生命旅程，就是孩子们投入智慧、融入思考、体现创意的过程。丰富学习经历是儿童教育中的关键因素，与此相应，教师在课程呈现上也要注重让学习内容靠近儿童、学习情境接近儿童的生活实际，丰富儿童的学习体验，进而促进学生的智力提升。学习是儿童认识世界、发现自我、实现成长的重要途径。在这一过程中，作为教师首先是要解放儿童，要让学习如同儿童平时的生活、游戏一般，令他们感到熟悉又新鲜，并且愿意调动自身的感官，去发现另一个世界，同时，又通过儿童自己已有的经验去认识、去表达。解放了儿童，就有了属于儿童的个性化解读，也就有了不一般的意味，学习过程也就充满了儿童的趣味。走向这般有意义的学习，需要追求儿童学习经历的丰富。《论语》中说"学而不思则罔，思而不学则殆"，《中庸》中说"博学之，审问之，慎思之，明辨之，笃行之"等，都是丰富学习经历的意思。陶行知先生在《创造的教育》一文中写道："所以要有智识，是要从行动中去求来，不行动而求到的智识，是靠不住的。……你能行动，行动才生困难，想法解决了困难，才是真智识的获得。"由此可见，只有丰富儿童的学习经历，方能走向儿童的真学习。具身认知理论作为一种研究教育的视角，强调学习者的"具身"体验，将身体、动作融于具体的学习过程中，增强认知效果，从而更好地理解和掌握知识。杜威强调教育即"生活""生长""经验改造"和"学校即社会"。建构主义学习观认为，知识是个体通过主动的心理建构和合作建构获取的。可以说，朝着"丰富经历、丰盈情感、丰满经验"努力，有意义的经历真正发生,学习才会真的有价值,学生才能积极地参与这有意义的学习过程。只有让学生将获得的学习经验及时运用到相似的情境中或他们的生活中,经验才会累积,能力才会发展,经历才会真正丰富。因此,学校课程应努力创设真实的学习情境,拓展儿童的学习时空,把课内与课外、文本与生活紧密相连,延展学习的空间。课程即生命旅程,师生在发现课程、设计课程、实施课程和评价课程的过程中,提升思维品质,实现生命成长。

(三) 课程即力量源泉

　　教育是思想,这种思想越是长远,越有智慧;教育是追求,这种追求越是执着,越有成果;教育是生活,这种生活越是温暖,越有幸福;教育是信仰,这种信仰越是坚定,越有力量。"知识就是力量"是培根的一句经典名言。知识能够丰富人的思想,让儿童更聪明。我们获得知识,通过思考,就能解决我们以前所没能解决的很多问题,这时候,知识就是力量的一种。但是培根所说的完整内容则是:"知识就是力量,但更重要的是运用知识的技能。"很显然,后面半句话才是培根要重点强调的,这也和他的哲学思想相吻合。学校提供的每一门课程,都将成为儿童实现梦想的力量源泉。课程就是学习的场景,就是特定场景中对知识技能的应用。跳出围墙办学,我们利用马峦山独有的自然环境,把大格局的山海湖泊大森林作为学校办学育人的学园。在马峦山森林公园设置营地,开发凸显 STEAM 和 PBL 特色的系列自然教育课程,让最好的阳光、清新的空气和满目绿意滋养孩子健康成长。

(四) 课程即心灵养料

　　有人说,幸运的人,用童年治愈一生;不幸的人,用一生治愈童年。童年,具有治愈价值,延及生命全程。学校设计的课程闯入儿童世界,应该具有治愈的价值。教育本身是漫长的过程,在面对儿童的人生答卷时,没有标准答案,唯一能做的就是最大可能地滋养孩子的心灵,让他从心灵深处感到精神富足,这样他才不会轻易偏离轨道和航向。如此,当他有能力自由书写人生的时候,面对不确定的未来,我们才能够安心放手。如何引导学生自如地面对未来更为复杂多变的问题? 现在的教育能否满足学生的未来需求? 现实逼迫我们必须为学生构建更为丰富的、立体的、真实的课程,为培养学生具备解决复杂问题的能力搭建支架,为每一个孩子的成长提供心灵养料,最大限度调用办学资源,激活儿童潜能,点亮学生梦想,为学生的全面发展提供最大支持,让每一个学生都出彩。

　　总之,课程就是要给儿童一片展翅飞翔的天空,让他们在这里梦想启航;课程就是要成就孩子们的梦想,让他们在丰富的体验中遇见最美的自己。由此,我们确定学校的"童之梦课程"模式。我们期待,通过丰富的课程,把孩子的所有感官都充分调动起来,把孩子的观察、记忆、想象都放大出来,把孩子的创造性都激发出来,为孩子们追寻梦想提供力量,让他们在知识学习中形成自己独特而又富有灵性的体验和理解。唯有此,梦想才会萌芽,教育才会发生。

第三节　做有梦想的人

　　学生是学校存在的最重要理由。任何一所学校都要贯彻党和国家的教育方针,要完成促进学生全面发展的任务和要求;任何一所学校都由不同的教师和学生组成,其教育环境有所差异,因此在培养目标上,要考虑共性和个性的统一。我们既要考虑共性的全面发展的要求,促进学生在智力、体力、人际沟通、社会交往、精神、道德和审美方面的全面发展;又要注意特色的体现,使学校培养的学生与其他学校学生相比具有不同的个性特色。因此,确定个性化的育人目标和课程目标,是学校课程建设的起点。

一　育人目标

　　育人目标是学校教育的终极指向。所谓育人目标,指的是根据教育方针的要求,在凸显学校特色基础上体现出来的育人规格。通俗地讲,就是把学生培养成一个什么样的人。聚焦立德树人,我校倡导每一个人"做有梦想的人",以培养"爱家国,有梦想;爱学习,会探索;爱运动,强自信;爱生活,懂审美"的少年儿童作为目标,激励他们向着梦想奔跑,努力成为德智体美劳全面发展的社会主义建设者和接班人。

(一) 爱家国,有梦想

有担当才能更强大。脚下的舞台越大,责任也就越大。学生的担当意识首先要对自己负责,逐步建立起家国情怀,承担起更大的使命担当。

(二) 爱学习,会探索

爱学习,会探索方能成就美好未来。创新、创造是新时代的要求和社会进步的动力。学生从小要树立创新精神、探索精神,在学习中培养思辨精神,勇敢质疑,在实践中敢于立新求变。

(三) 爱运动,强自信

有自信就有希望。自信是指相信自己,自我悦纳。正是因为人有了自信,才升腾起无尽的希望。学生从小建立自信,人生之花才能开得更茂盛更灿烂。

(四) 爱生活,懂审美

美是一种精神力量。让学生充分认识和感知美,形成美的需要,并在美的活动中获得成功的体验与积累。

二 课程目标

梦想是引领成长的灯塔。我校对照国家课程方案的要求,设计1—6年级的育人要求,形成学校分年级的课程目标。具体见表1-1。

表1-1 深圳市坪山区马峦小学课程目标表

育人目标 年级表现	爱家国,有梦想	爱学习,会探索	爱运动,强自信	爱生活,懂审美
一年级	知道中华民族重要传统节日,明白自己是中华民族的一员;培育对中华优秀传统文化的亲切感;孝敬父母、尊敬师长、友爱同学、礼貌待人;喜欢学校,懂礼貌;自己的事情自己做。	喜欢参加学校组织的各学科活动;初步养成良好的课堂学习习惯;乐意参与讨论,遇到问题能大胆主动提问;在棋类学习中发展思维;认识常用汉字,学习独立识字;诵读浅近的古诗。	乐意参与体育活动,感受运动带来的快乐;乐意参加学校组织的研学活动;熟练掌握一至两项运动技能;通过体育课、课间操等形式,每天阳光体育一小时。	热爱音乐、美术课,激发艺术兴趣,传授必备的基础知识与技能;乐意参加学校组织的文艺活动。

育人目标 年级表现	爱家国,有梦想	爱学习,会探索	爱运动,强自信	爱生活,懂审美
二年级	喜欢班集体,愿意为集体服务;愿意积极参加各项活动;了解一些爱国志士的故事;了解家乡的生活习俗,初步了解传统礼仪,学会待人接物的基本礼节。	喜欢阅读绘本、桥梁书,乐意向别人分享阅读体验;继续在棋类学习中发展思维;积极参加学校的各学科活动;养成良好的学习习惯;认识常用汉字,学习独立识字,初步感受汉字的形体美;诵读浅近的古诗,获得初步的情感体验。	熟练掌握跳绳、拍球等体育运动项目;能向他人介绍自己在研学活动中的所见所闻;熟练掌握一至两项运动技能;通过体育课、课间操等形式,每天阳光体育一小时。乐意参加学校组织的研学活动。	喜欢艺术活动、感受艺术活动带来的愉悦;台上表现大方自信;激发艺术兴趣,传授必备的基础知识与技能;初步感受经典的民间艺术。
三年级	形成浓厚的学习兴趣,热爱学校;遵守校规校纪和社会公德;养成勤俭节约、吃苦耐劳、言行一致的生活习惯和行为规范;培育热爱家乡、热爱生活、亲近自然的情感。	阅读科学、文学、历史类书籍,能就自己读的书谈收获,并积极参加学校组织的阅读类活动;在各学科学习中培养自己安排学习任务的能力;能发现学习和生活中的问题,并有目的地搜集资料、共同讨论、尝试解决问题;诵读浅近的古诗,获得初步的情感体验,感受语言的优美。	培养积极参与运动的兴趣和爱好,形成健康的生活方式;学习篮球操;通过体育课、课间操等形式,每天阳光体育一小时;乐意参加学校组织的研学活动。	在学校音乐、美术走班课程中选择一门课程开始系统学习。发挥艺术想象力、增强创新意识,形成一两项艺术特长和爱好,培养感受美、表现美、鉴赏美、创造美的能力。
四年级	树立环保意识;在与人交往中认真倾听。能就不同意见与人商讨。了解中华民族历代仁人志士为国家富强、民族团结作出的牺牲和贡献;逐步增强辨别是非、善恶、美丑的能力;增强学生对中华优秀传统文化的感受力。	在学校组织的各学科学习活动中能够有自己的见解;能独立针对学习任务制定计划,有步骤完成学习任务;乐意参加学校组织的跨学科研究项目;熟练书写正楷字,诵读古代诗文经典篇目。	继续认真练习篮球操,逐步形成"一校一品";通过体育课、课间操等形式,每天阳光体育一小时;积极参加学校组织的研学活动;能用多种方式记录自己的所见所闻所思所感。	音乐、美术走班学习,对学习内容产生浓厚的兴趣。感受民族艺术的丰富表现形式和特点,尝试运用喜爱的艺术形式表达情感;发挥艺术想象力、增强创新意识,形成一两项艺术特长和爱好。

育人目标 年级表现	爱家国,有梦想	爱学习,会探索	爱运动,强自信	爱生活,懂审美
五年级	培养良好的意志品格和活泼开朗的性格,形成文明有礼的行为习惯;知道重要传统节日的文化内涵和家乡生活习俗变迁;学会理解他人,懂得感恩;热爱祖国的河山、悠久历史和宝贵文化。	培养自主学习的能力;养成阅读的习惯;在学校组织的各类活动中能发表自己的独特的见解;能在跨学科项目学习活动中,就其中某一方面开展研究性学习;熟练书写正楷字,理解汉字的文化含义;诵读古代诗文经典篇目,理解作品大意。	积极参加体育运动,动作协调,培养灵敏、耐力、力量等身体素质;在体育锻炼中强健体魄、磨炼意志。通过体育课、课间操等形式,保证每天阳光体育一小时;熟练掌握篮球操;在研学实践中培养动手操作能力。	熟练掌握一项绘画技能,熟练演奏一门乐器。感受民族艺术的丰富表现形式和特点;发挥艺术想象力、增强创新意识,形成一两项艺术特长和爱好,培养健康向上的审美趣味。
六年级	与人交往中,勇于发表自己的观点;通过自主探究、讨论分享、搜集资料等方式,运用所学知识,解决学习和生活中的问题;开始树立人生理想和远大志向;热爱祖国的河山、悠久历史和宝贵文化。	能小组合作、策划一定主题的活动方案,并能在老师的指导下开展跨学科项目式学习;具备自主学习能力;在六年级的学习中,保持浓厚的求知欲,为将来的学习做好铺垫;熟练书写正楷字,理解汉字的文化含义;诵读古代诗文经典篇目,理解作品大意,体会其意境和情感。	通过体育课、课间操等形式,保证每天阳光体育一小时;养成坚持锻炼的习惯。培养珍视健康、阳光向上、热爱体育的品性;能够为研学活动策划活动方案,并能根据研学活动的内容,撰写调查报告或研究报告。	培养艺术特质,具备一定的欣赏美、鉴赏美的能力。感受民族艺术的丰富表现形式和特点,尝试运用喜爱的艺术形式表达情感;发挥艺术想象力、增强创新意识,形成一两项艺术特长和爱好,培养健康向上的审美趣味。树立正确的审美观念。

第四节　梦想总是多维度的

我校聚焦课程目标,从三个维度整体构建课程体系:一是构建国家课程、地方课程和校本课程等三级课程体系;二是构建以学科课程为主、活动课程和潜在课程为辅的三类课程交融的课程体系;三是构建以必修课程为主、选修课程为辅、必选选修课程与自选选修课程共存的课程体系,形成有逻辑的学校课程体系。

一　课程逻辑

学校课程逻辑是一所学校课程变革的整体架构。只有学校课程逻辑合理清晰,学校课程建设才能顺利推进。我校以"童梦教育"为指导,依托"向着梦想奔跑"的办学理念和"每一个梦想都精彩"的课程理念,建构"童之梦"课程模式,从语言与修养课程、科学与探索课程、逻辑与思维课程、艺术与审美课程、运动与健康课程等角度设计课程结构,多维度推进学校课程深度实施,实现育人目标。因此,学校课程逻辑见图1-1。

二　课程结构

根据学校教育哲学和多元智能理论,我们将学校"童之梦"课程分成"人文园课程、科创园课程、智慧园课程、艺术园课程、健美园课程"等五大类。课程结构具体见图1-2。

图1-2中,各板块课程内涵如下所述。

1. 人文园课程:语言与修养课程。人文园课程包括道德与法治、行为与礼仪、社会实践课、队会课以及语文、英语等相关课程,如朗读者、国学课堂、英语剧场、英语趣配音、英语模联等,培养孩子在语言方面的听说读写能力及与人交流的能力,为孩子语言智能发展和人文修养提升提供课程支持。

2. 科创园课程:科学与探索课程。科创园课程是培养科学素养的重要手段,通过信息技术、创意魔方、创意编程等课程,发挥学生的逻辑思维能力,通过科学、航模、3D打印、机器人等课程,发展学生的科学素养及创造思维。

3. 智慧园课程:逻辑与思维课程。智慧园课程包含数学课程群、思维课程群等。我们尝试运用现代课程理念重新审视,分析、研究、思考现行教材的合理性,进一步贯彻新课标的相关精神,对教材进行局部调整、优化组合、扩充资源,通过每日一题、每日一问、数学跑道、数学园地等活动,以学生为主,引导学生寻找身边的数学,把握生活的数学,增强学生数学意识。

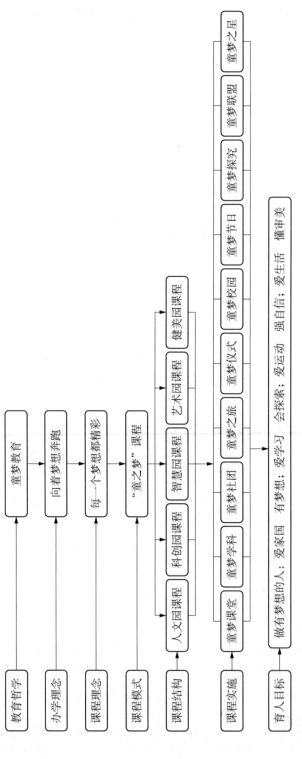

图 1 - 1 深圳市坪山区马峦小学课程逻辑图

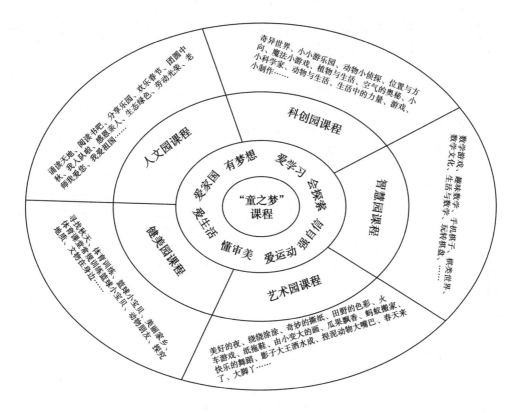

图1-2 深圳市坪山区马峦小学课程结构图

4. 艺术园课程:艺术与审美课程。通过音乐、美术及相关拓展课程发展学生的艺术素养,增强学生的审美能力。高雅课程不仅是传递知识的载体,同时也是内塑修行、滋养心灵、让心灵之花得以绽放的旅程。学校每年举办艺术节,组织多种艺术竞赛,带动学生"学艺术,玩艺术"的热情,展现学生的亮点,提升学生艺术学习的兴趣。

5. 健美园课程:运动与健康课程。通过体育、心理及相关拓展课程发展学生的体育素养,培养学生健康的生活习惯和良好的生活态度。健美园课程借助校内外培训机构开展丰富的校内体育,如校园足球、活力篮球、魅力田径、水中英雄、动感啦啦操、趣味田径等项目,发展儿童的力量和协调性,使学生学有所长、学有所乐。

三 课程设置

我校在课程结构设计的基础上进行了课程的纵向布局,按照年级、学期进行课程设置,确保儿童在不同成长阶段均能得到全面而充分的发展。结合学校实际,除了基础课程外,我校拓展课程设置见表1-2。

表1-2 深圳市坪山区马峦小学课程设置表

课程 年级		人文园课程	智慧园课程	科创园课程	艺术园课程	健美园课程
一 年 级	上 学 期	诵读天地 阅读书吧 分享乐园 欢乐春节 我入队啦 硬笔书法 软笔书法	数学游戏 趣味数学 国际象棋 国际跳棋	奇异世界 位置与方向 魔法小游戏	美好的夜 绕绕涂涂 奇妙的撕纸 田野的色彩	寻找秋天 体育训练 篮球小宝贝 跳绳 乒乓球 羽毛球 足球 武术
	下 学 期	诵读天地 阅读书吧 感恩亲人 生态绿色 劳动光荣 硬笔书法 软笔书法	棋类世界 数学文化 生活与数学 国际象棋 国际跳棋	植物与生活 空气的奥秘 小小科学家	火车游戏 纸拖鞋 由小变大的画 瓜果飘香 蚂蚁搬家	春天在哪 体育课堂常规训练 篮球小宝贝 跳绳 乒乓球 羽毛球 足球 武术
二 年 级	上 学 期	诵读天地 阅读书吧 团圆春节 老师我爱您 安全无小事 硬笔书法 软笔书法	手执棋子 数学游戏 趣味数学 国际象棋 国际跳棋	小小游乐园 动物小侦探 科技小发明 机器人	快乐的舞蹈 影子大王洒水成 捏泥动物大嘴巴 合唱团 综合材料 民乐团 民族舞 戏剧 数字美术	美丽家乡 体育课堂常规训练 篮球小宝贝 啦啦操 田径队 跳绳 乒乓球 羽毛球 足球 武术

年级 / 课程		人文园课程	智慧园课程	科创园课程	艺术园课程	健美园课程
三年级	下学期	诵读天地 阅读书吧 劳动创造美 快乐六一 珍惜幸福 硬笔书法 软笔书法	玩转棋盘 数学文化 生活与数学 国际象棋 国际跳棋	动物与生活 生活中的力量 科技小发明 机器人	春天来了 大脚丫 剪刀添画 动物聚会 左邻右舍 合唱团 综合材料 民乐团 民族舞 戏剧 数字美术	走进科学 体育课堂常规训练 篮球小宝贝 啦啦操 田径队 跳绳 乒乓球 羽毛球 足球 武术
	上学期	诵读天地 阅读书吧 爱上英语 感恩老师 祖国您好 童梦小记者 硬笔书法 软笔书法 小主持	数学游戏 趣味数学 国际象棋 国际跳棋	科学自助餐 小制作 科技小发明 机器人	管乐 打击乐 超轻黏土 黑白线描画 童心童画 合唱团 综合材料 民乐团 民族舞 戏剧 数字美术	动物朋友 体育训练 篮球小宝贝 啦啦操 田径队 跳绳 乒乓球 羽毛球 足球 武术
	下学期	诵读天地 阅读书吧 爱上英语 感谢亲人 学会劳动 童梦小记者 硬笔书法 软笔书法 小主持	数学文化 生活与数学 国际象棋 国际跳棋	游戏 小制作 科技小发明 机器人	刮画的秘密 黑白装饰画 优美舞姿 唱儿歌 快乐奏儿歌 合唱团 综合材料 民乐团 民族舞 戏剧 数字美术	探究地质 体育课堂常规训练 篮球小宝贝 啦啦操 田径队 跳绳 乒乓球 羽毛球 足球 武术

课程 年级		人文园课程	智慧园课程	科创园课程	艺术园课程	健美园课程
四年级	上学期	诵读天地 阅读书吧 古文世界 爱上英语 我是红领巾 童梦小记者 硬笔书法 软笔书法 小主持	数学游戏 趣味数学 国际象棋 国际跳棋	食物在旅行 与动物交朋友 探索月球 科技小发明 机器人	管乐 打击乐 衍纸艺术 多彩世界 我画我秀 彩铅画动漫 小线条去旅行 合唱团 数字美术 综合材料 民乐团 民族舞 戏剧	走进深圳 体育课堂常规训练 篮球小宝贝 啦啦操 田径队 跳绳 乒乓球 羽毛球 足球 武术
	下学期	诵读天地 阅读书吧 古文世界 爱上英语 感恩亲人 安全记心中 童梦小记者 硬笔书法 软笔书法 小主持	数学文化 生活与数学 国际象棋 国际跳棋	观察与实践 火的奥秘 科学小侦探 科技小发明 机器人	水墨画 彩色装饰画 优美舞姿 嘹亮歌声 奏响民乐 合唱团 综合材料 民族舞 戏剧 数字美术	文物在身边 体育课堂常规训练 篮球小宝贝 啦啦操 田径队 跳绳 乒乓球 羽毛球 足球 武术
五年级	上学期	诵读天地 阅读书吧 古文世界 爱上英语 爱我中华 环境小卫士 童梦小记者 小主持	数学游戏 趣味数学 国际象棋 国际跳棋	宇宙的奥秘 滑梯里的奥秘 科技小发明 机器人	亮美管乐 泥塑 水溶彩铅 画心飞扬 水粉画动景 刮画中的阴刮与阳刮 合唱团 综合材料 民乐团 民族舞 戏剧 数字美术	阅读少年 体育课堂常规训练 篮球宝贝 田径队 跳绳 乒乓球 羽毛球 足球 武术 定向越野

课程\年级		人文园课程	智慧园课程	科创园课程	艺术园课程	健美园课程
六年级	下学期	诵读天地 阅读书吧 古文世界 爱上英语 我爱妈妈 劳动光荣 童梦小记者 小主持	数学游戏 趣味数学 国际象棋 国际跳棋	玩转电磁铁 变废为宝 科技小发明 机器人	水墨画技法 实物装饰画 快乐拉丁 唱响童年 流行器乐 爱上民乐 合唱团 综合材料 民族舞 戏剧 数字美术	走进民族产业 体育课堂常规训练 篮球宝贝 田径队 跳绳 乒乓球 羽毛球 足球 武术 定向越野
	上学期	诵读天地 阅读书吧 古文世界 爱上英语 快乐队建 安全记心中 童梦小记者 小主持	数学游戏 趣味数学 国际象棋 国际跳棋	小制作 科学自助餐	管乐 打击乐 道具表演制作 我爱画卡通 我跟大师一起画 水彩国画画动景 有趣的刮画 临摹写意山石树 民乐团 民族舞 戏剧	传承红色基因 体育课堂常规训练 篮球宝贝 田径队 跳绳 乒乓球 羽毛球 足球 武术 定向越野
	下学期	诵读天地 阅读书吧 古文世界 爱上英语 不忘劳动 童梦小记者	数学文化 生活与数学	探索与发现	手绘装饰画 柔美伦巴 快乐歌唱 流行器乐 悠扬民乐 民族舞 戏剧	骄傲深圳人 体育课堂常规训练 篮球宝贝 田径队 跳绳 乒乓球 羽毛球 足球 武术

四 课程内容

我校围绕立德树人根本任务，构建"五育并举"课程体系。立足国家课程创造性实施和延伸性校本课程建设，在德智体美劳五大领域打造一批骨干型精品课程；同时关注儿童个性成长，开发一批儿童个性特长课程，构建具有马峦小学特色的高品质学校课程体系。五年内开发个性化课程四十门以上，加强课程的师资保障，提升课后延时服务水平，基本满足儿童的个性化学习需求。

（一）健全德育课程体系

一是强化大德育，统筹生命教育、心理健康教育、劳动教育、法治教育、环保教育、国防教育、安全教育、青春期教育、卫生健康教育、民族教育等课程建设，构建以身心健康为目标、以自我认知完善为中心的德育课程体系。二是重点开发和打造理想信念教育、核心价值观教育、道德情操教育、奋斗精神教育等领域课程。三是实施德育形态变革，推进生活德育与活动德育，形成基于生活、以活动式教学为主的道德教育模型，打造一批典型德育案例，构建生活德育与活动德育课程体系。四是实施学科渗透德育行动，通过德育渗透使语文、数学、英语、科学等学科教学更加精准地指向人的道德发展。

（二）深化智育课程体系

一是围绕国家课程，深化学科课程改革，开发和打造一批以逻辑思维培养和想象力培养为中心的学科教学改革课程，加强学生的认知能力、逻辑思维能力培养。二是丰富智育课程体系，在学科课程建设的基础上，打造学科融合教育、象棋、主持、小记者、机器人、人工智能、无人机等一批学科融合特色课程。三是打造科技创新教育特色课程，着重打造探究性学习课程、项目式学习课程、STEM 课程，把科技创新教育课程打造成学校的品牌课程。

（三）拓展体育课程体系

一是丰富体验式的普及性体育课程，广泛开展乒乓球、足球、羽毛球、篮球、田径、国际跳棋、武术等课程教学。二是加强开发和培育游戏类体育课程。三是继续大力发展跳绳、拉拉操等学校特色体育运动项目。加强体育竞赛课程建设。加大体育技能培养,每个学生至少掌握一项运动技能和特长。

(四) 丰富美育课程体系

构建较为系统的美育课程,加强戏剧、合唱、舞蹈、民乐、国画、书法、手工制作、综合材料等课程建设。加强艺术表演课程建设,加快合唱团、民乐团建设。在此基础上,着重开发和加强三个方面的美育课程:一是开发艺术鉴赏和审美教育课程;二是开发艺术主题创作课程,加强艺术与文学、历史等学科的课程整合,打造主题系列化的艺术创作课程体系;三是艺术技能培养课程。重点打造音乐技能培养课程,重点在一、二年级开设竖笛学习课程,三、四年级开设葫芦丝学习课程,五、六年级开设尤克里里学习课程。每个学生至少掌握一项艺术技能或特长。

(五) 打造劳动教育课程特色

挖掘马峦山自然资源,结合生态教育实践,着力开发和打造四个方面的劳动教育课程:一是加强传统形态劳动教育课程建设。在学校楼顶或闲置空间开辟生物园,让学生自己体验植物种植,开展生态、文化、艺术、科学等综合性学习。二是加强劳动精神培育课程建设,着力培养学生的吃苦耐劳精神,安排学生值日,打扫教室、厕所卫生等内务整理。注重学生的实践教育,重视每一次集体活动,如春游、秋游等,让活动充分发挥教育价值。三是开展劳动技能教育。加强家校合作、社区合作,组织学生学习劳动技能,广泛开展社区美化、烹饪等课程教育,教会孩子享受生活的乐趣。加强与社会合作,每年开展一次传统形态劳动教育。加强与企业合作,广泛开展工业制造等科技劳动教育。每个学生至少掌握一项劳动技能。四是深入开展生涯教育,重点是开设职业体验教育课程,加强与企业、社会及职业体验教育基地合作,广泛开展职业体验教育。

第五节　向着梦想奔跑

学校课程实施是课程理念落地的过程,也是师生共同成长的过程。围绕育人目标和课程目标,学校统筹多方力量,从"童梦课堂""童梦学科""童梦社团""童梦之旅""童梦仪式""童梦校园""童梦节日""童梦探究""童梦联盟""童梦之星"十个方面推进学校课程实施,充分发挥各方面的优势,形成课程育人合力,最终实现育人目标。

一 建构"童梦课堂",提升课程实施品质

课堂是学校推进课程实施的主要渠道,是师生共同学习、共同成长的主要阵地,是学生生命成长的沃土。落实学校课程的关键在课堂。学习应该是思维的碰撞、智慧的交融,因循守旧的课堂模式已不能适应当下的课程理念,被动的学习已不能培养新时代的少年,高品质的课堂应当是思维活跃、巧言善辩、灵动自由的发展空间。

(一)"童梦课堂"的实践推进

"童梦课堂"的核心追求是培养学生的好奇心、想象力、创造力。"童梦课堂"是教师运用巧妙的智慧和积极的情趣,以智启智、以情冶情,开发学生思维活力和情感潜能的课堂。学生能在巧妙的、思辨的学习氛围中,善思善言、敢思敢辩,乐于求知、乐于探索,实现师生的思维、情感和谐共生。"童梦课堂"带来的是学生智慧的碰撞、情感的愉悦、生命的浸润、心灵的洗礼。

"童梦课堂"是智慧的课堂。学生积极参与到课堂之中,能思考、能动脑,能提出问题,阐述自己的观点,发表不同的意见,学生的发散思维和批判思维在思辨的氛围中得以发展,师生在交流碰撞中生成智慧,共同成长。

"童梦课堂"是灵动的课堂。课堂上的学生对学习拥有浓厚的兴趣,渴求汲取知识的养分,学生会动手写、动脑想、动口说,会认真聆听、专注观赏、用心记忆,会认真思考、积极表达、踊跃发言。这样的课堂充满灵气。

"童梦课堂"是和谐的课堂。课堂上教师依据学生发展的心理特点,遵循学生成长的规律,本着对学生的尊重、理解和关注的原则,创设积极学习情境,引领带动每一个学生充分展现自我、发展自我,创建良好的学习氛围,让学生在平等、互助、开放、向上的环境中和谐发展。

在推进课堂教学变革方面,我校打造以学习方式变革为核心的"童梦课堂"品牌,充分体现游戏化学习、探究性学习的要求。围绕学校课程的深入实施,立足学科核心素养培育,重点推进活动式学习、情境式学习、游戏化学习、探究性学习等多样化的学习方式。

为了进一步深化"童梦课堂"的实践与探索,学校积极探索"童梦课堂"的实施机

制,具体如下:

一是教研机制——以校本教研为途径。学校建立健全校本教研制度,将每周三定为"教研日",每个教研组都有学科领导人负责,教研组长带领,深入到教研组内,开展行之有效的教研活动。

二是课题机制——以问题研究为抓手。学校领导指导每位教师在自己的课堂教学实践中发现问题,将这些问题作为自己的科研课题,系统探索解决问题的方法,寻求今后努力的方向。

三是评价机制——以科学评价为支撑。带领教师们构建科学有效的评价体系,注重评价的多元化,改变教师的教学观,促进学生的成长。学校通过组织学生代表、家长委员会参与课堂评价,组织以校领导为主管的评价小组进课堂进行教学评价,提升教师的教学质量。

四是反思机制——以教学反思为阶梯。反思才能进步,反思才能成长。学校老师们积极进行教学反思,在每次教研过程中反思,以期科研项目精益求精;在每次教学活动中反思,以期教学效果趋向优秀。

(二)"童梦课堂"的评价标准

根据"童梦课堂"的意涵,学校从学生学习和教师教学两方面制定"童梦课堂"评价标准,具体见表1-3。

表1-3 深圳市坪山区马峦小学"童梦课堂"评价表

评价指标	评价要素	评价标准	权重	得分
学生学习(60分)	结构化预习过程(10分)	任课教师设计"主题",由学生借助已有知识、经验以及可利用资源,获取基础性知识,解决基本问题。	5	
		及时、自主地完成课前预习任务。	5	
	立体化学习过程(30分)	参与状态:精神饱满,兴趣浓厚,学习投入,状态良好。	5	
		思维状态:善于思考质疑,能提出个人观点,见解独到,有价值,并引发同学思考。	5	
		自主状态:能独立思考,探究问题有主见,能总结提炼学习所得。	5	

评价指标	评价要素	评价标准	权重	得分
		合作状态:小组合作,在同伴互助、分享、交流中进行思维碰撞,解决导趣过程中产生的问题和疑惑,共同解决新问题。	5	
		展示状态:大胆自信,表达简洁,答疑解惑正确,征求意见谦虚。	5	
		交往状态:尊重同学和老师,清晰表达自己观点,耐心听取别人意见,质疑研讨诚恳,评价客观公正。	5	
	全人化学习效果(20分)	知识掌握:快速掌握当堂知识,知识目标达成度好。	5	
		方法运用:学会解决问题的方法,形成有效的学习策略,养成良好的学习习惯。	5	
		能力形成:学生发现问题、表述问题、解决问题、综合运用等各方面的水平得到提高。	5	
		情感发展:学生学习过程愉悦快乐,思想情感积极向上。	5	
教师教学(40分)	差异化导学设计(10分)	学习目标正确、重难点恰当,关键问题把握准确,能根据学习内容合理使用教学资源。	5	
		课堂问题设置有梯度,适合不同层次学生需求,评价及时、客观。	5	
	点拨式课堂活动(25分)	注重情境创设、兴趣激发,学习目标呈现清晰。	5	
		师生合作,教师在设疑、答疑、解疑的过程中引导学生深入思考问题。	5	
		指导学生当堂落实课堂问题,且学习效果良好。	5	
		课堂环节紧凑,时间调控合理,按时完成学习任务。	5	
		评价适时恰当,激励性、指导性强。	5	
	合宜性个人表现(5分)	教学基本功扎实,知识储备足;能亲近学生,关爱、尊重学生;满足不同层次学生的学习需求;有一定的教学智慧。	5	
评课建议			100	

二 建设"童梦学科",丰富学科课程体系

学校以"童梦学科"建设来推进学科课程实施。学科课程既有国家基础课程,也有在此基础上延伸的满足学生终身发展需求的校本课程。学校围绕学科素养目标,将基础课程与结合各类教育资源、学生学习需求开发的校本课程、微型课程、多样化体验活动等组合,统整建构学科课程群,并通过多样化的路径实施,不断提升学科课程品质。

(一)"童梦学科"的建设路径

建设"童梦学科",学校从两个方面入手,一方面通过挖掘学科内部或学科之间的逻辑来建构专业的学科课程,另一方面充分利用地域学校特色来渗透多门学科。各学科教师基于学校课程特色追求,又根据对学科的独特理解,结合学科独特优势、独特资源,研发了丰富的学科延伸课程,形成了独具特色的学科课程群。学校建设了"醇美语文""智慧数学""原味英语""活力体育""美妙音乐""创意美术""趣味科学"等学科课程群。每个课程群都提出了鲜明的学科价值观和教学主张,并基于学科核心素养的全面达成开发了丰富多维的课程群。

(二)"童梦学科"的评价要求

学科课程评价由课程中心负责,总体上评价指标指向学科建设方案、学科建设团队能力、学科建设改革目标、学科建设的质量及学科建设的形式等几个方面,要求"童梦学科"建设方案将富有规划的科学性和时代性紧密结合,要求学科建设改革有鲜明的时代特征、体现学生发展本位理念,更是把学科建设的质量和形式作为重要的考核指标,关注个体差异,注重学科素养的全面提升。我校"童梦学科"建设的具体评价见表1-4。

表1-4 深圳市坪山区马峦小学"童梦学科"建设评价表

评价指标	评价内容	评价分值
学科建设方案	方案设计主题鲜明,寓意深刻,立意新颖; 有针对性、教育性、科学性、时效性和时代性。	20

评价指标	评价内容	评价分值
学科课程开发	课程开发的目标明确,定位准确,紧扣主题; 师生互动,充分体现学生主体、教师主导的理念。	20
学科教学改革	改革有鲜明的导向性和时代特点; 注重学生的实践和感悟; 能促进学生身心健康发展。	20
学科学习质量	情境设计合理,可操作性强; 注重培养学生实践能力; 层次清晰,重难点突出; 贴近学生生活实际。	20
学科团队建设	有支撑学科发展的学科带头人和学术骨干; 培育一批学科创新团队,产出高水平学科课程成果; 有支撑学科可持续发展的、具有一定优势或特色的、数量充足的学科团队。	20

三　创设"童梦社团",发展儿童兴趣爱好

我们充分挖掘家庭、社会资源,引导学生以"兴趣"为导向,自主成立"童梦社团",开展丰富多彩的社团活动,开阔学生视野,陶冶学生情操,启迪学生思维,发展学生个性特长。加强学生社团建设,建好科技小发明、艺术、戏剧等社团课程,引导学生参加一个社团,培养一种兴趣、学会一门知识,练就一项技能,体会一次成功,享受一份快乐、全面提升学生的综合素养。

(一)"童梦社团"的类型与实施

"童梦社团"旨在丰富学生的校园生活,为学生提供成长的舞台,建设更加健康、活泼、有趣、有益的校园文化。社团的成立是通过学生自愿报名、师生双向选择完成的。我校的"童梦社团"以"我的社团,我做主"理念为依托,一共分为五大类,即"美德社团""语艺社团""智慧社团""科创社团""体艺社团"。其中美德社团类设有雅思大讲堂、社交礼仪、爱国主义教育、国民素养、茶艺社等社团,语艺社团类设有小主持人、慧悦读、经典诵读、惠风诗社、妙笔生花等社团,智慧社团类设有数学思维拓展、棋思妙想、心理

社团等社团,科创社团类设有科创世界、创思工坊、电脑制作、巧手生活等社团,体艺社团类设有篮球、街舞、武术、绳舞韵律、古琴、篆刻、敲画等社团。

在学校"童梦社团"方案的统领下,每学年开学的九月份,举行全校性的"童梦社团招募会"。学校为每个社团搭建舞台,由社团骨干团员招募新成员,并在规定时间内进行团员、辅导员之间的双向招募活动。招募活动结束后,对人数超过二十人的社团启动成团仪式。成团后的社团活动程序分为以下三个阶段。

在社团活动的初期,社团辅导教师带领团员制定社团章程和活动计划,章程包括三个方面:一是社团提倡有特色、有亮点,符合学校文化、社团特色、富有童趣的社团名称;二是有团训,有一句响亮的团训,以队员为本,突出社团丰富多彩的活动、积极向上的精神面貌;三是有要求,章程中要条目化地明确规定对社团的成员、辅导员的相关职责,以及活动性质、活动内容等的具体要求。

在社团活动的中期,社团要有丰富的社团活动。每次活动有记录、有总结,有固定的活动时间、活动地点,有条件的成立后援基地。在开展常规活动的同时,能重视特色活动的开展。有明确的活动主题,社团在学校教导处和德育处指导管理下,开展有兴趣、有意义的主题体验活动。

在社团活动的末期,也就是每年六月和十二月,学校举行童梦社团成果展示会,为优秀社团搭建"童梦大舞台",在全校展示。

(二)"童梦社团"的评价要求

为推动"童梦社团"的蓬勃发展,促进师生共同成长,学校在每个学期对社团的运行情况和师生成长举行评价表彰活动。对社团学生和辅导教师分别进行评价。

1. 评选"最美团员"。学校制定整体的评价方案,各社团指导教师制定评价标准和评价量表,通过评价量表、问卷反馈、成果展示等形式对社团团员进行过程性和综合性评价。评价量表的具体内容主要包括团员日常学习中的表现,如考勤情况、学习态度、合作能力等,以学生自评、小组评价及社团辅导员评价为主。学习成果的展示主要是社团团员就作业作品、心得体会学习报告,在社团内进行展示交流,通过展评,达到相互激励学习的目的,使团员体验成功,拥有自信,发展特长。

2. 评选"最美社团"。每学年评选一次。各社团每学年结束前向学校领导小组提交相关的书面申请报告和相关活动材料,学校根据社团的申报材料和对该社团平时情况的掌握进行综合评定。获得"最美社团"称号的团体可增加"最美团员"的评选比例。

学生评价合格,可以在下一学年选择加入其他社团或者继续留在当前社团深入学习。

3. 评选"最美社团辅导员"。每学年评比表彰一次。由学校领导小组、社团成员、家长结合社团活动成果等方面的具体情况对社团辅导员进行综合考评,并对评选出的"最美社团辅导员"进行公开表彰。

四 推行"童梦之旅",落实研学旅行课程

学校本着"读万卷书,行万里路"的学习理念,把学校和社会、大自然联合在一起,将"魅力深圳"作为学习基地,开展研学旅行课程,丰富学生的经验,使其形成对自然、对社会、对自我的整体认识,发展创新精神、实践能力,以及良好的个性品质。让孩子在完整的时空中游历中国文化景点,感受中国文化之美,培育全人素养。全面推进研学旅行课程,打造以活动为主的学习模式。深入开展贴近儿童生活与经验的专题式教育中国活动,打造活动式德育品牌。

(一)"童梦之旅"的课程设计与实施

学校根据学生身心发展特点,结合独特的地理人文优势,结合学校的办学理念和育人目标,制订了独具我校特色的"童梦之旅"研学课程,包括"自然之旅""家乡之旅""历史之旅""红色之旅""科技之旅"五个主题的内容。具体内容见表1-5。

表1-5 深圳市坪山区马峦小学"童梦之旅"研学课程内容设置表

主题	地点	目的
自然之旅	植物园、动物园、人民公园 马峦山公园	亲近大自然、热爱大自然
家乡之旅	走访社区、深圳老街	增强热爱家乡、建设家乡的意识
历史之旅	博物馆、名人故居	了解历史文化,了解深圳的悠久历史
红色之旅	东江纵队	学习党建历史,不忘初心、牢记使命,加强爱国主题教育
科技之旅	科技馆、世界之窗	感受科技的魅力,激发探索科学的兴趣

根据学校研学旅行课程安排,"童梦之旅"的课程实施分为三个阶段进行。

研学旅行出行前,通过家长委员会、"致家长的一封信"或召开家长会等形式告知家长研学旅行的活动意义、时间安排、出行线路、费用、注意事项等信息,也可邀请少数家长作为志愿者陪同。学校要做好安全预案,了解学生的身体状况,明确学生要携带的物品,带好常备药物,并要求学生统一着校服。同时,教师提醒学生在研学旅行中应注意言行规范。

研学旅行过程中,严格按照学校制定的方案实施,由教师和家长志愿者带领学生对课程中安排的人文景观、自然景观等进行学习和探究。班主任老师要全面负责本班情况,确保每一名学生的安全。

研学旅行结束后,学校组织研学成果交流会。低年级以口头形式分享旅行收获、绘制旅行收获图等;高年级除口头形式分享外,以游记、制作 PPT、手抄报等形式分享旅行照片、旅行心得等。

(二)"童梦之旅"的评价要求

"童梦之旅"课程以实践性、活动性为主,引导学生在大自然中探寻、在社会生活中历练,从而获得知识。课程的评价内容按研学之前、研学之中、研学之后三个阶段设计评价标准,主要考察学生的态度、学生的体验方法和能力、学生的创新精神和实践能力的发展情况。具体内容见表1-6。

表1-6 深圳市坪山区马峦小学"童梦之旅"评价计量表

评价内容	评价标准	评价分值
研学之前	研学目标明确; 学生的态度积极向上; 物资内容准备充分。	20
研学之中	研学内容丰富; 组织形式多样; 学习过程重知识技能的应用、重亲身参与探索、重全员参与; 学生积极进取、勇于创新。	50
研学之后	评价方式多样化; 活动成果的展评; 学生的体验方法和水平得到提升; 学生的创新精神和实践能力得到发展。	30

五 做实"童梦仪式"，发展仪式教育课程

仪式是一种文化象征，有深远的寓意，要触及学生灵魂。仪式教育在学校教育中具有不可替代的教育效果。学生在学校生活的归属感，很大程度上建立在仪式课程实施上。仪式课程直接目的是通过营造隆重、庄严、神圣的环境氛围，产生强烈感染力以实现教育目的。仪式课程让学生的灵魂得到洗礼，精神得以成长。

（一）"童梦仪式"的课程设计

据教育目的，结合本校实际，将仪式课程分为常规仪式、成长仪式、节日仪式。在实施上要整合多方之力，激励学生参与、互动、展示，将价值理念与情感交织、融合，以期对学生产生综合影响。具体安排见表1-7。

表1-7 深圳市坪山区马峦小学"童梦仪式"课程设置表

仪式课程	课程安排	仪式内容
常规仪式	升旗仪式	每周一举行庄严的升旗仪式、国旗下演讲
	入队仪式	每学期举行少先队员入队仪式
成长仪式	入学仪式	每学年举行一年级新生入学仪式
	毕业仪式	每学年策划毕业季系列活动
节日仪式	劳动节仪式	每学年举行"五一"劳动节主题教育活动
	国庆节仪式	每学年举行"十一"国庆节主题教育活动

（二）"童梦仪式"的课程评价

仪式课程是全体师生共同参与的课程，在课程的评价上，我校依据"学生主体""主旨明确""程序严谨""形式庄严""方法创新""内容完整"的原则进行评价。具体评价见表1-8。

表 1-8 深圳市坪山区马峦小学"童梦仪式"评价计量表

评价内容	评价标准	评价分值
学生主体	以学生为主体,学生积极参与	20
主旨明确	主旨明确,思想性强,有教育意义	10
程序严谨	程序严谨,有鲜明的政治属性	10
形式庄严	用庄严的仪式给学生使命感、责任感、荣誉感	20
方法创新	时代感强,有学生喜闻乐见的形式	20
内容完整	内容完整流畅,学生获得感强	20

六 建设"童梦校园",开发环境隐性课程

在校园文化课程设计中,找准课程与文化的结合点,用文化引领课程建设,用课程建设发展文化。我们需要向外展示我们的校园文化,我们更需要向内引力,让文化走进教室、走进课堂、走进学科,成为课程一部分的文化才有意义、有活力。

(一)"童梦校园"文化建设

学校着力对校园文化、班级文化进行统一规划,在体现学校办学思想的指导下,凸显学校民俗文化特色,让每一面墙会说话,让每一处景有深意,创办智慧校园。学校将以开放的育人环境,引入马峦山森林生态资源,作为学校环境文化和课程文化的重要组成部分。"森林"也是绿色生态的代表,是生态教育思想的象征。学校以森林景观为主题进行文化建设,同时将森林作为课程资源,融入校本课程。为学生创设良好的育人和成长环境,构筑逐步圆梦、成就梦想的校园。重点打造梦之力(攀爬区)、梦之场(森林剧场)、梦之园(生态区)、梦之源(图书馆)、梦之廊(照片墙)主题文化。

1. 梦之力(攀爬区):组织以游戏和竞赛为主的攀爬活动,建好校内攀爬区,完善游戏、运动等教育功能,打造充满活力的梦之力。

2. 梦之场(森林剧场):建好集戏剧表演、歌舞表演、艺术创作、演讲等于一体的森林剧场。

3. 梦之园(生态区):完善校园内装饰,加强植物花卉种植,美化校园环境,打造生态校园。

4. 梦之源(图书馆):丰富图书种类,扩大图书数量,加强图书信息化建设,实现图书馆多种功能一体化,把图书馆打造成集阅读、学习、教学、研讨活动于一体的新型知识学习场所。

5. 梦之廊(照片墙):充分展示师生精彩瞬间、光彩事迹,展示马峦师生的精神风貌,展示马峦小学教育教学改革的集体智慧和重大行动。

此外,学校还将完善各个功能室的主题装修,使其更符合本校的生态特色与氛围;不断更新与维护校园文化长廊建设,使学生对传统文化有所了解;维护学校主题文化墙,使其成为学校独特的文化展示墙。同时,加强班级文化建设,注意班级内各种设施的颜色搭配,使其与内容主题相得益彰,让教室呈现出自然、平静、整洁的氛围,显现和谐之美;建立"班级公约",体现良好的班级管理理念;建立"书香满园"图书角,丰富学生知识内容;创办"主题板报",加强主题教育;开展系列主题班会,满足学生的发展需要。

(二)"童梦校园"文化评价

1. 评选"最美校园角"。校园文化体现在学校的每一个角落、每一处场景、每一间教室,学校基于既有的校园文化建设实景,设计调查问卷,倾听学生的心声,聆听教师的建议,思考家长的反馈,从这三个评价主体的视角出发,更好地完善校园文化建设。

2. 评选"最美班级"。班级是学校最为重要的集合单位,孩子们在学校的大部分时间都是在教室里度过的。为孩子们创设优美的学习环境,有助于学生心理健康和审美发展;为各班级制定班级公约,有助于学生养成良好的行为习惯;各班建立丰富的图书角,有助于学生汲取课外丰富的精神食粮;各班级创办独具特色的主题板报展示,有助于孩子们增强学习的成就感;丰富多彩的班级主题活动,有助于孩子们提升班级的凝聚力。因此,我们从以上五个方面对班级文化进行评价,每学期评选"最美班级",并在全校范围内分享交流。

七 创设"童梦节日",彰显学校节庆文化

节日是人类日常生活中的精华,在节日活动中,保留了民族文化中最精致、最具代

表性的一面。中国历史悠久,所孕育的节日活动多彩多姿,无一不是代代相传的文化资源,不同节日的形式虽然风格迥异,但都保留了一定程度的先人智慧及经验成果,它们反映了民族的传统习惯与道德风尚,寄托着整个民族的憧憬,是千百年来岁月长河中欢乐的盛会,而小学生是祖国的未来,应担负起继承传统、传承文明的重任,从传统节日中汲取文化营养,继往开来,开拓创新,使传统文化发扬光大。因此,开发"童梦节日"课程是十分有必要的。

"童梦节日"课程面向全体学生,采用喜闻乐见的活动寓教于乐,充分调动学生积极性,及时进行心灵的启迪和点拨。其目的是让学生在体验教育和实践活动的过程中丰富感性认知,提升理性认知,促使学生关注民俗风情、亲近传统文化、弘扬华夏文明,进而对学生的价值取向起到潜移默化的引领作用。

(一)"童梦节日"的课程设计

学校以"乐"为节日课程的核心目标,努力建设校园文化课程,为学生打通一个更为开放的、更为广阔的学习途径,强调学生在亲历实践中掌握新的学习方式,促进学生主动学习、综合学习、探究学习、实践学习。为此,学校将"童梦节日"课程划分为"传统节日"课程、"现代节日"课程、"校园节日"课程三大主题课程类型,具体安排如下。

1."传统节日"课程。传统的节日有着丰富的民俗文化内涵,民俗文化的精神通过课程系统的传递,变得具体可感,我们以传统节日课程为依托,通过体验传统节日文化风俗,开展"精神寻根之旅"。

2."现代节日"课程。现代节日包括人们对美好生活的向往与寄托,开展现代节日课程是为了引导学生关注生活,增强生活仪式感。

3."校园节日"课程。校园节日是以学生的校园生活为依托,由学生自主设计、自主实施、自主总结的校园文化课程,它丰富了学生的校园生活,增强了学生的校园活动体验,帮助孩子探寻更广阔的生命空间。校园节日是学校特有的节日,在实施中师生共同参与,营造了浓厚的节日氛围,丰富了校园文化生活。学校根据不同的节日,采取不同的活动方式,为广大师生搭建展示自我的大舞台,充分增强学生"人人有事做,事事有人做"的主人翁意识。节日之后,学生通过深情回顾,谈收获,谈体会,留下珍贵的经历,在欢乐中成长。

(二)"童梦节日"的课程评价

以评价促提升,评价的重点不是学生,而是学生的行为表现和参与过程。无论是对节日的认知还是对文化的感悟,要以具体的、可操作的指标进行评价,详见表1-9。

表1-9 深圳市坪山区马峦小学"童梦节日"课程评价表

评价指标	评价内容	评价分值
主题	主题鲜明,寓意深刻,立意新颖; 有针对性、教育性、科学性、时效性和时代性。	10
目标	目标明确,有鲜明的导向性和时代特点; 能促进学生身心健康发展。	15
内容	紧扣主题,定位准确;层次清晰,重难点突出; 贴近学生生活实际。	30
实施	呈现形式多样化;情境设计合理,可操作性强; 注重培养学生实践能力; 师生互动,充分体现学生主体、教师主导的理念; 体现课程的实践性、自主性、综合性、创造性和趣味性。	30
形式	注重学生的实践和感悟; 创设富有实效的氛围; 重视活动的群体性,引导学生合作学习; 形式新颖、独特、多样,让学生充分展示自我。	15

八 推进"童梦探究",做活主题统整课程

所谓"童梦探究"就是在课程的开发过程中,筛选主题,结合教材,构建具有校本特色的课程,通过改编、补充、拓展和新编等方式开发课程。我校以学科内的整合,学科间的整合为基础,以跨学科整合为目标,采取"主题教学"模式、"学科间互补"模式,通过主题整合,彰显我校的生态教育特色,推进学校"马峦山自然生态"主题课程建设。

(一)"童梦探究"的主要做法

我校立足马峦山自然生态资源,采取课程统整方式,进行马峦山自然生态特色课程建设,具体见图1-3。

马峦山自然生态课程概念设计图

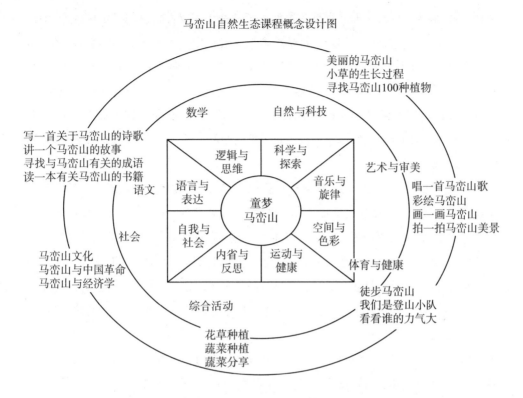

图1-3 深圳市坪山区马峦小学马峦山自然生态特色课程概念设计图

1. 学科内整合探究。学科内整合探究是为了重新塑造学科核心素养育人的功能。它强调学科的独特属性和学科价值,以主题整合学科内在的逻辑、关联,使之更好地发挥学科核心素养育人的功能。一直以来,学科课程以知识体系组成,依据知识点,教学内容过于碎片化。学生难以通过支离破碎的学科课程进行持续的、发展的深度学习,也就难以增强学科的核心能力。学科内整合通过由一系列的深度的、持续的、完整的课程链条发生连锁反应产生核心素养效能。在核心素养的引导下,学科内优化整合找到了原动力,找到了学科关键能力目标打底基础上核心素养达成的主题。以主题优化整合学科,通过整体制定目标,重组教学内容,有序开展教学,形成主题系列关系链条,让核心素养在链条式的课程群学习中生发意义。

2. 学科间整合探究。学科间整合探究是在尊重学科基本属性和独特价值基础上的整合。模糊学科属性的整合是盲目的整合。如果盲目地进行学科间的整合,很可能造成知识的碎片与混淆,概念的模糊与不清。基于核心素养目标的达成,以主题整合多种学科,形成三种基本的课程整合类型。一是基于支撑性学科的多学科融合,即以某一学科作为支撑性学科,这一学科是整个教学过程中一以贯之的基本学科"经脉",其他学科作为辅助学科与支撑性学科交织融合,共同指向主题而构成了教学的"纬脉"。二是多学科并行关联融合,即学科之间相互独立,根据教学目标的相似或相近,形成互为补充、相辅相成的学科合作样态。三是多学科交叉融合,即围绕同一个主题,学生基于多学科的能力和方法,进行综合解决问题的尝试,各学科没有主次之分,而是随时介入,随时运用。

3. 超学科整合探究。超学科课程整合探究,就是真实构建学生新常态的学习生活,超越学科边界,将学生的学习与其社会生活、实践打通,在实际生活情境下增强学生发现问题、解决问题的综合实践创新能力。超学科整合课程,既是独立学科课程之外的课程,又是与学科课程形成关联的课程,即学科课程育人的补充和弥补。同时多学科整合尤其注重通过消弭式的教育路径,促进个体的必备品格与关键能力的整体发展。在核心素养的引导下,超学科整合注重面向个体的浸润式的、融通式的教育过程。也就是说,面向每个个体,尤其是有特别需求的学生,超学科整合提供了突破学科教学、年级设置、学习环境等对个体成长观照的局限,作为学科教育的一种弥补、补充,回到儿童本身,寻找真实问题情境下,现实生活需求中学生个体的教育供给。

(二)"童梦探究"的评价要求

"童梦探究"主题统整课程,有如下评价要求。

1. 课程整合探究要有教育目的性。课程整合,不仅是方法而且是教育目的。运用主题教学的思维方法,进行三种课程整合,是为了达成学生核心素养的整合。在探索的过程中,应避免出现课程的简单叠加或拼凑,基于核心素养的课程整合,应当不断指向人的发展过程,形成日臻完善的系列课程群体系。

2. 课程整合探究应是一个动态的、发展的过程。课程整合是核心素养达成的重要路径之一,但也不能全部覆盖。它既可以作为寻找学科间边界教育生长点的路径,又可以作为国家课程校本化过程中的有效补充。我们提出的学生核心素养的发展,不是一朝一夕的,更不是一蹴而就的,而是需要一个不断浸润的过程。

3. 课程整合探究应当努力突破现有学科藩篱,实现学科的统筹育人。这首先对于学科教师的综合素养就有极高的要求。指向核心素养的课程整合,让教师越来越关注学科的教育学性,关注学生本身的发展,这是课程整合带给教师自我提升和教育观念变革的思想力量。

九 共建"童梦联盟",落实家校共育课程

我们通过家校的默契互动、沟通、合作,缔结紧密的家校纽带关系。学校通过具体问题开展具体问卷调查,了解家长的顾虑,为家长答疑解惑;以活动为载体抓好教育,借形式多样的校园活动密切家校交流,增强家校凝聚力;开设家长学校课堂,帮助引导家长树立正确的教育观念、掌握科学的教育方法;建立学校家长委员会,明确家委会的主要职责,以规范学校的管理,确保家长满意、学生进步;成立家长义工队,借义工慧眼发现问题、改进策略,更好地规范学校管理。家校共育是学校积极探索家校联系的一种新途径、新方法。充分利用家庭教育这块园地,对学生适时地进行培养,以达到学校教育和家庭教育的和谐,充分利用优秀家长的自身资源,才能发挥家长在学校发展、学生道德养成等方面的积极作用;提高班主任的合作水平和育人水平,为学校提供有力支持,形成家校合作的教育合力。我们畅通家校交流渠道,营造良好的家校合作共育氛围,落实家校共育课程。

(一)"童梦联盟"课程设计与实施

为了拓宽孩子的视野,增长孩子的见识,更好地为学生提供优质高效的教育资源,学校邀请热心教育事业的家长朋友走进课堂,发挥职业优势,为孩子们讲述社会大百科,形成别具特色的家长讲堂新局面,完善社会、家庭、学校三位一体的教育体系,促进学生全面发展。"童梦联盟"课程设置内容见表1-10。

表1-10 深圳市坪山区马峦小学"童梦联盟"课程设置表

年级	课程内容	课程目标	实施方法
一年级	生命成长	每个家长都在从事着不同的职业,其中不乏行业的精英、道德的模范,家长利用自身的优势走进孩子的课堂,现身说法,做学生榜样,促学生成长。	课堂讲授 观摩学习 感悟引领
二年级	传统习俗	各美其美,聆听窗外之音,美美与共,感受多彩课堂。学校融合"传统文化进校园"精神理念,特邀身怀绝技的家长和身边资源走进学校,从变脸到皮影,从绘画到剪纸,从学礼以立到"武""舞"民族风,荟萃传统之美,演绎民族之魂。	课堂讲授 观摩学习 感悟引领

年级	课程内容	课程目标	实施方法
三年级	故事浸润	教育改变人生,故事启迪灵魂,培养有故事的孩子,塑造有故事的老师,成就有故事的家长,开办有故事的学校。以故事为教育的切入点,邀请家长用自身感悟,以故事形式引领学生成长。	课堂讲授 观摩学习 感悟引领
四年级	科学探索	以科学探索为主题,邀请家长走进教室,带着孩子们开启科学探索之路,引导孩子们像科学家一样思考,呵护每一个孩子的科学梦。	课堂讲授 观摩学习 感悟引领
五年级	理想信念	优选家长中的成功代表,讲理想谈梦想,结合自己的奋斗史,用事实说话,从小处入手,让学生明白学习是自己的事,从小树立远大理想,并持之以恒坚持不懈,总会有梦想成真的那一天。	课堂讲授 观摩学习 感悟引领
六年级	感恩教育	邀请家长讲述感恩经历,从知恩、感恩到报恩、施恩,以灵魂唤醒灵魂,对学生进行以德报德的品性教育。	课堂讲授 观摩学习 感悟引领

(二)"童梦联盟"课程评价

小学阶段是健全人格形成的关键时期,只有家长、学校、社会三位一体才能成就每一个孩子都成为最好的自己。学校大力倡导家校共育,充分利用优秀家长资源,每期开展家长大讲堂系列活动,让家长发挥自身职业优势,为学生带来别具特色的全新课堂。"童梦联盟"课程评价见表1-11。

表1-11　深圳市坪山区马峦小学"童梦联盟"课程评价表

指标	评价标准	分值	得分
目标	符合相应年级家长课堂的主题要求,指导思想端正,目标明确,能帮助学生树立正确的观念,学习与掌握相对应主题教育的内容。	10分	
内容	熟练驾驭主题内容,所授知识准确、严谨,体现科学性、灵活性、系统性、实用性;教学内容符合学生的文化层次和接受能力,按需施教,针对性强,使学生学有所获。	20分	

指标	评价标准	分值	得分
方法	教学设计新颖,教学过程独具特色,处理主题内容灵活,环节安排合理,层次清楚,系统严密,过渡自然,课堂教学效率高;理论联系实际,深入浅出,恰当运用案例,能激发和调动学生的学习兴趣;合理运用多样化教学手段。	30分	
表现	家长专业知识丰富,组织和应变能力强,能自如地把握教学内容和教学过程;语言准确清晰、简练、生动,使用普通话;教态自然、亲切,精神饱满,仪表端庄大方。	10分	
教学效果	家长与学生之间配合默契,关系和谐,学生注意力集中,学习态度积极;教学时间掌握适度,按时完成主题授课;学生课后反馈良好,达到预期的主题教育效果。	30分	
建议或意见		总分	

十　评选"童梦之星",发展个性特长课程

深化美育课程体系。构建较为系统的美育课程,加强戏剧、合唱、舞蹈、民乐、国画、书法、手工制作、综合材料等课程建设。加强艺术表演课程建设,加快合唱团、民乐团建设。在此基础上,着重开发和加强三个方面的美育课程:一是开发艺术鉴赏和审美教育课程;二是开发艺术主题创作课程,加强艺术与文学、历史等学科的课程整合,打造主题系列化的艺术创作课程体系;三是开发艺术技能培养课程,重点打造音乐技能培养课程,重点在一、二年级开设竖笛学习课程,三、四年级开设葫芦丝学习课程,五、六年级开设尤克里里学习课程。每个学生至少掌握一项艺术技能和特长。

(一)"童梦之星"的类型设计

为了树立典型、弘扬正气、表彰先进、激励后进,充分发挥先进典型的示范表率作用,先锋模范作用,形成争先创优的育人氛围,打造文明校园,我们开展人人争当"童梦之星"活动主题。

"童梦之星"是借助学校期末嘉年华活动,通过"小公民""小文人""小智者""小健将""小达人"和"小创客"六个星级评价从而给予学生的一项特殊荣誉。"童梦之星"的

评定可以全面诊断学生综合素质,激发学生的学习兴趣和上进心,增强其学好文化知识的信心与动力,为每一个生命蓬勃生长奠定坚实的基础。

每学期期末学校开展嘉年华活动,学生将手持六个项目的星级卡完成摊位游戏。通过精心设计的游戏,教师可以对学生进行评价。"小公民""小文人""小智者""小健将""小达人"和"小创客"六个项目均采用星级评价,分别为三星级、二星级和一星级,星级卡记录全部获得三星,则该学生最后可被评定为"童梦之星"。

(二)"童梦之星"的评价要求

1."小公民"星级评价。"为国育才,为党育人","以人为本,全面发展",首先突出评价学生的思想品质素养。"小公民"星级评价即学生自我与社会素质评价,主要通过对学生道德与法治、心理与健康等思想及心理品质的考查来进行星级评价。

2."小文人"星级评价。"小文人"星级评价即语言与表达素养评价,主要通过对学生语文、英语等语言学科的语言组织、表达及表现水平的考查来进行星级评价。

3."小智者"星级评价。"小智者"星级评价即逻辑与思维素养评价,主要通过对学生数学、科学等智力学科的思维、实验操作及创新能力的考查来进行星级评价。

4."小健将"星级评价。"小健将"星级评价即运动与健康素质评价,主要通过对学生体育技能、体育运动保健知识及身体素质发展水平的考查来进行星级评价。

5."小达人"星级评价。"小达人"星级评价即艺术与审美素养评价,主要通过对学生音乐、美术等艺术学科的艺术鉴赏及实践能力的考查来进行星级评价。

6."小创客"星级评价。"小创客"星级评价即科学与探索素养评价,主要通过对学生信息、编程等信息技术技能及分析、整合、创新、解决问题能力的考查来进行星级评价。

(撰稿者:深圳市坪山区马峦小学　钟映霞　朱一鹏　雷倩)

第二章

价值的持衡性：个性化学校课程体系的灵魂

每一所学校都有自己的课程价值观，这种课程价值观总是持续地蕴含在课程实践中，具有持衡性。课程价值持衡性首先是平衡性，课程要在个体与社会、知识与活动之间寻找平衡点；其次是恒定性，持续稳定地存在于学校课程的各个要素和整个过程之中，为个性化学校课程的建设指明方向、指导行动、引领发展；最后是聚焦性，学校课程需要清晰明确的价值观念引领，因此课程的社会价值和课程个人价值的确立，都需要紧紧聚焦对于教育根本问题的探究和思索。

课程价值是课程能满足教育者、受教育者和社会的一定需要,亦即课程的存在、作用及其变化对一定主体需要及其发展的适应。通俗地说,课程的价值,就是课程对人和社会的意义。对课程来说,构成价值的主观因素,在于主体人与社会需要的满足程度,即课程对人的有用性其客观依据在于课程的属性和功能。① 因此,我们可以这样认为,如果说课程是学校教育的核心,那么价值的持衡性就是学校课程的灵魂。

　　每一所学校都有自己的课程价值观,而且这种课程价值观是持衡地蕴含在实践中,具有持衡性。一般地说,课程价值观即指人们对课程总的看法和认识,以及在此基础上,在制定、选择课程方案与实施课程计划时所表现出的一种倾向性。不同的课程价值观,不仅会影响人们对课程的整体认识,而且对课程开发过程的各个环节如课程目标的确定、课程内容的选择、课程实施以及课程评价等,都有着至关重要的作用。② 我们认为,学校课程价值具有持衡性,包含三个方面的意涵。

　　一是平衡性。在新一轮基础教育课程改革中,促进课程平衡是一个重要的关注点。平衡性指的是在个体和社会,知识与活动之间寻找平衡,知识本位课程强调系统知识的学习,强调为未来生活做准备,这是教育之所以产生和发展的最初原因所在;社会本位的课程认识到了课程对国家和社会发展的巨大作用,注重课程与外部因素的互动;学生(人)本位的课程认为课程应从学生兴趣、需要出发来安排课程,并把课程作为发展人的个性的基本手段。③ 课程价值认识随着时代的变迁和学校的不同,会有很大的差异。在当前时代的推动下,三种课程价值取向越来越体现出相互依存、相互作用的趋势。知识是个人完善的基础,同时也是个人为社会服务的前提。高科技知识的发展是以人为中介,并由人创造的。高科技知识只有掌握在有丰富人文内涵的人手中,

① 陆志远.课程的价值与评价[J].海南大学学报(社会科学版),1994(1):99—104.
② 苍向荣.高等学校课程价值取向探析[J].陕西教育(高教),2012(9):3—4.
③ 刘志军.课程价值取向的时代走向[J].教育理论与实践,2004(19):46—49.

才能够真正服务社会,促进社会良性发展。① 因此,我们可知,人的发展、社会的发展、知识的发展都是同步进行、互为条件、相互促进的,课程则要在个体和社会,知识与活动之间寻找平衡点。

二是恒定性。社会价值与个人价值不能是割裂和分离的,而是要保证根本目的的一致性和彼此相对的恒定性,持续稳定地存在于学校课程的各个要素和整个过程之中,为个性化学校课程的建设指明方向、指导行动、引领发展。

三是聚焦性。党的二十大报告指出,"培养什么人,怎样培养人,为谁培养人"是教育的根本问题,个性化学校课程着力解决"怎样培养人"的问题,而对于"为谁培养人,培养什么人"问题的回答,则体现了学校课程的社会价值和个人价值取向。学校课程需要清晰明确的价值观念引领,因此无论是课程的社会价值还是课程个人价值的确立,都需要紧紧聚焦对于教育根本问题的探究和思索。

在现实社会背景下,学校课程主要是作为国家课程补充的身份而呈现在人们面前。因此,探讨学校课程的价值追求,主要就是看其是否实现了自身的本体价值,能否真正对国家课程、地方课程起到补充作用。具体言之,判断学校课程价值主要有三个指标。首先,学校课程能否使学生个性需求与兴趣发展得到更好的满足。其次,学校课程是否具有更强劲的学校适应性,能够根据社区氛围和学校文化因时而化。再次,学校课程是否具有灵敏的信息反应度,能够更好地引进、吸纳新的知识反映、解决新的问题。

刘耀明提出,课程价值应向人的个性化发展回归,应自主解决学校情境中的真实问题,并以学生和教师为主体开展自组织性评价。② 课程价值体现的是课程属性与价值主体之间的价值关系,存在着绝对性与相对性、一元性与多元性的统一。课程价值实现是一个复杂的实践过程,通常表现为价值选择与辩护、价值转换、价值创造等。现实中的课程价值冲突具有一定的合理性,需要理性对待。③ 因此,学校课程需要确立正确的课程价值观,建立富有灵活性和选择性的课程体系,增强校长的课程领导力,提升教师的课程意识。新的课程价值取向应努力适应新时代的变革要求,吸收各种不同课程价值取向的优点和长处,弥补自身的不足,走三种课程价值取向有机融合的道路,

---

① 刘志军. 课程价值取向的时代走向[J]. 教育理论与实践,2004(19):46—49.
② 刘耀明. 校本课程建设:内涵回归与价值实现[J]. 教育发展研究,2010,30(6):66—69.
③ 严仲连,马云鹏. 论课程价值的实现与理性选择[J]. 教育理论与实践,2010,30(31):39—43.

这才是课程价值观正确的发展方向。

基于以上学校课程价值具有持衡性对应平衡性、恒定性、聚焦性的三个意涵,许多学校对于自身的课程发展进行了有益的探索,并在长期实践中逐渐形成了体现学校个性化办学思想的平衡稳定的课程价值认识与追求。

(撰稿者:深圳市坪山区锦龙小学　欧惠玲　杨秋琳　单含嫣)

小龙人课程:给予每一个孩子腾飞的力量

深圳市坪山区锦龙小学创建于 2019 年 8 月,从它诞生之日起就赶上了深圳发展"双区驱动"的大好机遇。它是一所按高标准高起点建设的全日制公办小学,高标准的校园建设为学校课程规划提供了空间保证。学校现有学生 1 278 人,分为一至六年级 31 个教学班;教职员工 87 人,其中专职教师 77 人,包括特级教师 1 人,高级教师 2 人,所有教师均具有本科以上学历,其中 16 人具有硕士研究生以上学历,优秀的教师团队为学校课程规划提供了师资力量保证。我校全面推进课程建设,取得了显著的成效。

第一节　给予每一个孩子腾飞的力量

学校教育哲学是基于学校实践活动、存在于学校个体情境中的一种观念性存在,是由本体观、属性观、目的观、人性观和实践观组成的结构体系。学校课程哲学是学校教育哲学的有机组成部分,是一所学校课程建设的价值追求,给予每一个孩子腾飞的力量。

"山不在高,有仙则灵;水不在深,有龙则灵"(刘禹锡《陋室铭》)。龙,象征着一种精神,是一个民族的图腾。学校引入龙文化,全力发掘、创新并践行龙之精神,将龙文化全面注入学校教育,用龙之精神凝聚士气。锦龙小学的校名"锦龙",象征着"每一个孩子都是腾飞的巨龙"。学校遂以"腾飞教育"为引领,推动学校内涵发展。在我们看来,"腾飞教育"有其独特的内涵。

(一)"腾飞教育"是进取的教育

龙的人文精神包括创新精神与进取精神。一方面,龙文化历久不衰,与古代中国人的创新精神分不开。龙文化经历了若干发展阶段,每一个发展阶段主要是通过内部创新完成的。另一方面,从古代中国人描述的龙形象来看,龙具有很强的进取精神。龙的活动空间十分广阔,能上九天,能潜深渊。各种艺术中的龙形象,大多是飞龙、腾龙或奔龙,朝气蓬勃,奋发向上,威武不屈。

(二)"腾飞教育"是有力的教育

"腾飞教育"不应该片面理解为学校只是为了学生的发展,因为教师发展与学生发展是一个辩证的统一体,教师发展能更好地促进学生发展,放弃教师发展而追求学生发展,最终学生的发展也只能是空中楼阁。教育,应该让学生和教师都有腾飞的力量。

(三)"腾飞教育"是灵性的教育

学校是有生命的,是由充满灵性的人所汇聚的。"教育""文化""生命"这三个词在其本质上意义相通,讨论学校文化,就是寻找一种培育年轻生命、塑造未来社会的最佳途径,让学校真正拥有灵魂。对于"腾飞教育"来说,应该对"我是谁""我要抵达何处"等使命、愿景、价值观的问题有一种明晰的意识,而不应让自己处于一种文化的冥睡状态。只有这样的文化自觉,才能使学校共同体和其中每一个个体的生命都处于舒展的状态,趋向明亮与辉煌。

(四)"腾飞教育"是智慧的教育

"腾飞教育"提倡在师生关系上,应该强调尊重、赞赏。教师必须尊重每一名学生做人的尊严和价值,尤其是对于学习成绩欠佳的学生,有缺点和过错的学生。尊重学生意味着不能伤害学生的自尊心,这就要求教师不能体罚学生,不大声训斥学生,不羞辱、嘲笑学生,不随意当众批评学生。另外,教师不仅要尊重每一名学生,还要学会赞赏每一名学生。"腾飞教育"提倡在对待教学上,教师应该强调帮助、引导。教师的本质在于引导,引导的特点是含而不露,指而不明,开而不达,引而不发;引导的内容不仅包括方法和思维,也包括价值和做人。

"腾飞教育"是学校教育价值观和内涵发展方法论,是学校发展素质教育的个性化理论建构与实践探索。让每一位教师精神灿烂,让每一个孩子脸庞生动,这便是"腾飞教育"!因此,我们学校秉持如下教育信条:

> 我们坚信,
> 教育是生命的超越;
> 我们坚信,
> 学校是精神生长的地方;
> 我们坚信,
> 教师是梦想腾飞的引领者;
> 我们坚信,
> 每一个孩子都是腾飞的巨龙;
> 我们坚信,
> 让每一个生命腾飞是教育最舒展的姿态;
> 我们坚信,
> 给予每一个孩子腾飞的力量是教育的神圣使命。

二 学校课程理念

课程理念是课程的灵魂和支点。锦龙小学围绕"让每一个生命腾飞"的办学理念,将"给予每一个孩子腾飞的力量"作为课程理念,倾力打造高品质学校课程体系。

——课程即力量给予。生命体所有的方面都健康,才可能有力量。人不仅有自然生命,还有文化生命;不仅有物质生命,还有精神生命;不仅有个体生命,还有社会生命;不仅有自在生命,还有价值生命;不仅有本能生命,还有智慧生命。强调双重生命,并不贬抑自然的生命,自然的、物质的生命是完整生命的首要条件,所有精神的、文化的意蕴都要作用于它。令人遗憾的是,在不少学校,不少家庭里,这个顺序是颠倒的,于是我们在那里就很难寻觅到活泼泼的生命。在教育情境中讨论生命生长,主要是指精神成长。康德认为,教育就是使人成为人。后者的"人"指的是具有完整生命的人。相对于前者,其区别主要在于精神发育、精神成长。高品质课程会在潜移默化中影响孩子们的精神成长,引导他们活出生命的灿烂与精彩。我们的课程"要解放孩子的头脑、双手、脚、空间、时间,使他们充分得到自由的生活,从自由的生活中得到真正的教育"。我们所实施的课程就是"还原孩子生活的本来面目",既源于生活,寓于生活,又用于生活,服务于生活,让孩子不断丰富和积累生活经验,注重日常生活环境、动手实践环境、探究创造环境的创设,加强学校生活、家庭生活和社会生活的联系,促进每个孩子身体、心理、品德和谐发展,让每一个孩子充满力量。

——课程即生命美学。课程是带给孩子幸福的礼物,是给孩子发展提供的机会,因此,需要我们精心建设学校课程,整合国家课程、地方课程、校本课程,不断提升实施质量,努力为不同的学生提供尽可能多的选择性课程,让丰富多彩的课程满足不同孩子的学习需求,尽我们所能地去为他们梦想的实现提供帮助,以课程浇灌,让每个孩子在花期到临时,努力绽放自己。课程应当是曼妙的诗篇,我们应当尊重孩子的个性需求,设计丰富多彩的课程,让孩子们找到属于自己的世界,让童言无忌,让童心飞扬,让童年难忘。我们应该给孩子最好的音乐、最好的文学、最好的精神文化教育,让他们在学校自然地接受美的熏陶;我们应该给孩子提供真善美的事物,让他们自己去建构美好未来。学校应该成为汇聚美好事物的中心,让不同个性的儿童拥有同样美好的期待。第一,要高度重视童年的价值。人的一生都有童年的影子。因此,要在完整一生的意义上认识幸福童年的重要性。教育应当引导儿童在幸福生活中准备未来的幸福生活,而不是搞得那么面目狰狞,面目可憎。第二,要努力延续童年精神。怎么能够让学生在成年以后,还保持儿童那些可贵的特质呢? 这就需要把"幼态持续"作为教育的任务之一。应当如杜威所说,要认真关注儿童未成熟状态的优点优化教育的设计和具体环节,让童心、童真、童思、童趣伴随个体终身。第三,要关注儿童成长的节律。节律是指季节时令或者某些物体运动的节奏和规律。与大自然一样,人的生命也有其节奏和变化,应当在适当的时间进行适当的教育,以求得最佳的教育效果。如此,课程便是儿童的生命美学。

——课程即个性生长。每个儿童都是一个独特的世界，最好的教育是最适切的教育，最好的生长是各美其美的生长。第一，认识儿童的个性。教育的首要任务就在于认识儿童，理解儿童，真正走进儿童的世界。如是，才可能贴着孩子走，创造适切的教育。特别要注意的是，不能仅仅关注学生成绩，还要重视学生个体性格的差异性。仅就学习而言，个体性格会带来对某些学习方式的偏好，会形成不同的学习风格和学习方式选择的倾向性，在这个方面理解学生才能真正加强教学的针对性，改进学生的学习。第二，要为学生个性发展提供丰沃的土壤。要突出多样性、多元性，切忌用一把尺子丈量众多鲜活的个体生命。课程是活的，它与场景关联，与应用关联，与生活对接，与社会融通。关注课程的场景性，就是让所有的时空都释放出教育价值，让所有的时空都成为课程场景，让孩子们学习成果的形成、展示、发布、分享成为校园里最美丽的景观，让时空展现出生命成长的气息和活性。课程要让儿童变得放松，让孩子们自然生长，让他们回想起遥远而不渺远的梦，让儿童回想起在雨中，那雨儿是跳动的旋律。当你摔倒时，一种力量在看着你，让你回想起在蓝天下放飞纸飞机，放飞一个个让你期待的梦。这就是成长——个性的自然生长！

——课程即文化相遇。文化无所不在，但要真正进入文化，领悟其中的美好、体认其中的价值，却是需要引领的。文化相遇，不仅是让人受到文化的浸染，也是让文化活起来的最好方式。打开学生的文化视野，激发学生的文化兴趣，需要让他们更多地进入"文化场景"，感受文化、思考文化、追寻文化。童年是人生最珍贵的财富，学校要为孩子的成长提供人生最宝贵的财富，要让孩子们展现自己最为精彩的瞬间，让校园处处展现孩子们的生命活力与成长过程，让每一个孩子都能在校园里找到"自己"，要让儿童在这里追寻成长的文化印记。

每一个孩子都是腾飞的巨龙，我们应当顺应儿童的天性，尊重其意志选择，养护他们自然质朴而又纯真敏锐的心性，让他们充盈着灵性之蕴。基于这一认识，我们将学校课程模式命名为"小龙人课程"。我们期望，孩子们走进校园后，智慧在这里生长，生命在这里绽放。这里，将给孩子们腾飞的力量。

第二节　让每一个孩子成为腾飞的巨人

学校课程目标是育人目标的具体表现，也是课程功能的现实定位，是一定阶段的学校课程力图促进这一阶段学生的基本素质在其主动发展中最终应达到的预期水准。

一 育人目标

我校将"做腾飞的巨人"作为学校育人目标,致力为每一个孩子打造一座丰富多彩的精神花园,努力让每一个孩子做精神巨人、做学习巨人、做生活巨人。具体内涵如下:

——做精神巨人:爱家国,懂感恩;

——做学习巨人:爱学习,会探究;

——做生活巨人:爱生活,喜运动。

二 课程目标

围绕学校育人目标,我们将其分解为各年级的课程目标,具体见表2-1。

表2-1 深圳市坪山区锦龙小学课程目标表

育人目标	做腾飞的巨人		
目标维度	做精神巨人 (爱家国,懂感恩)	做学习巨人 (爱学习,会探究)	做生活巨人 (爱生活,喜运动)
一年级	1. 知道自己是中国人,认识国旗、国徽,了解首都、国庆节,会唱国歌,严肃升旗态度。 2. 讲文明,懂礼貌,在家尊重父母,在校尊敬师长。	1. 喜欢学校,热爱学习,有浓厚的学习兴趣。 2. 能初步适应学校学习生活,遵守课堂纪律。	1. 培养良好的生活自理能力,学会自己的事情自己做。 2. 喜欢体育活动,通过参与趣味体育活动感受运动的乐趣。
二年级	1. 认识党旗、团旗、队旗,知道建党节和建军节,了解少先队知识。 2. 关心家庭成员,关心班集体,与家人和同学和睦相处。	1. 拥有对未知的好奇心、求知欲、想象力。 2. 学习态度端正,初步养成良好的学习习惯(包括预习、听讲、复习习惯等)。	1. 了解健康饮食、睡眠等方面的知识,初步养成健康的生活习惯。 2. 形成参与体育运动的兴趣和爱好,掌握1—2项运动技能。

三年级	1. 初步理解国旗、国徽等国家标志的含义,从小树立爱党爱国的基本意识。 2. 热爱班集体大家庭,爱护公物,懂得自觉维护集体荣誉。	1. 不畏困难,有坚持不懈的探索精神,有一定的合作意识。 2. 勤奋学习,主动思考,具有一定的动手操作能力,初步学会将所学知识与技能运用于现实生活。	1. 关心自己周围的生活环境,乐于观察和探索自然。 2. 养成坚持体育运动的良好习惯,坚持健康的生活方式。
四年级	1. 初步了解党和国家的历史,了解并学习英雄人物事迹。 2. 看到父母的付出,理解父母,主动为父母分担家庭事务。	1. 具有一定的问题意识,并初步尝试,积极寻求解决办法。 2. 具有一定的学习规划意识与时间管理能力。	1. 培养兴趣爱好,开展审美教育,从艺术中感受生活的美好。 2. 在运动中感受体育精神,理解体育精神,发扬体育精神。
五年级	1. 了解中国传统文化,尊重中华民族优秀文明成果。 2. 欣赏他人,学会发现身边的美好,主动向他人提供帮助。	1. 初步树立科学严谨的求知态度,在探究中做到大胆假设、小心求证、反复试验。 2. 掌握一定的学习方法和策略,有技巧地提升学习效率。	1. 开展劳动教育,帮助学生初步掌握一般生活技能。 2. 掌握科学锻炼身体的简单方法,通过坚持运动提升力量、耐力、协调等身体素质。
六年级	1. 为自己是中国人而骄傲,初步建立国家荣誉感和民族自豪感。 2. 初步培养家庭主人翁意识,建立一定的家庭责任感。	1. 对学习有较高的自主性,在反思中调整学习策略,初步建立终身学习意识。 2. 了解科学探究的一般环节,能够独立探究思考,综合运用所学知识解决问题。	1. 培养热爱美、欣赏美的情趣,形成积极乐观、坚强自信的生活态度。 2. 树立终身运动意识,掌握2—3项体育运动技能,并发展自己的特长项目。

第三节 教全面而有力量的知识

课程体系是学校办学理念的实践表达,是育人目标的实现途径。为了实现学校的育人目标,达成课程目标的要求,学校建构自己的课程框架,教儿童全面而有力量的知识。

一　学校课程逻辑

基于我校"腾飞教育"之哲学和"让每一个生命腾飞"之办学理念,"做腾飞的巨人"之育人目标,"给予每个孩子腾飞的力量"之课程理念,学校建立"小龙人课程"模式,包含腾之语课程(语言与表达课程)、腾之健课程(运动与健康课程)、腾之美课程(艺术与审美课程)、腾之心课程(自我与社会课程)、腾之探课程(科学与探索课程)和腾之智课程(逻辑与思维课程)等六大类课程。学校课程逻辑体系见图2-1。

二　学校课程结构

基于以上课程逻辑,我校融合国家课程、地方课程以及校本课程来构建适合学生发展的"1+6+N"课程体系。"1"指的是课程模式"小龙人课程";"6"指的是腾之语课程(语言与表达课程)、腾之健课程(运动与健康课程)、腾之美课程(艺术与审美课程)、腾之心课程(自我与社会课程)、腾之探课程(科学与探索课程)和腾之智课程(逻辑与思维课程)等六大课程领域。"N"指的是与小龙人课程相匹配的各门校本课程,课程结构具体见图2-2。

图2-1中各板块课程内涵如下。

(一) 腾之语课程

"腾之语"课程即语言与表达课程,包含以下课程:语文、英语、阅读、少年文学院(包括悦读苑、文墨苑、吟诵苑、Super Speaker、Super Painter、奇妙汉字工坊、文学节)、锦龙广播站等。此类课程结合不同年龄段学生的身心特点,引导学生广泛接触各类文学作品,提高学生的文学素养,培养学生的阅读欣赏能力,增强学生的交流能力,实现情感熏陶、形象感染,最终使学生成为精神丰富、人格高尚的人。

(二) 腾之健课程

腾之健课程即运动与健康课程,此类课程包含体育课程群、心理辅导课程群等,主要涉及体育、心理辅导等学科领域。学校对国家规定课程进行补充、拓展和整合,关注每一个孩子的个体差异与不同需求,关注每一名学生的身心健康发展,根据不同学生

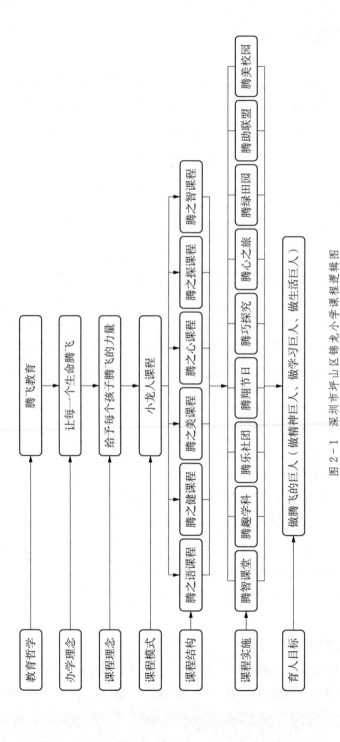

图 2 - 1　深圳市坪山区锦龙小学课程逻辑图

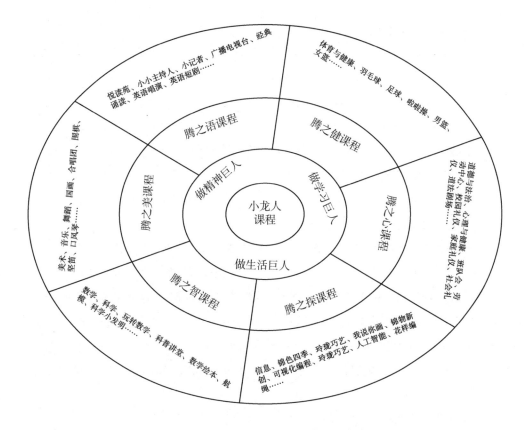

图 2-2　深圳市坪山区锦龙小学课程结构图

的需要开发多种形式的课程,包括球类、棋类、跆拳道、花样跳绳等各类体育课程以及心理辅导课程,以社团活动为主要途径分年级、分步骤有效落实,推动学生身心素养的提升,为学生的健康发展服务,为学生终身体育意识的形成奠定基础。

(三) 腾之美课程

　　腾之美课程即艺术与审美课程,此类课程包含音乐课程群、美术课程群、综合艺术课程群,主要涉及美术、音乐等艺术领域。学校扎实推进基础型课程中的音乐、美术课程,创新开发拓展型和探究型课程中的艺术类课程,基于学生发展的需求,开设中国舞、艺染坊、啦啦操、合唱队、书法等多项艺术课程,为学生提供艺术课程菜单,让他们自主选择感兴趣的艺术课程,以基础型课堂教学和拓展型社团活动相结合,激发学生对艺术的热爱,提高学生的艺术素养与审美素质。

(四) 腾之心课程

腾之心课程即自我与社会课程,此类课程主要涉及品德与社会等基础型课程和文明礼仪教育、性别教育、生命教育等领域,如"我的房间,我做主"、小厨房、小点心师、爸妈"跟屁虫"等课程,把学生的社会实践、个性发展、职业启蒙和创新能力培养等有机整合,让学生通过实践活动和亲身体验培养合作精神、公民意识与社会责任感,让学生掌握基本的谈吐、举止、服饰等个人礼仪,以及在家庭、校园、公共场所等社会生活领域的礼仪,养成文明礼貌的行为习惯。

(五) 腾之探课程

腾之探课程即科学与探索课程,此类课程包含自然课程群、科技教育课程群等,主要涉及自然、信息科技等综合科学学科领域。学校积极落实基础型课程中的自然、科技信息等相关课程,开设锦色四季、锦物新创、玲珑巧艺、花样编绳、绘话星球等课程,重点创设创新实验室,通过让学生亲历科学探究活动,引导学生发现问题、质疑、探索反思,激发学生对科学研究的兴趣,掌握基本的科学研究方法,让学生在实践中解决问题、增长智慧,为学生提供广阔的科技实践研究平台,促进学生创新精神与实践能力的发展。

(六) 腾之智课程

腾之智课程即逻辑与思维课程,此类课程包含数学课程群、思维课程群等,包含玩转数学、快乐数独、玩转"24点"、神机妙算等。我们尝试运用现代课程理念重新审视、分析、研究、思考现行教材的合理性,进一步贯彻新课标的相关精神,对教材进行局部调整、优化组合、扩充资源:低年级应倡导"快乐数学",使学生在愉悦中学习;中年级应倡导"生活数学",使学生在体验中感悟数学;高年级应倡导"思维数学",使学生在思维的深度与广度上得到长足的发展。通过每日一题、每日一问、数学跑道、数学园地等活动,以学生为主,寻找身边的数学,把握生活的数学,增强学生数学意识,使数学与生活、学校与社会互补共进。

三 学校课程设置

根据不同学生的需求,学校课程从一至六年级按阶梯式上升的原则,设置六年十二个学期的课程,见表2-2。

表2-2 深圳市坪山区锦龙小学课程设置表

年级	学期	课程类别	腾之语课程	腾之健课程	腾之美课程	腾之心课程	腾之探课程	腾之智课程
一年级	上学期	基础课程	语文 英语	体育与健康	美术 音乐	道德与法治 心理与健康	/	数学 科学
		拓展课程	悦·书声琅琅 Super Singer 缤纷书海 小小主持人 小记者 广播电视台	跳绳 羽毛球 乒乓球 足球 啦啦操 篮球 田径	舞蹈 国画 合唱 围棋 竖笛 书法	班队会 劳动中心 校园礼仪 心情驿站	锦色四季 玲珑巧艺 我说你画	趣味数学 科普讲堂 数学绘本
	下学期	基础课程	语文 英语	体育与健康	美术 音乐	道德与法治 心理与健康	/	数学 科学
		拓展课程	悦·书声琅琅 Super Singer 缤纷书海 小小主持人 小记者 广播电视台	跳绳 羽毛球 乒乓球 足球 啦啦操 篮球 田径	舞蹈 国画 合唱团 围棋 竖笛 书法	班队会 劳动中心 校园礼仪 心情驿站	锦色四季 玲珑巧艺 我说你画	趣味数学 科普讲堂 数学绘本
二年级	上学期	基础课程	语文 英语	体育与健康	美术 音乐	道德与法治 心理与健康	/	数学 科学
		拓展课程	悦·低吟浅唱 Super Reader 绘诗绘意 小小主持人 小记者 广播电视台	跳绳 羽毛球 乒乓球 足球 啦啦操 篮球 田径	舞蹈 国画 合唱团 象棋 竖笛 书法	班队会 劳动中心 家庭礼仪 心情驿站	锦色四季 玲珑巧艺 我说你画	快乐数独 科普讲堂 数学绘本
	下学期	基础课程	语文 英语	体育与健康	美术 音乐	道德与法治 心理与健康	/	数学 科学
		拓展课程	悦·低吟浅唱 Super Reader 绘诗绘意 小小主持人 小记者 广播电视台	跳绳 羽毛球 乒乓球 足球 啦啦操 篮球 田径	合唱 国画 象棋 竖笛 书法	班队会 劳动中心 家庭礼仪 心情驿站	锦色四季 玲珑巧艺 我说你画	快乐数独 科普讲堂 数学绘本

年级	学期	课程类别	腾之语课程	腾之健课程	腾之美课程	腾之心课程	腾之探课程	腾之智课程
三年级	上学期	基础课程	语文 英语	体育与健康	美术 音乐	道德与法治 心理与健康	信息科技	数学 科学
		拓展课程	悦·字字珠玑 Super Painter 绘本阅读 经典诵读 小小主持人 小记者 广播电视台	跳绳 乒乓球 羽毛球 篮球 田径 射箭	合唱 国画 舞蹈 书法 口风琴 戏剧	班队会 劳动中心 社会礼仪 心情驿站	锦物新创 人工智能 激光雕刻 VR 体验	数学闯关 科普讲堂 科学小发明
	下学期	基础课程	语文 英语	体育与健康	美术 音乐	道德与法治 心理与健康	信息	数学 科学
		拓展课程	悦·字字珠玑 Super Painter 绘本阅读 经典诵读 小小主持人 小记者 广播电视台	跳绳 乒乓球 羽毛球 田径 篮球 射箭	合唱 国画 舞蹈 书法 口风琴 戏剧	班队会 劳动中心 社会礼仪 心情驿站	锦物新创 人工智能 激光雕刻 VR 体验	数学闯关 玩转数学 科普讲堂 航模 科学小发明
四年级	上学期	基础课程	语文 英语	体育与健康	美术 音乐	道德与法治 心理与健康	信息科技	数学 科学
		拓展课程	悦·追寻传统 Super Dubbing 漫游中国 小小主持人 小记者 广播电视台	跳绳 乒乓球 羽毛球 田径 篮球 定向越野 射箭	合唱 国画 扎染 舞蹈 书法 口风琴 戏剧	班队会 劳动中心 社会礼仪 心情驿站	锦物新创 人工智能 激光雕刻 VR 体验	思维导图 玩转数学 科普讲堂 科学小发明
	下学期	基础课程	语文 英语	体育与健康	美术 音乐	道德与法治 心理与健康	信息科技	数学 科学
		拓展课程	悦·追寻传统 Super Dubbing 经典诵读 小小主持人 小记者 广播电视台	跳绳 乒乓球 羽毛球 田径 篮球 定向越野 射箭	合唱 国画 扎染 舞蹈 书法 口风琴 戏剧	班队会 劳动中心 社会礼仪 心情驿站	锦物新创 人工智能 激光雕刻 VR 体验	思维导图 玩转数学 科普讲堂 科学小发明

年级	学期	课程类别	腾之语课程	腾之健课程	腾之美课程	腾之心课程	腾之探课程	腾之智课程
五年级	上学期	基础课程	语文 英语	体育与健康	美术 音乐	道德与法治 心理与健康	信息科技	数学 科学
		拓展课程	悦·诗情画意 Super Drama 趣味配音 小小主持人 小记者 广播电视台	跳绳 乒乓球 羽毛球 足球 田径 篮球 射箭	合唱 国画 扎染 舞蹈 书法 口风琴 戏剧	班队会 劳动中心 道德与法治剧场 心情驿站	绘话星球 激光雕刻 人工智能 VR 体验	数学解密 科普讲堂 水果自由 科学小发明
	下学期	基础课程	语文 英语	体育与健康	美术 音乐	道德与法治 心理与健康	信息	数学 科学
		拓展课程	悦·诗情画意 Super Drama 趣味配音 小小主持人 小记者 广播电视台	跳绳 乒乓球 羽毛球 足球 田径 篮球 射箭	合唱 国画 扎染 艺术创想 舞蹈 书法 口风琴 戏剧	班队会 劳动中心 道德与法治剧场 心情驿站	绘话星球 激光雕刻 人工智能 VR 体验	数学解密 科普讲堂 水果自由 科学小发明
六年级	上学期	基础课程	语文 英语	体育与健康	美术 音乐	道德与法治 心理与健康	信息科技	数学 科学
		拓展课程	悦·博览群书 Super Speaker 诗词大会 小小主持人 小记者 广播电视台	跳绳 乒乓球 羽毛球 足球 田径 篮球 射箭	合唱 国画 艺染 舞蹈 书法 口风琴 戏剧	班队会 劳动中心 道德与法治剧场 心情驿站	绘话星球 激光雕刻 人工智能 VR 体验	玩转数学 科普讲堂 水果自由 科学小发明
	下学期	基础课程	语文 英语	体育与健康	美术 音乐	道德与法治 心理与健康	信息科技	数学 科学
		拓展课程	悦·博览群书 Super Speaker 诗词大会 小小主持人 小记者 广播电视台	跳绳 乒乓球 羽毛球 足球 田径 篮球 射箭	合唱 国画 扎染 舞蹈 书法 口风琴 戏剧	班队会 劳动中心 道德与法治剧场 心情驿站	绘话星球 激光雕刻 人工智能 VR 体验	玩转数学 科普讲堂 水果自由

第四节 赋予自然而富有生长气息的力量

课程实施与评价是学校办学理念和育人目标落地的充分体现，是学校课程哲学显性实践过程。我校从"腾智课堂""腾趣学科""腾乐社团""腾翔节日""腾巧探究""腾心之旅""腾绿田园""腾助联盟""腾美校园""腾光少年"等途径推进学校课程深度实施，赋予儿童自然而富有生长气息的力量，实现了学校课程目标。

一 建构"腾智课堂"，提升课程实施品质

"让每一个生命腾飞"是锦龙小学的办学理念。在这一理念的指导下，建构富有锦龙特色的课堂，即"腾智课堂"。课堂上，不同学科的教师结合自己学科的学科素养展开教学，提升学生的学科素养和综合素养，课堂上注重培养学生的学习能力、思维方式、解决问题的能力。关注不同层次的学生，使每一名学生在课堂上都有所收获、有成功的体验，从而增强自信心。我们认为，"腾智课堂"是智慧、质朴而又富有生长气息的课堂，教师以自然的方式打开儿童心扉，哺育儿童成长。它是呵护儿童善性成长的课堂。

"腾智课堂"是教学共生的课堂，其价值追求是让儿童受益终身。它有自身的起点和终点，在实践中要注意以下几方面。

"腾智课堂"，始于自然、终于生长。秉承"腾飞教育"的办学理念，教师要善于探索儿童的内在发展规律，顺应儿童天性，帮助他们静静地、专注地、有节奏地、慢慢地生长，从自然生长到自由生长再到自觉生长，最终让儿童绽放独特性，找到自己的生长点，从而在自在的精神领域中成为更好的自己。

"腾智课堂"，始于立德、终于树人。教师要遵循的教学目标就是培养全面发展的人。教育要面向全体儿童，教师要关注每一名儿童。教育必须坚持德育为先、能力为重、五育并举、全面发展的理念。康德强调的"人的目的"就是"让人成为真正意义上的人"，由此推导出教育的目的就是"帮助人成为真正意义上的人"。因此，"教育的过程首先是一个精神成长的过程，然后才成为科学获知的一个部分"。"大学之道，在明明德，在亲民，在止于至善"。由此可见，课堂教学必须坚持立德树人。

"腾智课堂",始于学会、终于会学。正如科学家贝尔纳所言:"良好的学习方法能使我们更好地发挥运用天赋的才能,而拙劣的方法则可能阻碍才能的发挥。"只有既关注学会、更关注会学的课堂,才能具有永久的课堂生命力。教学不是教师的灌输,而是点燃儿童思维的火焰;教学不是直接告诉儿童答案,而是科学地对儿童进行启发;教学不是压制儿童的个性发展,而是将儿童心中的能量释放出来,最终让儿童习得学习的方法,为终身学习奠基。

"腾智课堂",始于有形、终于无形。教师和儿童一起呈现有意义、有活力、有韵律、有追求的课堂。教学模式不陈旧呆板,教师在教学过程能够理解教无定法,贵在得法,从有形规范的模式到无形成竹的内化,这是对教师的课堂教学方式提出的更高标准的要求。

"腾智课堂",始于教师、终于儿童。课堂教学的主体不是教师,而是儿童。课堂不是以教师为中心的单向知识传授,也不仅仅是以教师为主导的学习探索,而是以儿童为中心的能力开发。教师以"春风育人,春雨润人"的亲切,"随风潜入夜,润物细无声"的默契,打开儿童心灵之门,让儿童诗意生长。

"腾智课堂"是学校把有效教学落到实处的举措,在推进过程中要做到如下几点。

1. 做好有效的课前准备是前提。"腾智课堂"教学策略要对课堂教学的高效性进行总结并保留,以备今后教学时参考。教师在做课前准备的时候才能针对优缺点进行教学上的调整。根据学生存在的学习差异性、年龄差异性进行有层次的教学设计;根据教学内容设计精彩的 ppt,以此来辅助、推动教学。学生课前根据教师的要求进行课前预习,借助工具书、学习用具等梳理出课前预习时遇到的难题。

2. 营造和美、轻松的课堂氛围是基础。心理学家研究发现:人在轻松的氛围中思维处于最佳状态。学生在和美、轻松的氛围中,才能达到最理想的学习状态。教师在课堂上使用一些策略来营造轻松的学习氛围,比如教师亲切的语言、甜美的微笑、鼓励性的语言;课堂教学环节设计小游戏、播放相关视频、音频等;课堂上给学生留足时间思考、学习,让课堂真正成为学生学习的主阵地,让学生成为课堂真正的主人。

3. 设计精彩纷呈的教学环节是关键。包括精简的导入环节、巧妙的重难点突破环节、学生小组合作环节、每个环节的衔接语、每个环节结束后的总结语、课堂拓展延伸内容等。教师借助多媒体平台设计出精彩纷呈的课堂教学环节,生动有趣的图片、适当的音频和视频,用这些有趣的教学环节吸引学生的注意力、抓牢学生学习的好奇心、调动学生学习的主动性、培养学生学习思考能力。

4. 借助科组力量提高教学质量。两周组织一次各年级组集备,借助全年级组教师的智慧共同精心设计一堂课,教师针对自己每一节课进行有效的反思。把课堂上得与失进行总结,在下一次的教学设计时便能扬长避短。

二 建设"腾趣学科",丰富学校课程体系

我校以"腾趣学科"推进学科特色课程建设,促进每一个学科的发展,丰富学校课程体系,让每一个学科都变得更加丰富且特色鲜明。"腾趣学科"建设的推进策略如下。

1. 人人参与策略。对教师而言,每位教师都参与课程开发与实施。除了自己课堂上完成的国家规定的学科教学任务之外,可选择一门校本课程来开设,这门课程可以是学科领域内的,也可以是跨越到所教学科之外的。对学生而言,他们可以根据自己的兴趣、爱好及所长,自主选择一门课程来学习。学生所选的课程,至少坚持学习一学期,确保他们参与所选课程的学习质量。

2. 多元平台策略。对于教师来说,有充分的课程选取或设置自主权。既可以围绕自身优势学科,在学科群中选择拓展型课程,又可以根据自己的爱好设置一门综合实践课程。对于学生来说,在完成国家规定课程学习的基础上,享有充分的校本课程选择权,为学生多元发展提供可能。

3. 适合可选策略。从学生需要出发,开设课程的教学既是教师胜任的,也是学生需要的,且可以有不同的选择。通过适合可选的课程超市,促成学生快乐走班,享受最适合自己的课程学习。

4. 成功体验策略。从教师评价出发,通过多种方式与途径,对学生学习效果进行过程性与综合性评价,让学生在学习的过程中,不断获得成功的体验。

三 创设"腾乐社团",发展学生兴趣爱好

为了发展儿童兴趣爱好,促进学生发展,我校结合学校课程特色,以学生相同或相似的兴趣、爱好、特长或自身需要为基础,创设"腾乐社团",并进一步确立社团活动目标、开发社团课程、加强社团过程管理、构建社团评价体系。

依据小学新课程标准,积极开展学生社团工作,促进社团建设,更有效地实施素质

教育,激发学生潜能,拓展学生特长。锦龙小学创设了一系列的"腾乐社团",做到所有任课教师都参与其中。例如,我校的锦龙管乐团,社团理念是提升学生艺术素养,激发学生对艺术的热爱,促进学生全面健康发展。社团宗旨是丰富校园文化生活、增强学生音乐素养和团队意识。学校管乐团经过多次改革不断趋于成熟,开发了管乐类社团(小号、长号、大号、次中音号、圆号、萨克斯、黑管、长笛、大管、双簧管)。我校从三年级开始选拔组建管乐班,按班级编制,组成梯队建设。管乐课进入课表,管乐班在固定的时间、地点,由专业老师上课。三、四年级各管乐班每周上一次管乐大课,两节课连上。三、四年级的学习内容主要以基本功练习为主,以练习一些比较短小的曲子为辅,要求达到熟练吹奏,音准节奏正确,各声部之间衔接自然流畅即可。五、六年级的学习内容主要以组合曲子、行进曲为主,以基本功练习为辅,具体要求要比三、四年级高,演奏曲子要有力度、情绪对比变化,准确表现曲子速度、力度、情感等效果。管乐团有严格的考核制度。期末由各班正副班主任、管乐老师、家长代表作为评委,对学生进行考核。考核分为铜管、木管两个大声部进行测试,根据专业的管乐老师提供的评分表进行打分,而后根据比例,对评出的各个声部中最优秀的学生进行表彰。

为加强常规督促管理,避免社团活动的随意性和盲目性,经学校行政会议商议、教学处统筹安排,我校确定"腾乐社团"课程实施讲究如下"八定"。

1. 定课程:在全面了解教师和学生兴趣、特长的基础上,结合学校的实际,开设"腾乐社团"活动课程。

2. 定目标:制定各"腾乐社团"活动目标。

3. 定时间:"腾乐社团"课程分为年级"腾乐社团",开展时间为每周五无作业日的第六、七节课和每周二、每周四下午 4:50—5:50;校级"腾乐社团"为每周五无作业日的第六、七节课;校外聘请"腾乐社团"为每周五无作业日的第六、七节课。

4. 定内容:指导教师要注重校本化的活动内容开发,研究适合本组学生的教学活动内容,初步制定"腾乐社团"活动教学计划。

5. 定教师:学校每个社团小组设指导教师和辅导教师各一名。

6. 确定地点:确保各社团活动小组有固定的活动地点,通常为班级教室、各功能室(音乐教室、舞蹈教室、科学实验室)、图书馆、楼顶劳动中心、操场等。

7. 定学生:社团要本着学生自愿和教师选拔、推荐相结合的原则进行招募。每次活动时,师生要准时到达活动地点。每次活动开始,指导教师一定要先在社团活动点名册上清点人数再训练,没到的学生要及时和班主任沟通说明去向,教师在记录册上写明。

8. 定计划：各社团教师拟定活动计划，每周上课前写好"腾乐社团"教案，认真组织活动，做到活动主题明确，记录册填写完整、过程清楚。

四 激活"腾翔节日"，浓郁学校课程氛围

我校"腾翔节日"课程包含传统节日、现代节日和校园节日三类课程，将传统节日、现代节日课程整合于学校课程架构之中。在校园节日课程中，我校设计了"慧雅读书节""创意科技节""慧美数学节""唯美艺术节""跃动体育节"和"丰收劳动节"。

1. "慧雅读书节"。为了增强我校学生好读书、读好书的积极性，激发学生读书的兴趣，让每一名学生都亲近书本，喜爱读书，学会读书，也为了展示学生的阅读成果，从而促进学生个性的和谐发展，学校将分年级举办一至六年级"读书节"活动。课程设计如下。第一阶段进行活动准备：(1)召开全体语文教师会，通知活动内容，鼓励全体语文老师和学生积极参与活动；(2)通知家长与学生，提交分享的书名，积极准备分享材料，可以通过分享精彩故事、阅读方法、阅读感悟等形式，将自己喜欢的书目推荐给其他同学，分享时间控制在三分钟左右，老师提前准备学生分享的书目的问题设计；(3)各年级利用两周时间举行班级"读书节"海选活动，通过海选评选出部分优秀的儿童参加学校的读书分享活动；(4)各年级教研组长做好评委、记分员、道具等年级人员分工工作，提前购买活动需要的奖品和互动小礼品。第二阶段进行活动展示：(1)年级活动展示，参与"读书节"活动的选手按次序一一进行推荐分享；(2)由老师和家长代表组成的评委老师根据儿童的表现进行打分，最终评选出一等奖、二等奖和优秀奖，为他们颁发奖状和奖品。第三阶段进行活动整理：各年级整理活动视频、照片等相关资料，做好活动总结。"读书节"根据课程设计，将从演讲内容、语言表达、表情仪态和整体效果等四方面分别进行评价。

2. "慧美数学节"。为了弘扬数学文化，激发学生爱数学、学数学的兴趣，让学生感受到生活中处处有数学，学会用数学的眼光去关心社会，去获取和发现新的知识，培养学生观察、空间想象、动手操作能力及无限的创造能力，学校开创了"慧美数学节"，于每年五月中旬和九月下旬各举办一次为期一天的数学活动。通过此次活动，希望儿童与数学为伍，以兴趣为伴，启迪智慧人生。活动内容包括两个方面的系列活动。活动类型一：第一阶段为活动准备阶段，由各年级根据自己年级特点自行选择活动主题，

并制定具体的活动方案。结合活动方案与活动主题选择进行教师分工,明确活动任务到人,修改并形成规范的活动方案。第二阶段为活动开展阶段,以班级为单位,年级为主题,严格按照制定好的活动方案开展活动。第三阶段为活动总结交流阶段,各年级结合活动效果,明确评价标准,设置评价奖项并报给学科负责人,由学校统一进行颁发奖状。教师结合活动开展情况,以同一活动主题为单位进行经验交流分享,为进一步提升活动品质指明方向。

此外,中低年级开展"我心中的数学"主题活动,高年级开展"小小数学家"主题活动。第一阶段为召开年级教研组长会,明确活动主题,制定活动方案。第二阶段为中低年级分别收集不同类型的作品,先在班级内进行展评,每个班级评选出十份不同的作品。再根据不同的作品类型进行分类,以微信公众号投票和校园展板的形式进行展出。最终,根据得票情况评选出一等奖、二等奖和优秀奖。高年级第一阶段先在班级内开展比赛,同一年级相同主题、相同问题。每个班级评选出五名代表,参加学校内决赛。

3. "创意科技节"。为了提高学生的科学素养,激发学生对科学知识的兴趣,培养学生的创造性思维,也为了丰富学生的课余生活,让学生在活动中增长知识、提高素质的同时,为同学们提供一个相互交流和同台竞技的机会,学校将分年级举办一至六年级"走近科学"活动,课程设计如下。第一阶段进行活动准备:(1)召开全体科学教师会,通知活动内容,鼓励全体学生积极参与活动;(2)通知家长与学生,提交分享的书籍或期刊,积极准备分享材料,将自己喜欢的书籍或期刊分享给其他学生,分享时间控制在六分钟左右,老师提前阅读学生推荐的书籍并提出重点问题。第二阶段进行初选:(1)各年级提前举行班级"创意科技节"活动并选出优秀的儿童参加学校的展示活动;(2)各年级科学老师结合本年级科任老师做好评委、记分员、道具等年级人员分工合作,提前购买活动需要的奖品和互动小礼品。第三阶段进行比赛:各年级按照活动安排的时间进行活动展示。评委组将按照演讲内容、答疑情况、表情仪态和整体效果等四方面分别进行评价,依据总体得分的高低,每个年级评定出特等奖、一等奖、二等奖和三等奖并对获奖学生颁发证书、给予奖励。第四阶段为活动整理阶段:各年级整理活动视频、照片等相关资料,做好活动总结。

4. "唯美艺术节"。音乐和美术是心灵的艺术,也是人类情感与精神的结晶,并能让学生从中获得视觉的愉悦和美的陶冶。学校坚持根植中华优秀传统文化深厚土壤,坚持以美育人、以美化人,引导学生树立正确的审美观念,陶冶高尚的审美情操,丰富儿童艺术文化生活,培养艺术素养,展示学校艺术教育成果,营造全校性的艺术氛围,提高校园艺术教育品质。由学校教导处牵头,音乐和美术教研组具体实施,设计课程如下。活动一:"童心绘画节"。定期举办艺术展览活动,利用校园宣传栏定期展示优秀儿童作品,丰富儿童的文化生活,促进校园文化交流,为儿童施展自我才能提供艺术平台。活动二:"童艺音乐节"。第一阶段进行活动准备,音乐老师和儿童双向选择,开始筹备节目和排练节目。第二阶段进行活动展示,以舞蹈、合唱、歌舞剧等形式呈现,让儿童在实践中体验和感悟,提升艺术素质。第三阶段进行活动整理,各年级整理活动视频、照片等相关资料,做好活动总结。

5."跃动体育节"。为增强学生体质,展现全体师生精神面貌,发现和培养体育后备人才,结合《儿童体质健康标准》的测试及数据上报工作,学校每年组织举办一次"跃动体育节",以班级为单位进行报名,参赛项目丰富多彩,在测试每个学生体质健康成绩的同时,让每一个有专长的学生来展示自己的风采,让每个学生都能感受到运动的快乐,活动设计如下。第一阶段进行活动准备:(1)确定活动时间,体育组编排活动方案,召开全体教师会议,通知活动内容,安排人员分工;(2)进入前期项目报名阶段,比赛项目包括 50 米跑、仰卧起坐、坐位体前屈等内容,鼓励学生积极参与活动,展现自我风采;(3)统计报名情况,进行方案细化,编排秩序册;(4)为活动进行安全、后勤等保障,以保证活动顺利进行。第二阶段进行活动展示:(1)进行开幕式活动,以班集体为单位进行展示表演,展现班级风采,发扬集体主义精神;(2)根据比赛成绩进行评奖,个人比赛取前六名,团体成绩进行积分制,根据个人成绩名次累积,最终评选出一等奖、二等奖和优秀奖,颁发奖状和奖品。第三阶段进行活动整理:各年级整理活动视频、照片等相关资料,做好活动总结。

6."丰收劳动节"。每年 9 月、10 月是丰收的季节,从古至今,总会有不少热闹的仪式、节日在这个季节举行,来庆祝丰收的喜悦。为了让每一名学生感受到劳动是一切幸福的源泉,调动每一名儿童的积极性、主动性、创造性,牢固树立每一名学生劳动最光荣、劳动最崇高、劳动最伟大、劳动最美丽的观念,学校将于每年 9 月底分年级举办"丰收劳动节",将"劳动最光荣"的思想转化到每一名学生的实际行动中,培养学生积极劳动的兴趣,使其养成爱劳动的好习惯,课程设计如下。第一阶段为活动准备阶段:(1)召开全体班主任会议,确定各年级活动主题,鼓励全体老师和学生积极参与活动;(2)各年级制订活动方案;(3)通知家长与学生,积极准备丰收节活动,同年级教师提前布置场地,组织各年级儿童有序参加,并组织儿童评选出相应奖项;(4)各年级班主任教师合理分工,做好评委、记分员、道具员等工作;(5)提前购买活动需要的奖品和互动小礼品。一年级劳动节日课程内容:(1)自理小达人——每名学生在家里练习戴红领巾、系鞋带、整理书包,比赛当天,每名学生戴上红领巾、穿有鞋带的鞋子、现场整理书包,要求在最短的时间内完成得又快又好,评选优胜奖和达标奖;(2)我的植物朋友——在每班走廊外面布置植物展览场地,每名"小主人"可以向参观的儿童及老师介绍自己的培育心得,评选最美班级和创意班级。二年级劳动节日课程内容:(1)把操场分为两大区域,"变废为宝记"和"厨艺大比拼",分别展示二年级学生作品;(2)给每名学生发两张"你最棒"小贴画,让学生把"你最棒"小贴画送给最心仪的作品,票选出最佳创意奖和小厨神奖。三年级劳动节日课程内容:(1)葵花日记——选出每班优秀作品,颁发"最佳文学创意奖";(2)手工作品展示会——展示学生创意串珠画、瓦楞纸版画。四年级劳动节日课程内容:(1)摄影展示区——展示学生一学年的劳动时刻;(2)美食鉴赏区——分享劳动成果,体验成功喜悦;(3)艺术作品展销会——体验创造性劳动带来的荣誉感、幸福感、获得感。五年级劳动节日课程内容:(1)摄影作品展——通过一幅幅照片记录向日葵的生长过程及每一名学生的劳动过程;(2)品泡菜百味——品味泡菜,票选出"爽口美食"奖。第二阶段为活动展示阶段:分年级参与"丰收劳动节"活动,根据不同的内容进行分享展示,由老师和学生组成的评委根据学生的表现进行打分,最终根据不同的活动内容评选不同的活动奖项,并在活动结束后为他们颁发奖状和奖品。第三阶段为活动整理阶段:各年级整理活动视频、照片等相关资料,做好活动总结。

总之,"腾翔节日"是将学科教学融入学校文学节、体育节、科技节、艺术节、锦龙嘉年华等节日的特色课程中,基于学生视角,以提高学生综合素质为教学目标,培养学生良好的学习习惯与优秀的思想品质,给课程以知识、实践、探索和腾飞的力量。因此,做活"腾翔节日"要从以下角度来思考。

1. 开展主题活动,融合教学资源。依托五大"腾翔节日"——文学节、体育节、科技节、艺术节、锦龙嘉年华的开展,融合实践性、文化性、趣味性、竞赛性,体现教育教学的优秀资源。如:每学年第一学期十月至十一月开展文学节,结合深圳市全民读书月活动,以"书香少年""书香班级""书香家庭"为单位辐射,创建书香校园文化氛围,树立勤奋读书、热爱知识、崇尚科学的良好风尚。

2. 建立学习手册,引领学习之旅。为了使每个节日的项目学习目标明晰、活动可行,在不同节日为不同年级精心设计相应的项目学习手册,以手册引导学生开展自主探究。学校根据低、中、高不同年级学生的特点,设计贴近学生实际的项目学习手册和活动方案。

3. 展示节日成果,学习走向纵深。学习成果的交流展示同样依托项目,分级呈现。首先是班级交流,学生在班级内进行个人学习成果汇报,并以班级为单位组织特色展示活动。随后,围绕各个学科开展年级交流展示。最后,组织开展全校项目学习展示汇报活动。

五 创意"腾心之旅",落实研学旅行课程

为落实立德树人根本任务,培育学生发展核心素养,"腾心之旅"成为育人重要途径,研学旅行课程是中小学综合实践活动的重要方式,是各个学段课程方案中的必修课程。锦龙小学每学年将春季社会实践定在每年 4 月,秋季社会实践定在每年 11 月,要求全体师生参与,记录学生的成长,并形成成长记录袋。

研学旅行的根本目的是让学生接触社会和自然,在体验中学习和锻炼,培养学生刻苦钻研、自理自立、互勉互助、艰苦朴素、吃苦耐劳等优秀品质和精神。研学旅行课程有利于学生体验研学探究的过程,学会科学探究的基本方法,加深对自然、社会、文化、历史的认识;有利于学生形成科学的自然观和严谨求实的学习态度,更深刻地认识学科知识和社会知识的相互关系;有助于培养学生合作、信任、良好的人际关系,促进师生共同成长。学校组织研学旅行前,召开家长委员会议,充分研究活动方案。

1. 内容选择。学校、家长、学生代表从生活实际出发,从熟悉和关注的社会中选取活动主题和内容,联系好将要前去实践的地点或单位,聘请指导老师,班级内形成社会实践小组,制定小组活动计划。

2. 活动规划。新学期开学的第七周召开开题报告会,组成活动小组,确定活动主题,明确成员职责,制定活动计划。学生按计划进行活动,服从实践地负责人领导,班主任和指导老师随时关注活动的正常开展。在活动中组长协调好小组成员及各方面的关系,各成员发挥团队精神,相互协作,确保活动的顺利进行并记录活动过程和活动心得。

3. 形成成长记录袋,总结交流。活动结束后,小组完成社会实践的报告。个人写出或画出活动小结及活动过程中的体会、感受等,先在小组内交流,然后组织小组间的交流。形式由班级自定,可以是主题班会、班级公众号、墙报展览等。每班推荐一个活

动小组参加年级的社会实践活动成果汇报。

4. 评价考核。个人和小组提供相应的材料（体会、感受、小结等），先由自己和同学进行初评，然后由家长和学校进行终评。

六 做实"腾助联盟"，落实家校共育课程

"腾助联盟"是以学生成长为核心，师生、家长、社区互动、成长的联盟体系。学生成长让教师自身价值得以体现，孩子进步让家庭幸福得以实现，家校携手联动让社会更加和谐有序。在家校共育课程的内容建设方面，为了让"腾助联盟"家校共同体更加丰富与充实，可以从以下几个角度进行。

1. 整合学科资源，将课本知识融入家庭教育。每一位教师、家长共同围绕国家课程的教科书，并在课程实践的过程中培养、挖掘、积累丰富多彩的实践活动素材，能使国家课程的实施更加深入、彻底，也能使家校共育课程的选择具有广泛性。比如二年级可以结合《中国美食》一课，开展"家庭小厨神"活动，结合学生日常生活实际，家长引导孩子从书本走向生活，到菜市场采购食材，在家一同合作完成美食制作，家人一起品尝，并用 Word 一起制作美食小卡片，写下心得感悟。这个过程实现了语文、美术、信息等学科资源的整合，培养了学生的探究能力。

2. 利用家长资源，开展综合实践体验课程。家校共育课程要遵循四个原则：着眼生活、立足兴趣、依托家校社三位一体的资源、体现综合实践性。可以开展如"家长进课堂"的活动，开展综合活动课程，利用每个班级的家长职业资源，请家长走进课堂为学生讲解不同职业的工作内容，帮助学生了解生活中的各行各业。

3. 结合社区资源，创设传统美德培育课程。结合一些中华传统美德，开展综合实践活动。如开展以"敬老爱老"为主题的系列活动，学生可以在社区的帮助下一同前往慰问孤寡老人，或是在家帮老人做力所能及的家务活。

七 做活"腾巧探究"，落实项目学习课程

"腾巧探究"意指锦龙小学开展的项目式学习课程。"腾巧探究"是教师基于课题研究，带领学生对真实的、复杂的问题进行探究，以小组合作的方式进行项目实施，最终以产品形式呈现，学生在参与过程中逐渐建构知识网、掌握必备技能、实现综合发展

的教学模式。

"腾巧探究"以课题小组合作研究为基本组织和实施形式。每组一般由同一班内的六至十人组成,原则上每班不超过 10 个课题,一位教师指导课题小组数不超过三个。课题组内要进行课题分工和角色分工,即每个成员都要承担一部分相对独立的课题工作,每个成员都要承担一个角色,确保真正参与课题研究。如组长、协调员、资源管理员、信息技术员等,既各展所长,又密切配合,以保证课题研究顺利开展。"腾巧探究"学习活动时间基本安排在暑假期间,建议由家长协助,在老师的指导下进行集中活动。内容如下。

1. 学科内容与应用类。主要是进行学科内的拓展与跨学科的综合应用方面的探索,如六年级学习"百分数"之后进行相关的应用研究,四年级学习"一个豆荚里的五粒豆"后开展劳动教育活动,在学校楼顶农场种植豌豆,研究文章中的豆荚与自己亲自种出来的豆荚是不是一样等。

2. 自然环境类。主要是从人与自然的关系角度提出课题,如环境保护、生态建设、能源利用、农作物改良、动物保护和天文研究等方面与个人生活背景相关的课题。

3. 社会生活类。主要是从研究人与社会的关系角度提出课题,如学校规章制度研究、社会关系研究、社区管理、社团活动、人口研究、城市规划、交通建设等与个人生活背景相关的课题。

4. 历史文化类。主要是从研究历史与人的发展角度提出课题,如乡土文化与民俗文化研究、历史遗迹研究、城市变迁研究、名人思想与文化研究和校园文化研究等与个人生活背景相关的课题。

"腾巧探究"课程要以学生在日常生活中常见的具有人文价值的素材为基础,应用科技的方法来进行比较、分析、探究,以引发学生对科学技术的兴趣及好奇心为目的,以培养学生的人文底蕴与科学精神为基本出发点,立足科学、技术、人文的视野,突出实践能力的培养,倡导符合科技生活课程特性的体验性、探究性、研究性学习方式,从而实现人文精神与科技素养在学生身上的和谐统一,实现学生全面而富有个性发展的课程目标。

八 开发"腾绿田园",建设乡土特色课程

学校因地制宜,建设"腾绿田园"乡土特色课程,开发本土化的乡土课程资源。我

们将每周两节的综合实践课变成田园课程,为综合实践特色课程提供充足的时间保障。为此,学校将开辟丫丫农场班级种植地。同时,以"腾绿田园"为主题的楼层文化建设,让每一处景观充满田园气息。主体部分由"春耕秋收园""实践展示栏""丰收廊""科普园""田园书画廊"等几大板块构成,展示的是学生在种植过程中的点滴记录及丰收成果。"田园诗篇""田园风光"沿着楼梯的墙面布置,引导学生"拾级而上","寻春书吧""消夏书角""知秋书廊""藏冬书车"则分布于四个楼层。绿地、种植园、小木屋、楼廊为我们的田园特色课程提供了良好的物质条件,让学生有一间可以自由呼吸的自然教室。

"腾绿田园"课程的主要目标如下:(1)一、二年级:"玩"中学。利用思品课,在老师和家长的帮助下,进行种植的初体验,激发学生对种植的兴趣,唤醒孩子们对土地天然的热爱。(2)三、四年级:"做"中学。通过田园种植课,每学期亲历至少一种蔬菜种植的全过程,积累种植的经验,锻炼劳动的能力,学会观察,学会思考和质疑。(3)五、六年级:"研"中学。探究不同种植的原因,种植蔬菜以外的植物,甚至中草药;体验不同环境下的种植,如无土栽培;体验不一样的丰收义卖等,培养创新精神和实践能力。"腾绿田园"课程以"处处能实践,生活即教育"为课程理念,强调"丰富经历、真实实践、自主探究、激荡思维"的学习方式。

1. 共同课程。在纵向上,按照低中高三个年段,分为"我玩""我做""我研"三个不同层级,努力形成天然的、有逻辑的课程肌理。在横向上,按"种植实践、项目学习、田间朋友"三个板块建构单元,努力进行学科融合,消弭课程碎片化。"种植实践课"在纵向上强调按先后顺序,由易至难、从激发到实践、从观察到探究,保持课程的整体连贯;我们强调打破学科的界限,让学生运用完整的知识探索自然的奥秘。(1)"种植实践"板块。我们通过"规定动作——全校同种一种植物"和"自选动作——自由种植其他植物"结合的办法,让学生每学期至少亲历一种植物种植的全过程——开荒、晒地、播种、浇水、施肥、除草、灭虫、收获。六年间学生至少亲历十二种植物的生长。很多孩子,最初不知道种子是要埋在土里的,不知道施肥后要及时浇水,不知道小苗拔出来后会死掉,就拔出萝卜苗来看是否结果,然后直接扔到土的表面或者插回土里,以为这样就能够继续生长。在项目进行中孩子们逐渐进步,爱上种植。(2)"项目学习"板块。我们以自主探究为核心,以创意实践为外核,进行点状发散,在种植实践过程中,自然引导学生在某个点上停留,围绕一个核心问题,展开与之相关的一系列研究性学习。(3)"田间朋友"板块。学校田间绿地草丛随处可见的是各种各样的小昆虫,学生特别喜欢去捉,与其"制而不止"不让学生捉昆虫,不如因势利导,构建"昆虫课程"。在这一板块,我们以笔记自然、自然探究等方式将科学、美术、思品、语文等学科融合,在"看一看、画一画、养一养、写一写"中让学生走进小动物的世界,并且观看一部与之相关的电影,阅读一本相关的书籍,开一场"鸣虫音乐会(诗歌会)",研究一下小动物是否对田里的蔬菜有影响等,逐步深入。每学期至少了解一种小动物,并逐步制作出小动物图谱,让我们的学生快乐探究,真正成为苏霍姆林斯基笔下的"睿智的研究者,富有钻研的、求知旺盛的人和诗人"。如研究蚂蚁,学生到田间观察蚂蚁、寻找不同种类的蚂蚁、收集蚂蚁的资料、制作蚂蚁标本、读《地下一百层的房子》、画蚂蚁的宫殿、写蚂蚁的童话、看电影《蚂蚁总动员》,等等,了解的过程,是学生享受自然之美的过程,是懂得生态平衡的过程,也是学习与动物友好相处的过程。

2. 特色活动:围绕着田园种植的不同阶段,我们精心设计丰富多彩的田园特色活动,让学生在活动中成长,在活动中创造,在活动中展示,以达到"让教育回归生活,让孩子热爱生活"的目标,比如"开荒节""我和苗苗同成长""丰收节""观鸟节""亲子种植"等,将特色活动课程化。"开荒节"吹响了新学期种植的第一声号角,全班总动员,全体参与,拔草、锄地,一学期中最辛苦的活计,就轰轰烈烈地开始、完成。"我和苗苗同成长"活动贯穿苗苗生长的全部阶段,记录学生实践的精彩瞬间,以文化墙和班级小报的形式进行展示交流。"丰收节"由一系列的子活动组成,既是成果的展示,又是一次高度综合各学科的项目学习。"晒晒我们的丰收果"既是展示收获、比拼产量,又是信心的鼓动;"尝尝我们的美食",让家长和孩子用我们的收获合作制作美食,增强的不仅仅是学生的综合实践能力,还有父母与子女、学校与家庭之间的交流和情感;"劳动创造财富"活动让学生通过做家务,积攒参加"丰收义卖"的资金,填写义卖账单学习"合理花钱";丰收义卖前对各班"宣传组""会计收银组""叫卖组""记账组"成员的培训,让学生有了职业体验;"丰收义卖嘉年华"更是学生锻炼、展示、成长的大舞台。

3. 学科融合:学科融合是"腾绿田园"的主要特征,它将所有的学科都聚焦在这里。主体课程与特色活动的实践路径不是彼此独立,而是相互交融在种植的全过程中。并且将语文阅读与写作、美术与绘画欣赏、科学、音乐、思品等学科同种植实践课进行嵌入式的融合,既有"学科内统整",又有"跨学科统整",既有"学科与活动统整",又有"校内与校外统整"等。课程不再是"孤军作战",关联与整合成为课程实施的常态。比如种植课上"猜想系列"作文、"小苗成长记"观察日记系列、"田园风光写生""丈量我们的种植地"等,比如"田园艺术节"上各班原创田园的歌曲和诗篇,"丰收节"更是学科大融合,学生忍不住感叹:"原来我们的种植园里有这么多学问!"

九 激活"腾美校园",开发环境隐性课程

深圳市坪山区锦龙小学校园环境优雅,开发环境隐性课程是指让物质环境(如学校建筑、设备)、文化环境(如教室布置、校园文化、各种仪式活动)、人际情境(如师生关系、同学关系、学风、班风、校风、校纪等)中的不明显的学校特征形成独特的学校气氛。在学校环境文化方面,力求让学校更优美、更和谐、更具有人性化,让学校每一面墙、每一块绿地都成为学生自我教育、展示风采的最佳场所,以实现良好环境与人的互利共生,让校园成为学生身心舒展的地方。"腾美校园"建设主要包含以下几方面。

1. 大厅文化。凸显"腾飞教育"之主题,将学校教育信条、办学理念等文化元素融于其中。

2. 文化长廊。学校进一步打造以"腾趣学科""腾乐社团""腾翔节日"等为主要内容的文化长廊。在开发隐性课程时必须立美育人,突出爱国爱校教育。如学校专门设立文学院、美学院、劳动中心、体育中心等;教学楼或学校主要通道口设有中外名人雕塑像,竖起名人名言牌,铭刻中外思想家的名言等;在校园规划上,注重整体布局,减少交叉,环境由绿化、净化发展到美化、香化。同时,以德美渗透为基本途径,追求校园环境的审美意境,赋予校园文化以美的形式和美的内容。

3. 教室文化。为了让幽雅的、健康的教室文化在潜移默化中影响学生个性的培养,心理素质的锻炼,道德习惯的形成,知识才能的增长,促进师生关系的民主、融洽、和谐,让学生的生命在充满温馨气息的教室里更加灿烂,需要做到:(1)主题鲜明。设有班名、班徽,主题内容思想健康,体现以学生为主体的设计理念。(2)整体配置。整洁美观、和谐统一,符合学生年龄特征,彰显班级建设理念,切合学校工作要求。设有"图书角""荣誉角""卫生角""展示栏"等,黑板报定期更新。(3)颜色搭配。色彩运用协调,注重儿童性和趣味性。(4)体现"洁"——教室洁净。无卫生死角,桌椅、讲台、门窗、地面等干净无灰尘,窗户玻璃透明干净,墙壁洁白、无人为的污点,靠近本班教室的走廊及包干区无垃圾。(5)体现"齐"——教室摆放物品整齐有序。桌椅横、竖成直线,学生的书包、文具摆放位置统一,卫生工具不脏、乱,作业本、教具、图书、报刊等都摆放整齐,有固定位置,遇到雨天时雨具摆放整齐。(6)体现"美"——教室布置美观、有本班风格。能集中体现出本班的班级风貌、特色和追求的目标等。

4. 注重师表行为，树立学习楷模。学校行政、教职工的"为人师表"行为是第一隐性课程。这种课程不排在课表上，也没有固定的教材，但蕴含在教师的全部行为之中，如教职工的精神风貌、师德修养、行为模式、教学风格、工作作风、文化素质、言行举止、仪表情态、衣着服饰等，都是对学生实施的好教材。

5. 树立优良校风，规范行为准则。校风是学校文明建设成果的综合反映，包括教风、学风、考风以及领导的工作作风等，是一门非常重要的隐性课程，比如校训，是学校培养目标和办学特色的高度概括，校训立于学校醒目的位置，深深铭刻在每个学生心中。教风、学风、考风也各有其具体内容，应出台相应规章和评判标准，使之看得见、摸得着。引导学生深刻理解校歌、校徽、校服等的内涵，并时时以此约束自己。

6. 建立良好师生关系，营造良好教育气氛。教育成功的基础是和谐的人际关系，要建立良好的师生关系，除了在平时的学习生活中老师用言语、行动表现出对学生的关爱和呵护外，师生共同参与的军训、野外拓展活动、趣味体育比赛等也是重要途径。

7. 利用校内信息媒体，展示课程成果。除了加强对学生的网络安全教育、大力宣扬绿色上网外，还要积极发挥校园内的媒体传播作用，抵制网络里恶俗信息的传播，传递正能量，引导学生茁壮成长。校内信息媒体包括学校广播站、电视台、校报、黑板报、校刊、班刊等。它们的导向性、积极性、知识性，从不同侧面弥补了虚拟网络世界的不足，起到了不可替代的作用。

综上所述，我校的"小龙人课程"全面贯彻党的教育方针，坚持以学生发展为本，深入实施素质教育，充分利用各类课程资源，优化课程结构，全面体现办学理念。我们秉承"腾飞教育"之哲学，为实现"让每一个生命腾飞"这一理念而奋斗，并将其融入我校课程建设的方方面面，落实各项课程管理措施，促使每一个生命茁壮成长。

（撰稿者：王朝君　何艳红　欧惠玲　宣洪琼　杨秋琳　单含嫣　吴凤敏　罗萍　陈欣荣　杨佳梅　王森　郭韵仪）

第三章

目标的聚焦性:个性化学校课程体系的核心

课程目标的聚焦性,是课程建设的价值导向和基础核心,直接映射了学生所达成的预期学习成果。学校课程建设,需要确立科学完整的、高聚焦性的学校课程目标体系。目标体系的确定,需结合国家教育方针目标的总要求,明确学生发展核心素养和关键能力;需结合学校办学理念和课程哲学,确定学校育人目标和课程目标;需结合学生身心发展特点进行细化和分解,确定年段目标。聚焦目标是学校课程建设的战略核心,有了明晰、全面、系统的课程目标才能确保课程框架的明晰、全面、系统,从而引领学校课程整体构建和实施。

学校的育人目标和课程目标蕴含着特定的"课程矢量"，决定课程育人的方向和力度，目标定位直接"牵引"着课程功能定位。[①] 可以说，课程目标是课程建设的方向牌，直接映射了在该课程框架下学生所达成的预期学习成果，是各个学校培养目标在课程实施中的具体化，指导整个课程的编制过程，决定课程改革的方向。价值的明晰性和目标的聚焦性，是课程建设的价值导向。

美国著名课程学者泰勒认为，课程编制必须回答这些问题：学校应该达到哪些教育目标？提供哪些教育经验才能实现这些目标？怎样才能有效地组织这些教育经验？我们怎样才能确定这些目标正在得到实现？这四个问题是课程编制过程的四个阶段：确定目标，选择经验，组织经验，评价结果。其中，确定目标是最为关键的一步，因为其他所有步骤都是围绕或紧随目标陈述的。[②] 因此，课程编制首先需要保证目标的聚焦性，才能保障课程实施、内容与评价的一致性。课程建设的成效很大程度取决于课程目标是否科学、有效、聚焦。

调查显示，大部分学校课程规划中的课程目标现状较差：有的仅停留在对知识与技能的掌握，对核心素养和全面发展关注不够；有的脱离学校实际，课程目标不过一句空口号；有的脱离学生身心发展特点，现行目标与学生年段发展不匹配；有的层级单一、没有确定系统的目标体系，学校课程建设只有大方向的指引，却没有可操作的具体目标。

基于此，学校课程目标设计，需要确立科学完善、无缝对接的完整的学校课程目标体系，以便于下一步设计目标导向的学校课程框架。[③] 而目标体系的确立，需结合国家教育方针的总要求，明确学生发展核心素养、关键能力和必备品质；需结合学校办学理念和课程哲学，确定学校育人目标和课程目标；还需结合学生身心发展特点进行细化

---

①③ 杨四耕. 自主性变革：走向课程自觉的美好境界[J]. 中国教育学刊，2020(5)：66—70.

② 施良方. 泰勒的《课程与教学的基本原理》——兼述美国课程理论的兴起与发展[J]. 华东师范大学学报（教育科学版），1992(4)：1—24.

和分解,确定年段目标。这样,才能构建一个科学完整的、高聚焦性的课程目标体系。具体阐述如下。

首先,立足社会需求,把握国家教育方针。国家的教育方针是学校教育的风向标,研制学校整体课程要充分反映社会主义国家教育事业的大方向,体现国家教育方针和我国人民办学的正确信仰、理想要求及政治意志,学校教育要坚持落实"立德树人"根本任务,坚定执行"培养德智体美劳全面发展的社会主义建设者和接班人"社会主义教育方针,并涵养学生人文底蕴、科学精神、学会学习、健康生活、责任担当、实践创新等核心素养。

其次,立足学校实际,确定学校育人目标和课程目标。抓住学校现代办学发展理念核心与校训精神内核,把握办学改革方向与突出学校特色,综合考量学校的发展历史、办学水平、校园文化、课程哲学等综合发展现状,确定学校整体育人目标和课程目标。如深圳市坪山区中山小学以"习性教育"作为办学理念,聚焦于人的长远发展,培养具有良好习性的人,确立了"健康、文明、智慧、高雅"的学校育人目标;同时,根据"天性求真、人性向善、德性尚美"的课程哲学,将课程目标确立为:"崇高的志向、良好的身体、文明的行为、儒雅的文化、高雅的审美、智慧的思维。"

再次,立足学生特点,制定年段目标。学生作为课程的主体,促进学生发展是学校课程建设的主旨,因此在确立课程目标时,要坚持以生为本,基于学生特点情况及相应学科整体发展,关注不同阶段学生个体的认知规律和身心发展规律,对育人目标和课程目标进行相对合理细化的学科年段分解。课程目标随着学生成长螺旋上升,指引着课程实施、内容、评价随着年段特点不断升级,这样的课程才是真正着眼于学生发展的有生命力的课程。如深圳市坪山区中山小学对于"崇高的志向"这一课程目标,根据学生年段特点进行了细化和分解,为"习志"模块的课程内容与实施指明了方向,该模块下的教学开展和课程评价都有了明确的依据。

综上所述,聚焦目标是学校课程建设的战略核心,确定课程目标是一个综合性系统工程,在课程目标确立中,要力求以课程目标确立的明晰、全面、系统等来确保课程框架的明晰、全面、系统,从而构建课程目标引领课程内容、课程内容聚焦并服务于课程目标的建设体系。

(撰稿者:深圳市坪山区中山小学　岳丽)

"六习"课程：习与性成　全面发展

深圳市中山小学创办于 2015 年 8 月，现有 40 个教学班，1 772 名在校学生。教职工 136 名，其中研究生 16 人，省、市、区级名师 17 人。学校先后被评为"中国 STEM 教育 2029 行动计划首批种子学校""全国青少年校园足球特色学校""广东省基础教育研究实验基地学校""广东省中小学艺术特色学校""深圳市教育工作先进单位"等。深圳市办学水平评估小组评价这是"一所上级肯定、社会认可、家长满意、学生喜欢的全面发展、优质发展的区域名校"。学校坚持落实国家立德树人根本任务，积极推进坪山区品质课程建设，坚持"习性教育"理念，构建"六习"（志、体、礼、文、艺、慧）课程体系创新实施国家课程，探索运用"六感"（视、听、嗅、味、触、意）策略实施具身学习，形成"六维三层"评价体系促进学生全面发展，形成可推广复制的"环境创设·具身学习·习与性成"的育人体系，有效推动基础教育高质量发展。相关研究"学习与性成：小学习性教育育人体系构建与实践"在教育部公布的 2022 年国家级教学成果奖评审中被评为二等奖。这是坪山教育在国家教学成果奖上的重大突破。

习性教育取得了明显教育效果，社会影响力不断扩大，目前建立了广西田东县等6 个习性教育基地，在国内外成立近 200 所习性教育共同体学校，影响扩及英美等国，近 20 万师生受益。深圳技术大学挂牌成立习性教育研究中心，主持人曾宇宁被深圳技术大学等多所高校聘为客座教授或导师；习性教育研究团队成员参与师范类本科教材编写，在中文核心期刊及各级各类报纸杂志发表论文多篇并出版专著，多人多次受邀到全国多地举办讲座或上示范课，多次参加国际国内学术论坛并作主旨演讲；廖秀梅、刘堂江、周洪宇、宋乃庆、柳海民、杨小微等名家高度肯定习性教育；教育部基教司原司长王文湛认为习性教育"传承中有创新，育人效果好"。中央电视台、《中国教育报》等 47 家媒体报道，《中国教育报》评价"习性教育特色鲜明，成效显著"。

第一节 关注儿童良好习性的养成

学校的课程哲学是学校教育的价值追求,是学校可持续发展的驱动力,它贯穿和引领学校课程建设的全过程。深圳市坪山区中山小学确立"习性教育"教育哲学,原创性地提出"天性求真、人性向善、德性尚美"哲学观,立足儿童良好习性的养成。

一 教育哲学:习性教育

美国心理学家威廉·詹姆士说:"播下一个行动,收获一种习惯;播下一种习惯,收获一种性格;播下一种性格,收获一种命运。"行为形成习惯,习惯影响性格,性格决定命运。一个人如果从小养成良好的习惯和性格,会受益终生。因此,我校提出了"习惯引领发展,性格影响未来"习性教育办学理念。

习性是指个体长期在自然、家庭、社会、学校的环境下所养成的一种特性,包含习惯、性格。习性不同于习惯,习性在习惯的基础上形成,但有超越习惯的建构性质。

习性教育汲取中华优秀传统文化"习与性成"等教育思想,顺天性之真,育人性之善,明德性之美。习就是知行合一,通过习之通道、平台、桥梁,致力于良性螺旋上升,达到"天性求真、人性向善、德性尚美"的真善美追求,实现天人合一,落实立德树人,并围绕"积什么习,如何积习成性",创造性构建习性教育"六习"(即习志、习体、习礼、习文、习艺、习慧)课程体系,培养学生成为德智体美劳全面发展的社会主义建设者和接班人。

习性教育是"顺天性之真"的教育。天命之谓性,这是人作为万物之一的自然属性,谓之天性。人生而不同,各具禀赋。习

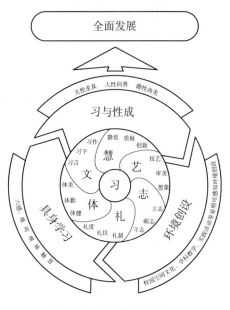

图 3-1 习性教育示图

性教育强调定性而习,呵护个性。我们以"让每一个孩子得到适合的成长"为宗旨,注重学生的个性发展、特色发展、可持续发展。是鱼,就让它在水里面游,而不是让它在天空中飞;是老虎,就给它一座山,让它成为百兽之王,让学生成就最好的自己。

习性教育是"育人性之善"的教育。人是群居动物,是社会人,必须学习并遵守相关的社会规则,修身养性,洁身自好,发扬人性之善。习性教育注重知行合一、积习成性,主张通过营造有利于人性培育的文化育人环境,从规范学生行为习惯做起,进行反复抓、抓反复的持久性养成教育,帮助学生培育美好人性。

习性教育是"明德性之美"的教育。人作为万物之灵,应该有高尚的追求,负责任,敢担当,济天下,彰显德性。习性教育认为教育首先应该培养具有光明德性的人,通过对学生进行情感、态度、价值观的正确引领,让学生获得健全的人格和高尚的品德。

二 办学策略:知行合一,积习成性

"积"指积累。"习"在甲骨文中写作ⵠ,两个"习"字加上一个"日"字,造字本义是指幼鸟在鸟巢上振动翅膀练习飞行。习性教育认为,"习"分三个层次:学习、练习、温习。对小学生而言,习的内容主要为"六习":习志、习体、习礼、习文、习艺、习慧。

"性"指性格、性情、性质,它是一个人的生命气质。习性教育认为,人的最高境界是"真善美"。真即本真、真我,教育要顺应天性,让学生成为最好的自己。善即良善,良知致于行动,引导学生用知识和道德良知来支配自己的行动,让学生成为知行合一的人。美即完美,通过"六习"的培养,让学生成为全面发展的人。

所以"积习成性"的意思就是引导学生不断积累多种学习,内化成为自己生命的气质,习性教育的具体措施是引导孩子们在"六习"的不断积累中,成为求真、向善、尚美之人。

三 课程理念:因基成土,因拓成山,因人成峰

在习性教育六习课程体系的建设中,我们以"因基成土,因拓成山,因人成峰"作为课程理念,把立德树人的根本任务细化到学校的每一堂课每一次行动,培养学生成为具有人文底蕴、科学精神、学会学习、健康生活、责任担当、实践创新等六大素养的"健康、文明、智慧、高雅"的人。

(一)文化基础,因基成土

我校有效落实基础课程,开齐门类,开足课时,学生全员参与。同时,我们将国家基础课程与"习性教育"培养目标相结合,通过全学科、全方位的渗透,让学生在国家与地方课程学习中,努力夯实核心素养的文化基础,养成良好习性,获得正确的人生观、世界观和价值观,为学生一生的发展奠定坚实的基础。

(二)社会参与,因拓成山

我校结合学校办学理念和育人环境,设置了一批别具特色的拓展课程,如以读书节、体育节、艺术节和科技节为代表的节庆类课程,体现社会参与、研学游历的实践类课程和假日类课程,以及系统培养学生习性的养成课程。这四大课程是学校根据自身实际,特别是学生综合素养发展需要开设的全员参与的课程,是对基础课程的深度拓展,引领学生课堂书本学知识,游历交往长见识,磨炼担当有胆识,成为一个知识见识和胆识皆备的栋梁之材。

(三)自主发展,因人成峰

我校开发的个性课程以"顺应天性,自主选择"为原则,鼓励学生根据自己的兴趣爱好自由选择,喜欢乒乓球就选旋影国球,喜欢画画就选七彩梦画,喜欢唱歌就选燕语莺声,喜欢折纸就选巧手折纸,给学生一片蓝天,让学生在校园里自由呼吸,让学生在所擅长的方面成就属于自己的人生高峰。

总之,学校课程哲学反映的是指向所有学生的广泛认可的价值追求。因此,学校要构建助力所有学生成长的课程,我们要丰富学校的课程功能,让每一个学生活泼地成长。中山小学在习性教育的引领下,构建了"六习"课程体系,旨在让学生成为习性良好、全面发展的人。

第二节 立足儿童全面发展的追求

学校课程目标是学校课程结构、学校课程内容设置的依据,课程目标决定了课程建设的整体方向,深圳市坪山区中山小学落实立德树人根本任务,以学生发展为核心确立育人目标和课程目标,关怀学生成长全面发展的需要。

一　育人目标

全面贯彻党的教育方针,落实立德树人的根本任务,通过习性教育"六习"课程建设,全面实施素质教育,把培育和践行社会主义核心价值观融入各年级教育教学全过程,培养学生高尚的道德情操、健康的身心、扎实的科学文化素养和深厚的中华文化底蕴,发展学生关键能力与核心素养,使学生成为德智体美劳全面发展的社会主义建设者和接班人。

学校通过习性教育,培养"健康、文明、智慧、高雅"的人,让学生养成良好习惯,完善自身性格,形成健全人格。

二　课程目标

学校课程目标落实国家立德树人教育根本任务,通过习性教育,建构起基础课程、拓展课程和个性课程的习性教育六习(志、体、礼、文、艺、慧)课程体系,培养学生成为具有崇高的志向、良好的身体、文明的行为、儒雅的文化、高雅的审美、智慧的思维的人。具体目标见表 3-1。

表 3-1　深圳市坪山区中山小学课程目标

维度	亚类	目　　标	
习志	立志	指导学生树立远大志向,达成培养志趣、善做规划的目标。	崇高的志向
	砺志	引导学生定下志向之后,砥砺前行,培养学生克服困难、磨砺意志的能力。	
	守志	引导学生要坚持自己的志向,做一个不忘初心、坚守志向的人。	
习体	体健	包含身体健全和心理健康,使学生成为身心健康、和谐发展的人。	良好的身体
	体勤	包含自立、整理和服务,培养学生成为身体力行、自立自强的人。	
	体美	包含形体美和行为美,培养秀外慧中、乐于奉献的学生。	
习礼	礼制	包含规矩和文明,培养遵守规矩、克己复礼的学生。	文明的行为
	礼仪	包含仪式和礼仪,培养言行得体、彬彬有礼的学生。	
	礼度	包含情绪与态度,培养谦逊有礼、友善真诚的学生。	

维度	亚类	目　　标	
习文	习言	包含表达和诵读,使学生乐于表达、能说会道。	儒雅的文化
	习字	包含识字和写字,使学生端正书写、擅长书法。	
	习作	包含读写和创作,使学生腹有诗书、下笔有神。	
习艺	技艺	包含技能和特长,使学生达成技法精湛、各有所长的目标。	高雅的审美
	审美	包含欣赏和审美,培养学生善于欣赏、享受审美的能力。	
	想象	包含想象力和创作力,培养学生善于想象、敢于创作的能力。	
习慧	静思	包含环境和心灵安静下的思考,培养学生静心思考、自主探究的能力。	智慧的思维
	质疑	包含协作和探究,培养学生敢于质疑、合作探究的能力。	
	创新	包含探索创新和人工智能,使学生达成打破常规、创新发展的目标。	

三　年段目标

基于学生特点情况及相应学科整体发展,关注不同阶段学生个体的认知规律和身心发展规律,对育人目标和课程目标进行相对合理细化的学科年段分解。根据学生年段特点将培养目标和课程目标进行细化和分解,具体指标见表 3-2。

表 3-2　深圳市坪山区中山小学年段课程目标

(一) 习志课程

课程目标	具体指标	年段	年段目标
崇高的志向	立志	一、二年级	1. 听立志故事,树立精神榜样。 2. 围绕生活、学习等方面设立周目标,并努力实现。
		三、四年级	1. 能给自己定下阶段性目标,并付诸行动。 2. 向身边优秀的同学、榜样学习。
		五、六年级	1. 理想远大,积极进取,树立人生目标。 2. 树立人生榜样,向名人伟人学习。

课程目标	具体指标	年段	年段目标
	砺志	一、二年级	1. 努力实现自己设立的小目标。 2. 遇到困难不害怕，可以请求帮助。
		三、四年级	1. 为自己的阶段目标付诸行动。 2. 遇到挫折不灰心，努力克服，不退缩。
		五、六年级	1. 积极参与研学、游学、社会实践。 2. 遇到困难，能想出好办法解决问题。
	守志	一、二年级	1. 学会从生活、学习等不同方面树立目标。 2. 在父母老师的帮助下坚持目标。
		三、四年级	1. 能围绕阶段目标，设置实施计划。 2. 制定好的计划能坚持完成。
		五、六年级	1. 总结自己在实现目标的过程中遇到的问题，调整实践计划。 2. 决定了的事能坚持不懈。

（二）习体课程

课程目标	具体指标	年段	年段目标
良好的身体	体健	一、二年级	1. 认真上好体育课，体质测试合格。 2. 热爱生活，阳光自信，积极乐观。 3. 每天运动一小时，有一项喜欢的运动项目，兼顾其他运动项目。
		三、四年级	1. 认真上好体育课，体质测试合格。 2. 热爱生活，阳光自信，积极乐观。 3. 每天运动一小时，掌握两到三项运动的技巧，兼顾其他运动项目。
		五、六年级	1. 认真上好体育课，体质测试合格。 2. 热爱生活，阳光自信，积极乐观。 3. 每天运动一小时，掌握两到三项运动的技巧，有一项擅长的运动项目。
	体勤	一、二年级	1. 饭前便后洗手，勤剪指甲。 2. 学会穿衣叠被、整理书包。 3. 积极参加劳动，勤做家务。

课程目标	具体指标	年段	年段目标
	体健	三、四年级	1. 饭前便后洗手,勤剪指甲。 2. 勤做家务,学会整理房间、教室。 3. 为父母、师长做力所能及的事情。
		五、六年级	1. 饭前便后洗手,勤剪指甲。 2. 勤做家务,学会整理房间、教室。 3. 积极参与社区服务、志愿服务。
	体美	一、二年级	1. 体格俊美,不近视、不过于瘦弱或肥胖。 2. 穿戴得体,仪表整洁,坐立行姿势正确。 3. 看到垃圾捡起来,放入垃圾箱。
		三、四年级	1. 体格俊美,不近视、不过于瘦弱或肥胖。 2. 穿戴得体,仪表整洁,坐立行挺拔端庄。 3. 学习劳动课程,并乐于实践。
		五、六年级	1. 体格俊美,不近视、不过于瘦弱或肥胖。 2. 穿戴得体,仪表整洁,神采奕奕。 3. 学雷锋,做好事,帮助他人。

(三) 习礼课程

课程目标	具体指标	年段	年段目标
文明的行为	礼制	一、二年级	1. 遵守学生守则,做文明礼貌学生。 2. 学习文明礼仪要求。
		三、四年级	1. 根据学生行为规范,改掉不良言行。 2. 学习礼仪故事,明白礼仪对人的影响。
		五、六年级	1. 了解中华礼节,继承优良传统。 2. 明白礼制对社会发展、个人成长的意义。
	礼仪	一、二年级	1. 见到师长、客人主动问好。 2. 进校、放学、体育课、集会排队,秩序井然。
		三、四年级	1. 和人交往有礼貌,懂得问好、握手、敬礼等文明行为。 2. 集会快、静、齐,升旗时肃立高唱国歌。
		五、六年级	1. 集会安静有序,展现良好风貌。 2. 了解校园文化,可以为客人介绍校园。

课程目标	具体指标	年段	年段目标
	礼度	一、二年级	1. 认识、了解自身的各种情绪。 2. 认真倾听，真诚有礼。
		三、四年级	1. 适当控制情绪，不乱发脾气，待人随和。 2. 懂得礼让他人，宽容大度，帮助他人。
		五、六年级	1. 掌握调控情绪的方法，保持良好心态。 2. 彬彬有礼，谦逊有节。

(四) 习文课程

课程目标	具体指标	年段	年段目标
儒雅的文化	习言	一、二年级	1. 能大胆流利地进行表达，声音清楚响亮。 2. 能流利背诵一到两本国学经典启蒙。 3. 能当众生动流利地讲故事。
		三、四年级	1. 能正确表达自己的观点与见解。 2. 能流利背诵一到两册国学经典，理解书中的道理。 3. 能当众发表一段演讲。
		五、六年级	1. 与他人交流顺畅，做到文明有礼。 2. 能流利背诵一到两册国学经典，能够将书中的道理运用到实际生活中。 3. 能根据观点具体阐述理由，具有说服力。
	习字	一、二年级	1. 坐姿笔姿正确，能写好规范字。 2. 能借助各种识字方法，自主识字。 3. 能按正确笔画写字，字迹工整。
		三、四年级	1. 坐姿笔姿正确，能写好规范字。 2. 能够勤查字典，主动识字并了解字义。 3. 能把汉字写得工整美观。
		五、六年级	1. 热爱中国汉字，了解汉字的起源。 2. 学会赏字，所写汉字具有书法味道。
	习作	一、二年级	1. 每天阅读不少于15分钟。 2. 对写话有兴趣，能看图写话或创作绘本故事。 本学期读了（　　）本书籍。

课程目标	具体指标	年段	年段目标
		三、四年级	1. 每天阅读不少于 20 分钟,能做阅读批注并积累好句。 2. 善于观察与积累素材,能写语句通顺、感情真挚的文章。 本学期读了(　　)本书籍。
		五、六年级	1. 每天阅读不少于 30 分钟,能有所思考和感悟并做记录。 2. 勤于写作,积极创作,文章立意高、选材新、语言妙。 本学期读了(　　)本书籍。

(五) 习艺课程

课程目标	具体指标	年段	年段目标
高雅的审美	技艺	一、二年级	1. 认真上好艺术课,学业达到课程标准。 2. 积极参加艺术活动,学会一门技艺。
		三、四年级	1. 认真上好艺术课,学业达到课程标准。 2. 学会一两门技艺,并能够大胆展示。
		五、六年级	1. 认真上好艺术课,学业达到课程标准。 2. 学会两三门技艺,并有一项特别擅长。
	审美	一、二年级	1. 定期到美术馆看画展。 2. 在观展中做文明观众。
		三、四年级	1. 定期听音乐会、看画展。 2. 在观展中做文明观众,对作品有感受。
		五、六年级	1. 定期听音乐会、看画展等,陶冶情操。 2. 在观展中做文明观众,能做出适当评价。
	想象	一、二年级	1. 保持一颗好奇心,能对事物进行想象。 2. 生活中经常有些不一样的小妙招。
		三、四年级	1. 保持一颗好奇心,能有目的进行想象。 2. 打破常规,有自己的奇思妙想。
		五、六年级	1. 保持一颗好奇心,能合理联想与想象。 2. 有自己的奇思妙想,大胆试验探索。

（六）习慧课程

课程目标	具体指标	年段	年段目标
智慧的思维	静思	一、二年级	1. 不大声说话，保持安静的学习环境。 2. 善于观察，独立思考。
		三、四年级	1. 不大声说话，保持安静的学习环境。 2. 保持独立思考，有自己独到的见解。
		五、六年级	1. 有一颗宁静的心，能安静、自主学习。 2. 能独立思考，会自主解决问题。
	质疑	一、二年级	1. 保持一颗好奇心，爱提问题。 2. 积极参与合作学习，发表自己的看法。
		三、四年级	1. 能从不同角度提出问题，并尝试解决。 2. 积极参与合作学习，懂得合作方法。
		五、六年级	1. 能提出有价值的问题，并自主探究。 2. 遇到问题可以求助同伴，合作解决。
	创新	一、二年级	1. 有自己独到的看法，敢于提出新见解。 2. 积极参与科学小实验，大胆实践。
		三、四年级	1. 能从不同角度思考问题。 2. 喜欢动手探究，积极参与探究性活动。
		五、六年级	1. 遇到问题能想出不同的方法解决。 2. 积极参加科创活动，探索未知世界。

中山小学的习性教育"六习"课程，以"立德树人，全面发展"为指导思想，坚定执行"培养德智体美劳全面发展的社会主义建设者和接班人"社会主义教育方针，涵养学生人文底蕴、科学精神、学会学习、健康生活、责任担当、实践创新等核心素养，把培养学生成为"健康、文明、智慧、高雅"的人作为教育价值追求，让学生养成良好习惯，完善自身性格，形成健全人格。

第三节　寻找立德树人落地的力量

课程结构是课程目标转化为教育成果的纽带，是课程实施活动顺利开展的依据。

为系统优化学校的课程结构,使立德树人根本任务落地于教育实践,中山小学基于"习性教育"之哲学,构建"六习"课程体系。

一　基本原则

(一) 总体性原则

根据国家育人目标和学校培养目标,对所有课程进行系统设计,在时间安排方面进行整体规划,在评价方面选取典型项目,构建科学合理的课程体系和评价体系。

(二) 科学性原则

遵循教育规律和学生成长规律,明确各学段的具体育人目标,科学设置年段课程,使各学段课程有序递进、合理过渡。

(三) 差异性原则

根据学生的个体性差异,满足不同学生不同天性的需求,提供适合每个学生的课程选择,让每个学生得到适合的发展。

二　课程形态

(一) 课程名称

习性教育"六习"课程。"习性是根翯翯骉马尽骐骥,育人为本森森林木皆栋梁"。我们将"习性教育六习课程"作为学校的课程形态,创设显明可感知的环境来促进学生良好习性的养成,为学生的终身发展奠基。

(二) 课程建设总体思路

我校课程改革以"一个核心"为目标,培养健康、文明、智慧、高雅的人;在开发环节落实"两个保障",建立一套完善的管理机制及科学的评价体系;在实施环节进行"三个优化"+"一个探索",优化课程设置,优化育人环境,优化师资队伍,落实国家课程计划,实践探索学校课程的载体、途径和方式方法。

三 课程结构

结合国家育人目标和学校培养目标,遵循课程体系构建原则,我们开设了基础课程、拓展课程、个性课程三大类课程,课程结构见图3-2。

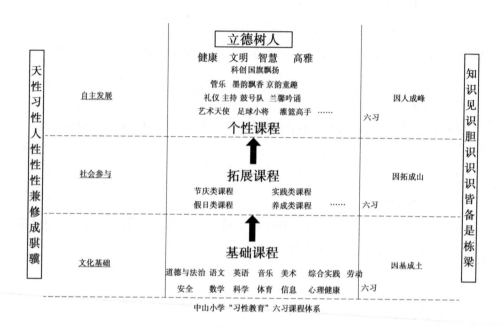

图 3-2 深圳市坪山区中山小学"六习课程"图谱

(一) 基础课程

即国家课程,如道德与法治、语文、数学、英语、科学、体育、音乐、美术、信息技术、综合实践、心理、劳动、安全,占学校课程体系的70%。我校开齐开足基础课程,全员参与,努力夯实学生核心素养的文化基础;并通过全学科、全方位的习性教育渗透,养成学生良好的习性。

(二) 拓展课程

即根据学校实际和学生整体状况而开发的全员参与的课程,在学校课程体系中占20%。我校共开设了节庆类、实践类、假日类、养成类四大拓展课程,努力培养学生在社会参与中的良好习性。

（三）个性课程

即满足不同学生的个性需求、适合每个学生兴趣和特长、可由其自由选择的课程，在学校课程体系中占10%。由校内教师和引进校外名师担任指导老师，把灌篮高手、旋影国球、中山管乐一团、3D创意画坊、创客联盟、木光之城、梨园春苗、墨韵飘香等专业教学引进学校，让学生的个性得到充分发挥，促进其自主发展。

四 课程设置

习性课程以"知行合一"的课程哲学为指引，以"六习"为课程的核心领域，统整国家、校本课程，设置习性课程的方向和内容，形成积累习性的有效路径，让"积习"策略在课程的创造性实施过程中真正落地。

按照习性养成的六个领域，即习志、习体、习礼、习文、习艺、习慧，我们设置了十八个亚类领域、一百二十门具体的分类科目。这一内容体系涵括了国家基础课程，也包括了学校开发的特色化校本课程。顺应习性课程顶层设计的引领，我们完成了课程理念与模式的创生，在课程实施与实践中形成了独特的习性教育课程体系。整体思路见图3-3。

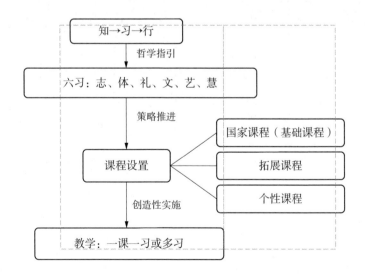

图3-3 课程设置与实施架构

以习性教育为理念指导,知行合一为实施策略,"六习"为具体指标,学校将习性教育的关键要素融入基础课程、拓展课程、个性课程之中,以有效的课程实施保障育人目标的具体落实,见表3-3。

表3-3 "六习"课程的分类科目设置

维度	要素	基础课程	拓展课程	个性课程
习志	立志	所有学科	生涯教育 时间规划 生涯规划	赤子之心 鼓号队
	砺志		实践课程 红色基地研学	逆商智慧 抗压高手
	守志		笃志课程	守志笃行 名人荟萃
习体	体健	体育安全心理劳动	健体课程 体育节 足球 跳绳	旋影国球 尚德武道 足球小将 追风少年 灌篮高手 长空武社 "羽"你同行 心有灵犀
	体勤		整理课程 家务劳动 社区服务	整理达人 小小烹饪师 开心农场 巧手编织
	体美		形体课程 韵律操 啦啦操	艺术天使 轻舞飞扬 徒手操 瑜乐伽油站
习礼	礼制	道德与法治综合实践	养成课程 养成教育 班队会	中华文明 小小外交官
	礼仪		仪式课程 入学 入队 升旗 开学 散学 毕业	传统礼仪 雅韵盈耳
	礼度		规范课程 情绪管理	交往礼度 明德惟馨
习文	习言	语文英语	诵读课程 经典诵读 读书节	故事天地 绘声绘英 兰馨吟诵 趣绘悦读 唇枪舌剑 Drama Club
	习字		书法课程 天地格 活动周	硬笔书法 创意绘英 墨缘堂等
	习作		读写课程 阅读工程 绘画日记 绘本创作 诗文荟萃	七彩绘本 儿童诗创作 记者站 天一书院 红楼诗社 书海拾贝

维度	要素	基础课程	拓展课程	个性课程
习艺	技艺	音乐 美术	乐器课程 口风琴　口琴　管乐　民乐	巧手奇迹　巧手折纸 剪影时光　木光之城 开心陶吧　聚舞空间
	审美		美育课程 艺术节　艺术通识	梨园春苗　缤纷画社 燕语莺声　墨韵飘香 美时美刻等
	想象		创作课程 科幻画	奇思妙想　奇泥妙想 奇思童创等
习慧	静思	数学 科学 信息 技术	静思课程 数学周	思维导图　全息数学
	质疑		探究课程 社会实践　知行天下	数迷园　小课题研究 实践探索　项目式学习
	创新		创客课程 科技节	创客联盟　3D创意画坊 冲上云霄　机器人 人工智能　少年科学院

(一) 均衡设置,科学开发

按照国家育人目标,结合学校课程理念,整合学生的社会生活和经验,均衡设置课程,保证每一大类课程数量相当。同时,根据不同年段学生年龄特点和学习需要,科学开发课程。比如,针对二、三年级学生好奇心强的特点,设置了奇泥妙想、绘声绘英、七彩绘本等充满趣味的课程;四、五年级学生手指活动基本精细化,故设置了开心陶吧、3D创意画坊、木光之城等动手能力强的课程。

(二) 落实基础,按需开发

在保证全面优质落实基础课程方案的前提下,适当统筹基础课程,基于学校与学生的需要开发拓展课程和个性课程。比如,在语文课基础上开发实施天地格写字、经典留声,在数学课基础上开发实施数学风暴,在英语课基础上开发实施外教课,在体育课基础上开发实施足球小将,在音乐课基础上开发实施梨园春苗,在美术课基础上开发实施木光之城。

(三) 必修为主，选修为辅

我校以基础课程和拓展课程作为学生的必修课程，统一列入每个班级的课程中，必要时统一安排全校在同一时间开展拓展课程。

另外，为了满足不同学生的天性需求，学校提供适合不同学生的选修课程，课程种类丰富，选择多样，包括灌篮高手、旋影国球、兰馨吟诵、3D创意画坊、创客联盟、木光之城、梨园春苗、墨韵飘香等76门课程，学生可根据兴趣爱好自由选择课程。学校将每周四下午的延时服务时间进行统筹，全校走班上选修课。

总之，课程是学校培养德智体美劳全面发展的社会主义建设者和接班人的重要手段，课程结构是学校育人的蓝图，也是推进育人方式改革的重要突破口。我们要合理、科学地优化课程结构，为进一步推动立德树人工作奠定基础。

第四节　创设鲜明可感的育人环境

学校课程的实施既要体现国家教育意志，又要结合学校的办学目标、办学实际，通过创设鲜明可感的育人环境，优化课程结构、实施具身学习、形成"六维三层"评价，给予学生无限生长的可能。

一 课程实施

中山小学在习性教育的引领下，统整国家、校本课程，构建起涵盖基础课程、拓展课程和个性课程三大模块，实施六习课程体系，始终在各个学科中以习性课程目标为体现、以习性课堂模式为框架，以创造性的教学方式方法为载体得以深入渗透、融会贯通，并融合千里马制度、家校共育、社会参与等推进实施。

(一) 优化课程结构

在构建课程体系的过程中，厘清课程层次，不断优化课程结构，建立三大课程结构：基础课程、拓展课程、个性课程。基础课程，即国家课程，面向全体学生，开齐开足，它主要培养学生的文化基础和学科素养。拓展课程是根据学校实际和学生整体状况而开发的全员参与的课程，努力培养学生在社会参与中的良好习性，我校共开发节庆类课程、假日类课程、实践类课程、养成类课程四大类拓展课程。个性课程是满足不同学生的个性需求、适合不同学生的兴趣和特长、使其自由选择的课程,主要为学生的个性化发展服务,我校共开发灌篮高手、旋影国球、兰馨吟诵、中山管乐一团、3D 创意画坊、创客联盟、木光之城、梨园春苗、墨韵飘香等七十六门个性课程。

(二)整合拓展课程

按照国家课程计划,结合学校课程理念,我校根据学校实际和学生整体状况,将学校的节庆活动、学生假日期间的研学游历、各类社会实践、习性教育等以主题形式分类、整合为节庆类课程、假日类课程、实践类课程、养成类课程四大类拓展课程。如将各类公益活动、志愿服务、社会实践活动整合为促进学生综合能力提升的实践类课程,将"习性"、礼仪教育等整合为促进学生养成良好学习习性和生活习性的养成课程。

(三)开发个性课程

从学生的实际出发,架设新课程结构,确定课程类型并开发新的课程内容。结合"四点半"课堂,开发个性课程作为基础课程和拓展课程的补充,形成完整的习性教育课程体系。学生根据自己的兴趣和发展需求,自主选择自己喜欢的课程,提高了学生学习的积极性和自觉性,满足了学生个性发展的需要。

(四)建构"习性课堂"模式

1. "习性课堂"概念

习性课堂教学模式是根据学科教学特点,关注学习习性,通过六感调动策略创设显明可感知学习环境,引导学生在小组合作与自主学习中梳理学习方法,落实有效学习,积习成性,唤醒学生自主意识和学习期待,落实高效学习的一种教学方式。

2. 习性课堂结构

习性课堂由"习性准备——习性助学——多维习得"三个板块组成,教学中以三大板块为课堂结构框架,每个板块的具体流程与策略可根据教学内容进行自主选择。习性课堂模式结构见图 3-4、图 3-5。

习性课堂三环节操作流程如下:

(1)习性准备,未成曲调先有情

习性准备包括物品、情境、情绪、情感的准备,如学习情境的创设、学生的情绪调

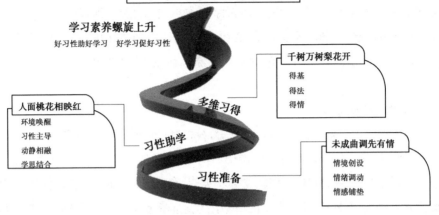

图 3-4 深圳市坪山区中山小学习性课堂模式图

习性课堂教学模型

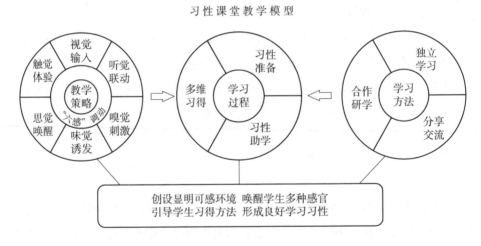

图 3-5 深圳市坪山区中山小学习性课堂教学模型

动、情感的铺垫、学习兴趣的激发、求知欲的驱动等。通过游戏、实验、生活情境等有效手段,创设学习环境,以此酝酿学习激情,触发学习期待,激发学习动力,使得"未成曲调先有情"。

(2)习性助学,人面桃花相映红

习性助学,坚持以学生的学为中心,秉持"环境唤醒、习性主导、动静相融、学思结合"教学理念,以自主学习与合作探究为组织形式,以"六感调动"为主要教学策略,促使有效学习,提高教学质量。

(3) 多维习得,千树万树梨花开

学生通过课堂的有效学习提升学科素养,养成良好学习习性,获得情感体验与思维发展,形成正确人生观、价值观和世界观,这就是多维习得。概括为三得:得基,习得学科基础知识和基本技能;得法,习得学习方法;得情,达成情感态度价值观目标。

3. 习性课堂主要策略

以"六感"(视、听、嗅、味、触、意)作为习性课堂主要策略,以图片或图解等视觉输入、旋律或节奏等听觉联动、嗅觉刺激、味觉诱发、触觉体验、意觉唤醒等手段,创设显明可感知学习环境,调动学生感官,创新实施国家课程,提升具身认知水平,培养学生好习性,具体见表3-4。

表3-4 深圳市坪山区中山小学习性课堂策略

六感应用	策略	效果
视觉输入	图片、图解、图表、多媒体画面、实物、真实场景、学生作品、动静、大小、形状、颜色、方向、数量、具象等应用	增强感觉冲击,获得直观感知与体验,激发想象,唤起情感体验,触发学生发现、质疑等
听觉联动	通过音响(音乐或自然音响)、语言声音的强弱、旋律、节奏等进行渲染	
嗅觉刺激	通过气味刺激嗅觉感官	
味觉诱发	舌头品尝,感受物的味道、口感、性质等	
触觉体验	用手、肢体进行触摸,体验物的形态、性质、特征	
意觉唤醒	调动多种感官协同学习	

4. 习性课堂的学科教学模式

不同学科及其不同内容具有不同的知识特点,学科教学应根据此特点进行多样化的具体教学实践探索。

语文/英语:语言教学基于语言的时空性、场景性特点,强调把语言返原为具体的、情境的和特定时空的再现,走向意义的通达。语言教学重点采用"六感"策略创设情境式教学、活动式教学等。

数学:数学的本质是一种"关系"模型,涉及符号式学习和以实际问题解决为核心的应用性学习,采取直观式、生活化、实践性教学,培养学生实践能力及概念思维能力。

道德与法治:思政课内容具有严密的理论体系,针对小学生形象思维特点,运用"六感"策略,强调微观叙事式、案例式及研究性、体验式、实践性教学等,增强学生直观感受。

艺术:注重情感渲染,强调通感教学及跨学科教学,多侧面强化情感体验和综合审美;采用主题式创作教学,激发学生想象力。

科学:注重手脑并用,运用"六感"策略,强化体验式教学、生活实践探究教学及实验教学。

体育与健康:注重场景设置,强化体验式、游戏式教学及生活实践教学,激发学生体育兴趣及感官、心智发展。

劳动教育:重视劳动场景设置,强化"五育"融合教育,以劳润德、启智、健体、育美。

信息科技:注重环境创设,强化应用信息技术解决生活与实践问题;突出主题设计教学,启发学生想象力。

5. 习性课堂组织形式

(1) 常规编班:实施常规编班,落实基础课程。基础课程授课采用"动静相融"的学习方式,即合作探究与独立自主相融。合作学习是一个交往的过程,是一个互动的过程,而独立思考则是一个自主的过程,是一个内化的过程。在教学中做到"动""静"结合,"存异"与"求同"结合,充分发挥学生主体地位,让学生成为学习的主人,从中学会学习,善于学习,从而达到课堂教学的最佳效果。

① 静——独立学习。静能生慧,真正有效的思维训练是在"静"中完成的,思维的极限也是在"静"中挖掘出来的。学生的个性化学习、独立学习、自主学习、静思与质疑,都是一种静态的有效学习。

② 动——小组合作。小组合作学习是新课程倡导的学习方式,此方式能充分发挥学生自主性,学生通过合作、探究,同伴互助、互学,共同提高,合作流程可概括为"五个一"。问一问:老师或学生提出一个有价值的问题(或学习主题),通过学习单、课件或口头表述,发布明确的学习任务和要求。想一想:学生根据任务独立静思,进行个体化自主学习,对学习任务有自己的初步思考。议一议(练一练、做一做):学生根据任务进行合作学习,小组长组织成员针对学习任务共同交流、探讨(或练习、创作),形成比较完善的结论、观点(或作品、标准的动作)。说一说(展一展):以小组为单位上台汇报分享小组意见(或作品),其余小组进行评价与补充。评一评:学生或老师对小组汇报情况进行评价、总结,得出完整的结论。

(2) 活动开展:开展丰富活动,充实拓展课程。我校拓展课程包括节庆类课程、假日类课程、实践类课程、养成类课程四大类,均以活动的形式开展,营造轻松愉快的学习情境,寓教于乐,促进学生在游戏化的活动参与中,养成良好的学习习性和生活习性,达到育人效果。

（3）复式教学:依托复式教学,开发个性课程。个性课程在于促进学生特长发展,实行跨年级走班制。由于学生年龄和接受程度有差距,个性课程通常采用复式教学的形式授课,主要包括三种教学形式:教师直接示范、组织和交流的现场教学,学生相互配合、相互辅助、共同练习的小组合作,教师针对学生不同的学习需求、能力发展差异等进行重点指导的个别教学。

（五）推进千里马班级创建

将学生每天在校的各项行为习惯与我校习性教育理念充分融合,建立"千里马"班级评比细则。在千里马文化熏陶下,班主任引导学生拟定班级个性化管理制度,深化班级文化建设,开发个性班级课程,开展各具特色的课程实践活动。在每周一节的习性教育班队会课上,班主任对上一周的"千里马"评比情况进行总结,并开展富有特色的班级活动,形成灵活且具有创造精神的不同的班级风格和良好的班风,使学生的个性与潜能如骎骎骄马,尽显骐骥风采。

（六）拓展师资力量

校本课程执教老师由本校教师和外聘专业教师构成,保证每门课程执教教师的专业性。如灌篮高手、旋影国球、中山管乐一团、3D创意画坊、创客联盟、木光之城、梨园春苗、墨韵飘香等课程,都是在相关专业机构聘请有经验的专业教师,同时配备本校教师共同完成教学任务,以达到较好的教学效果。

（七）形成家校共育

逐步完善家委会和家长义工制度,重视发挥家长委员会、家长学校、家庭教育指导机构、校外活动场所的作用;每学期开展家长习性主题讲座,倡导形成良好的家庭教育氛围;积极组织学生和家长共同参与各类课程体验、主题教育实践活动、志愿者服务和公益性活动,使家长成为习性教育课程的开发者和授课者。

（八）注重社会参与

积极发掘社区中的人力、环境、文化等有效资源,如邀请周边社区中的社会贤达、有识之士到我校讲学;有效利用学校周边客家民居、比亚迪公司、自来水厂、敬老院、华谊兄弟影视文化产业基地等校外环境资源,使之成为习性教育课程的教学场所;组织学生参与社区开展的尊老助残等志愿活动,让学生领会社区积极向上的精神文化内涵。

二 课程评价

对应我校习性教育六习课程体系,我校根据习性培养之习志、习体、习礼、习文、习艺、习慧六大维度,通过写实记录、评语评价、重要观测点计分三种形式,构建了习性教育"六维三层"评价体系,结合互联网技术,深度实施课程评价,促进教师改进教学,促进学生积极主动地改进完善习性、提升综合素养,最终达成"健康、文明、智慧、高雅"的育人目标,具体见图3-6。

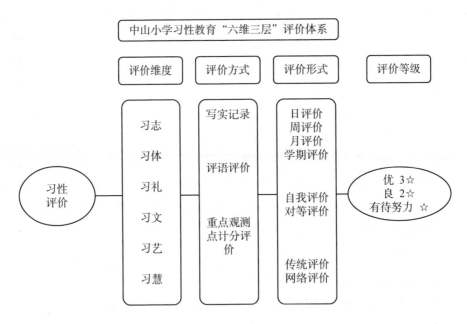

图3-6 深圳市坪山区中山小学习性教育"六维三层"评价体系

(一) 评价指标

我们根据课程标准及"六习"课程内容确立了评价指标,通过评比展示、学习活动、建立档案等途径,结合日常、阶段、学期三个阶段的评价表现,对学生进行自评、家长评、同学评、教师评,全面评价学生的志向意志、身体健康、礼仪习惯、文化素养、艺术情操、创新精神等,重在对学生的综合素养进行评价,从而促进学生全面发展,具体见表3-5。

表3-5 深圳市坪山区中山小学学生"六习"素养综合评价指标
(星级评价说明:一星☆"加油";二星☆☆"良好";三星☆☆☆"特棒")
一、二年级学生"六习"素养综合评价指标

维度	要素	关键表现(指标)	自我评价	家长评价	同学评价	老师综合评价
习志	立志	1. 听立志故事,了解何为志向。 2. 围绕生活、学习等方面设立周目标,并努力实现。				
	砺志	1. 努力实现自己设立的小目标。 2. 遇到困难不害怕,可以请求帮助。				
	守志	1. 学会从生活、学习等不同方面树立目标。 2. 在父母老师的帮助下坚持目标。				
习体	体健	1. 认真上好体育课,体质测试合格。 2. 热爱生活,阳光自信,积极乐观。 3. 每天运动一小时,有一项喜欢的运动项目,并能兼顾其他运动项目。				
	体勤	1. 饭前便后洗手,勤剪指甲。 2. 学会穿衣叠被、整理书包。 3. 积极参加劳动,勤做家务。				
	体美	1. 体格俊美,不过于瘦弱或肥胖。 2. 穿戴得体,仪表整洁,坐立行姿势正确。 3. 看到垃圾捡起来,放入垃圾箱。				
习礼	礼制	1. 遵守学生守则,做文明礼貌学生。 2. 学习文明礼仪要求。				
	礼仪	1. 见到师长、客人主动问好。 2. 进校、放学、体育课、集会排队,秩序井然。				
	礼度	1. 认识、了解自身的各种情绪。 2. 认真倾听,真诚有礼。				
习文	习言	1. 能大胆流利地进行表达,声音清楚响亮。 2. 能流利背诵一到两本国学经典启蒙。 3. 能当众生动流利地讲故事。				
	习字	1. 坐姿笔姿正确,能写好规范字。 2. 能借助各种识字方法,自主识字。 3. 能按正确笔画写字,字迹工整。				

维度	要素	关键表现(指标)	自我评价	家长评价	同学评价	老师综合评价
	习作	1. 每天阅读不少于15分钟。 2. 对写话有兴趣,能看图写话或创作绘本故事。 本学期读了( )本书籍。				
习艺	技艺	1. 认真上好艺术课,学业达到课程标准。 2. 积极参加艺术活动,学会一门技艺。				
	审美	1. 定期到美术馆看画展。 2. 在观展中做文明观众。				
	想象	1. 保持一颗好奇心,能对事物进行想象。 2. 生活中经常有些不一样的小妙招。				
习慧	静思	1. 不大声说话,保持安静的学习环境。 2. 善于观察,独立思考。				
	质疑	1. 能从不同角度提出问题并尝试解决。 2. 积极参与合作学习,懂得合作方法。				
	创新	1. 有自己独到的看法,敢于提出新见解。 2. 积极参与科学小实验,大胆实践。				

三、四年级学生"六习"素养综合评价指标

维度	要素	关键表现(指标)	自我评价	家长评价	同学评价	老师综合评价
习志	立志	1. 能给自己定下阶段性目标,并付诸行动。 2. 向身边优秀的同学、榜样学习。				
	砺志	1. 为自己的阶段目标付诸行动。 2. 遇到挫折不灰心,努力克服,不退缩。				
	守志	1. 能围绕阶段目标,设置实施计划。 2. 制定好的计划能坚持完成。				
习体	体健	1. 认真上好体育课,体质测试合格。 2. 热爱生活,阳光自信,积极乐观。 3. 每天运动一小时,掌握两到三项运动的技巧,并能兼顾其他运动项目。				
	体勤	1. 饭前便后洗手,勤剪指甲。 勤做家务,学会整理房间、教室。 2. 为父母、师长做力所能及的事情。				

维度	要素	关键表现(指标)	自我评价	家长评价	同学评价	老师综合评价
	体美	1. 体格俊美,不过于瘦弱或肥胖。 2. 穿戴得体,仪表整洁,坐立行挺拔端庄。 3. 学习劳动课程,并乐于实践。				
习礼	礼制	1. 根据学生行为规范,改掉不良行为。 2. 学习礼仪故事,明白礼仪对人的影响。				
	礼仪	1. 和人交往有礼貌,懂得问好、握手、敬礼等文明行为。 2. 集会快、静、齐,升旗时肃立高唱国歌。				
	礼度	1. 适当控制情绪,不乱发脾气,待人随和。 2. 懂得礼让他人,宽容大度,帮助他人。				
习文	习言	1. 能正确表达自己的观点与见解。 2. 能流利背诵一到两册国学经典,理解书中的道理。 3. 能当众发表一段演讲。				
	习字	1. 坐姿笔姿正确,能写好规范字。 2. 能够勤查字典,主动识字并了解字义。 3. 能把汉字写得工整美观。				
	习作	1. 每天阅读不少于20分钟,能做阅读批注并积累好句。 2. 善于观察与积累素材,能写语句通顺、感情真挚的文章。 本学期读了(　　)本书籍				
习艺	技艺	1. 认真上好艺术课,学业达到课程标准。 2. 学会一两门技艺,并能够大胆展示。				
	审美	1. 定期听音乐会、看画展。 2. 在观展中做文明观众,对作品有感受。				
	想象	1. 保持一颗好奇心,能有目的地进行想象。 2. 打破常规,有自己的奇思妙想。				
习慧	静思	1. 不大声说话,保持安静的学习环境。 2. 养成独立思考的能力,有自己独到的见解。				
	质疑	1. 能从不同角度提出问题并尝试解决。 2. 积极参与合作学习,懂得合作方法。				
	创新	1. 能从不同角度思考问题。 2. 喜欢动手探究,积极参与探究性活动。				

五、六年级学生"六习"素养综合评价指标

维度	要素	关键表现(指标)	自我评价	家长评价	同学评价	老师综合评价
习志	立志	1. 理想远大,积极进取,树立人生目标。 2. 树立人生榜样,向名人伟人学习。				
	砺志	1. 积极参与研学、游学、社会实践。 2. 遇到困难,能想出好办法解决问题。				
	守志	1. 总结自己在实现目标的过程中遇到的问题,调整实践计划。 2. 决定了的事能坚持不懈。				
习体	体健	1. 认真上好体育课,体质测试合格。 2. 热爱生活,阳光自信,积极乐观。 3. 每天运动一小时,掌握两到三项运动的技巧,有一项擅长的运动项目。				
	体勤	1. 饭前便后洗手,勤剪指甲。 2. 勤做家务,学会整理房间、教室。 3. 积极参与社区服务、志愿服务。				
	体美	1. 体格俊美,不过于瘦弱或肥胖。 2. 穿戴得体,仪表整洁,神采奕奕。 3. 学雷锋,做好事,帮助他人。				
习礼	礼制	1. 了解中华礼节,继承优良传统。 2. 明白礼制对社会发展、个人成长的意义。				
	礼仪	1. 集会安静有序,展现良好风貌。 2. 了解校园文化,可以为客人介绍校园。				
	礼度	1. 掌握调控情绪的方法,保持良好心态。 2. 彬彬有礼,谦逊有节。				
习文	习言	1. 与他人交流顺畅,做到文明有礼。 2. 能流利背诵一到两册国学经典,能够将书中的道理运用到实际生活中。 3. 能根据观点具体阐述理由,具有说服力。				
	习字	1. 热爱中国汉字,了解汉字的起源。 2. 学会欣赏汉字,所写汉字具有书法味道。				
	习作	1. 每天阅读不少于30分钟,能有所思考和感悟并做记录。 2. 勤于写作,积极创作,文章立意高、选材新、语言妙。 本学期读了( )本书籍。				

维度	要素	关键表现（指标）	自我评价	家长评价	同学评价	老师综合评价
习艺	技艺	1. 认真上好艺术课，学业达到课程标准。 2. 学会两三门技艺，并有一项特别擅长。				
	审美	1. 定期听音乐会，看画展等，陶冶情操。 2. 在观展中做文明观众，能做出适当评价。				
	想象	1. 保持一颗好奇心，能合理联想与想象。 2. 有自己的奇思妙想，大胆试验探索。				
习慧	静思	1. 有一颗宁静的心，能安静、自主学习。 2. 能独立思考，会自主解决问题。				
	质疑	1. 能提出有价值的问题，并自主探究。 2. 遇到问题可以求助同伴，合作解决。				
	创新	1. 遇到问题能想出不同的方法解决。 2. 积极参加科创活动，探索未知世界。				

（二）评价方式

1. 写实记录

构建习性教育网络评价平台，利用互联网信息技术的多元课程评价模式，打破传统单一的总结性评价模式，打破评价的时空限制，便捷地进行写实记录、统计与分析评价数据。

学生通过 V 校 APP 软件，随时上传成长过程中客观的、能集中反映综合素养的关键事件，以及相关的证据材料等，包括典型事实材料、重要活动过程记录、调查报告、活动作品，以及照片、录音、录像材料、各种证书等，有助于教师对学生的学习动态和阶段性成果进行写实记录和即时评价。

在学校，老师通过 V 校系统的智慧班牌，即时对学生的在校学习和活动情况进行表扬或指正，学生评价积分自动累计，生成个人成长维度图，有助于老师对学生进行针对性培养，因材施教。V 屏还可以协助老师进行值日评比、学生考勤登记，对学生学习状态和成果进行实时评价，有利于及时激励和校正学生的学习方法和态度，无缝式、及时性帮助学生养成良好习性。

2. 评语评价

我们着眼于每一个学生不同程度的发展,坚持落实基础知识和基本技能,重视培养学生创新精神和实践能力、身体素质和学习情感体验等综合素质,自主开发了《习性教育评价手册》,从德育评价、学业评价和特长评价多个维度对学生进行评价,使学生的个性、态度、心理等因素受到全面关注和认可,促使学生在自身内部进行整合,做到知行合一,发展健全人格。

《习性教育评价手册》每学期使用一次。一方面,学生用纪实性语言陈述自己习性养成的情况,教师围绕学生习性养成的突出表现分析记录学生发展的信息,学生家长对孩子的成长变化情况作出描述性评价,以此督促学生在自我评价中反思自己的习性养成情况,在家长和老师的评价中看到自己的成长;另一方面,还开创性地将家长也变成评价对象,家长能对孩子表达期望,孩子也有机会展示自己对父母的评价,为家校共育的研究发展提供了新思路。

3. 重要观测点计分评价

我们选取学生每天在校的具有较强代表性与典型性、可测量可评价的关键习性,作为学生习性表现评价的重要观测点,按周进行计分,形成"千里马"班级评比细则(包括集会、两操、仪容仪表、课间纪律、文明礼貌、公共秩序、晨会写作、卫生工作、安全工作和归程队十个方面,总分 100 分)。通过评比,进一步推动良好习性的集体养成,为培养学生良好习性注入了良好的环境动力。

追求有品质的课程,已经成为当下学校教育行进在育人过程中的"公众希望"。由此,我们需要从教育伦理的角度去探索课程体系建设的逻辑起点,包括厘定课程哲学、明确课程目标、优化课程结构、合理实施课程内容、科学进行课程评价,从整体撬动学校育人模式的变革出发,让"五育并举""五育互育"的育人思想真实落地。

(撰稿者:深圳市坪山区中山小学　曾宇宁　陈剑芬　王丽聪　岳丽　郑梦芝　万芷君　廖泽娜)

第四章

框架的谱系性：个性化学校课程体系的载体

学校课程框架的谱系性是通过遵循科学合理的逻辑，梳理、分析、判断各课程之间的内在联系和功能定位，以形成横向、纵向关联的立体架构。在横向分类上，按照一定标准将学校所有课程进行合理分类，并明确各类课程之间的关系，把握各类课程要素的横向组织。在纵向布局上，按照年级和学期进行课程布局设计，将各种课程要素合理排序，形成学校整体课程体系。一句话，课程框架建构需遵循"横向连接、纵向贯通"的原则，对整个课程之间及内部的关联性进行廓清与整合。

随着课程改革的推进,构建一个基于学校情境、满足学生全面而又有个性发展的课程框架,已然成为推动学校整体课程发展的一个重要内容。

课程框架是课程体系的骨架,体现出了学校一定的课程理念与课程设置的价值取向。黄甫全教授认为,学校课程结构是课程的各种类型、各个组成成分或要素按照预定的一定准则形成的相对稳定的相互联系。[①] 在课程领域,整合既在宏观上涉及学校教学系统的学生、内容等要素,也在微观上涉及认知、情感、技能、需要、兴趣、意志,以及知识的各个系列要素的成分,乃至逐步延伸到学校工作的各个领域。[②] 郭晓明教授认为,学校课程除了以宏观、中观和微观三个层次分类,还可以实质结构和形式结构进行分类。[③] 课程实质结构注重课程价值取向及课程性质,形式结构则侧重各类课程的比例、学科的数量、课时分配等任务。根据实践与探索,我们认为,构建课程框架不仅包含宏观、中观、微观的分析架构,还包括对实质结构和形式结构的整合与优化。通过遵循科学、合理的逻辑,梳理、分析、判断各课程之间的内在联系和功能定位,形成纵向、横向的立体结构,奠定学校课程框架建设的基本思路。

课程框架不仅体现了学校目标价值的课程文化,也能帮助实现基于学校情境的课程创生。学校依据办学实际,紧扣教育理念及目标、课程资源及条件等要点,确定各种形态的课程比例及彼此关系,找到学校发展与学生成长的最佳结合点,促使这一结构达到共通融合、整体优化的效应。通过主动建构具有谱系性的课程框架,一方面是为了支撑学校办学理念以及目标的逐步实现,有助于办学特色的形成与发展。一所学校若能科学、合理地架构课程框架,折射的是该所学校办学有思路、办学有方法,师生们也能根据框架建设的课程有序开展多元化活动,更好地发挥课程整体的育人效能。另

① 黄甫全. 现代课程与教学论(第三版)[M]. 北京:人民教育出版社,2014:192.
② 窦桂梅. 新课改背景下课程整合的实践探索——清华大学附属小学"1+X课程"育人体系建构的案例研究[J]. 教育研究,2014,35(2):154—159.
③ 郭晓明. 课程结构论:一种原理性探寻[M]. 长沙:湖南师范大学出版社,2002:72.

一方面,有谱系性的课程框架有助于课程设置指向人的个性化成长,满足学生个性发展的需要。根据尊重个性、鼓励个性、发展个性的教育趋势,个性化课程的设计与开发,通过分层教学、分类授课、发展特长、个性成长的方式,能够激发学生的潜能,培育学生的兴趣,从而促进学生多种能力与素养的培养,获得创造性的自由与发展。

课程结构体系的搭建不是无规则的,它需要在国家政策的指导下,为应对社会挑战和学生发展的需要,依据学校自身的办学理念和培养目标,根据所开设课程的门类而构建适合本校学生发展的课程组织形式。① 科学、合理的课程框架的整体功能体现在课程的横向与纵向的衔接统一。横向衔接统一性表现为不同学科课程、不同活动课程之间的内涵衔接,进而能够充分发挥课程的整体功能。纵向衔接统一性表现为不同年级、不同学段的课程内涵衔接,使之成为一个连续统一的具有谱系性的框架整体。具体而言,在横向分类上,关注打破学科的界限和传统的知识体系,将各种课程与教学内容要素,按照横向关系组织起来,以便学习者有机会更好地发现与探索。以深圳市坪山区六联小学为例,学校按照多元智能理论,对"迎春花课程"进行横向分类,分为"联心""联语""联智""联创""联健""联艺"六大课程群,意在促进学生全面而又有个性的发展。在纵向布局上,将各种教学要素按照某些准则以先后发展顺序排列,从而保持其整体的连贯性,其中可进一步按照年级和学期进行课程布局与设计,以形成学校整体课程体系。例如六联小学分年级、分学段对"迎春花课程"进行充分探究与设计,贯彻学校幸福教育理念,分层实现六联学子身心健康、学业进步、个性阳光的育人目标。

综上所述,课程框架的构建应适应时代的要求,鼓励一切学生在自己潜质的基础上充分而和谐地发展和探索。通过遵循"横向连接,纵向贯通"的原则,学校进行分层分类的课程设置安排,对整个课程之间及内部的关联性进行廓清与整合。除此之外,学校特色也需要体现学校文化的课程来支撑,有效整合国家课程,辅助相应的校本课程,逐步有意识、有方向地发展学校特色化教育,塑造一套较为科学系统、又具有学校特色烙印的课程结构体系。

(撰稿者:深圳市坪山区六联小学　邱上元　林可盈)

---

① 张瑞海.对学校课程建设中四个基本概念的解析[J].基础教育课程,2022(5):4—10.

迎春花课程：在这里迎接生命的春天

深圳市坪山区六联小学创建于 1958 年，现位于坪山区迎春路 45 号。在区委区政府以及教育主管部门的正确领导下，历任校长励精图治，积极践行"以人为本、互联共融、幸福成长、和谐发展"的办学宗旨，带领全校师生聚精会神做教育，全心全意谋发展，谱写了一曲曲基础教育的华美乐章。为了打造一所有厚度、有深度、有温度的学校，让六联学子在这里迎接生命的春天，我们依据《中共中央　国务院　关于深化教育教学改革　全面提高义务教育质量的意见》《教育部　关于全面深化课程改革　落实立德树人根本任务的意见》和《义务教育课程方案和课程标准（2022 年版）》等文件精神，研制学校课程规划，推进学校课程建设。近年来，办学特色日益凸显，教学质量稳步提升，在坪山区质量抽查、学科竞赛（尤其是体育、艺术）比赛中均名列前茅，多次被评为市、区级的先进示范单位，赢得社会和家长的高度赞誉。

第一节　像迎春花一样幸福绽放

基于对国家、地区和学校校情分析，我们发现，无论是国家提出的"全面发展的人"，还是深圳市提出的"儿童友好型城市"，再或者我校提出的"让孩子像迎春花一样幸福绽放"办学思想，均指向培养幸福的人。因此，我校将幸福教育作为六联小学的课程哲学，我们将从幸福教育的内涵、六联幸福观两方面出发，解读幸福教育。

一　学校教育哲学

著名教育家苏霍姆林斯基提出："理想的教育是培养真正的人，让每一个从自己手里培养出来的人都能幸福地度过一生。这就是教育应该追求的恒久性、终极性价值。"

教育孕育着幸福,幸福教育孕育幸福人生,让每个怀揣着远大理想的孩子都沐浴在充满爱的教育下幸福快乐地成长。怀特也认为,"教育应当追求学生的幸福,教育要关注学生的当下幸福"。教育的最终目标是培养幸福的学生,以学生终生幸福为教育的原点,以培养学生的幸福能力为核心。学校教育则肩负着磨砺与培养学生拥有幸福能力、敢于追求幸福的责任。

因此,我校的幸福教育是从学生需求出发,以培养幸福的人为目标,通过种下幸福种子,在教育中施予丰富的幸福养料,最终培育学生拥有幸福的能力。幸福教育,关键是培养学生能够感知幸福、创造幸福的能力,最终为他们创造幸福人生奠基。

幸福观是人们对幸福的看法和根本态度,是人们世界观、人生观、价值观的反映。幸福之于六联教师,犹如清泉和绿洲,是无私的付出,更是生命对生命的惠泽。对学生来说,幸福就像一首歌,能让他们聆听温暖;幸福好比一个眼神,让他们心灵乐开花;幸福更像高原上的一朵花,只有肯攀登,才能领略到它的美。如果能在长久的教育生活中享受幸福,那教育将会是一件快乐而有意义的事;而受教育者也能从中获得探求知识技能和精神愉悦,体验到幸福的内涵,拥有幸福的能力。

柏拉图说过一句话:"教育非他,乃心灵的转向。"到底转向何方?我们所理解的最好教育,就是帮助每一个学生找到他们的生命价值,让他们像迎春花一样幸福绽放。迎春花的六大品质是幸福教育孕育幸福之花的最好体现。"身心健康、学业进步、个性阳光"更是学校为培养幸福六联学子所制定的育人目标,这些均是六联幸福观的体现。

二 学校课程理念

笑容是儿童最重要的成长符号,也是儿童自信、乐观、积极向上的外在表现。学校注重倡导教育首先要尊重人的价值,培育人性,让学生快乐学习、快乐生活,有充足的个人时间与空间,让学生能在自己的人生轨道上自由成长与发展。为此,我们将学校的课程理念确定为:在这里,迎接生命里的春天。这一课程理念折射了丰富的课程内涵。

——课程即生命场景。一种一生命,一花一世界。在生命荣枯消长的轮回中,每个生命都会自然生长,在新教育阳光沐浴下的新教育种子,更会绽放出美丽生命别样的精彩。大自然、大社会是知识的来源,能为学生提供最直观生动,最形象鲜明的知识和经验。我们的课程设计来源于学生的兴趣,结合体验活动,让学生在自然和生活中通过直接感知、实践操作、亲身体验获取知识和经验。儿童的天性是喜欢在活动过程中进行知识的探索和发现，从而体验到学习的快乐。这就意味着课程离不开儿童的生命活动本身，我们通过案例分析、场景模拟、角色扮演、情景游戏等多种授课方式，引导学生品尝到新生命拔节的愉悦与欢畅，真正达到从"理论"到"实践"的完美过渡。

——课程即个性生长。学生是独立的生命个体，从课程设置上要为他们提供更多选择的空间，尊重学生的个性发展，让他们能够迈向更好的自己。学校个性化课程是以落实发展学生核心素养，满足学生个性特长发展和学校教育多元化需要为目标，以国家课程和地方课程为根本，融合校本课程，体现个性化生长教育特色的学校课程体系。这种课程环境能为学生提供多元化的体验，凸显学生的学科特长和个性才华。正是这种专注于兴趣本身的学习，既让学生大幅增强了自信心，又让他们找到了自己的生命亮点。我校多方开发教育资源，打破原有的班级授课形式，根据学生的兴趣爱好，每周五开展丰富多彩的全校性走班课程。走班课程成为学生发展兴趣、个性成长的乐园，走班教室成为学生放飞梦想、张扬个性的理想国。

——课程即迎接美好。美好的课程是学生全面发展、健康成长的途径和载体，课程设置适切与否，直接关系到学生对于课程的接受程度和习得成效，同时，适切的课程设置可以带给学生快乐的体验和温暖的陪伴。针对不同学段学生的身心特点，我们会采取不同的课程实施策略：低年级段学生的课程与教学趣味性强，注重激发学生学习兴趣；通过创设情境，培养学生倾听、交流、学习的习惯。中年级段学生的课程与教学要在保持学生积极的学习兴趣上下功夫，促进他们积极的、主动的思维活动，养成良好的语言、思维、交流等习惯；强调合作精神，突出学生的自主性，重视学生的主动性参与。高年级段学生的课程与教学关注引导学生对学习内容的整体感受，丰富教学的内容，提倡跨领域学习，在相互讨论的过程中去理解、去探索、去创造。

——课程即学习时机。"一切以时间、地点、条件为转移"是教育工作的基本方法。教育学生时，除了"以地点、条件为转移"外，在知己知彼的前提下，还应做到在课程教学中因材施教，才能教育学生开好局、起好步、克服困难、积极进取。根据学习规律，课程教学中容易取得较好效果的"时机"有下述方面：一是抓住教育学生起好步的有利时机，勉励他们要在新的征程上留下新的足迹，激励他们沿着正确的道路昂首阔步地前进。二是抓住教育学生积极向上的有利时机，既能激励学生勇往直前的精神，也可以增强学生的专注能力与学习能力。三是抓住教育学生克服困难的有利时机，当学生受挫的时候,教育者应向学生伸出温暖之手,调整他们的学习观,引导他们放下压力,寻找好的方法。如果教师能够足够耐心对学生进行点拨与指导,学生定会倍加努力。

第二节　培养健康、进步、阳光的儿童

课程目标是育人目标的达成,是对学生通过课程学习获得发展结果的预期。课程目标以学生为主体,既表达了学校育人的要求与期待,又体现了学校的课程哲学。

一　育人目标

我校提出自己的育人目标:培养"身心健康、学业进步、个性阳光"的六联学子。

1. 身心健康——身心健康是幸福的基础。犹如迎春花要向上盛开,必须拥有顽强的生命力和向阳的品性去抵御初春的寒冷。所以由迎春花生命顽强和向阳向上的品质将身心健康分解为身强体健和乐观向上。

2. 学业进步——学业进步是幸福的动力。迎春花独自屹立在寒风中,它的先知先觉和无私奉献,为其坚守在报春的岗位提供了源源不断的动力。所以六联的学子们要实现学业进步,应具备热爱阅读和实践创新的能力。

3. 个性阳光——个性阳光是幸福的目标。迎春花一直坚守岗位从未放弃源于内心的那份责任和对美好幸福的向往与追求。所以个性阳光之人,应有责任担当和审美情趣两大品质。

二　课程目标

课程目标是育人目标的达成,是对学生通过课程学习获得发展结果的预期。课程目标以学生为主体,既表达了学校育人的要求与期待,又体现了学校的课程哲学,具体见表4-1。

表4-1　六联小学课程目标表

育人目标＼课程目标	低年段 （1—2 年级）	中年段 （3—4 年级）	高年段 （5—6 年级）
身心健康	1. 精力充沛,喜欢参与多种形式的体育活动,掌握1—2项体育游戏的玩法。 2. 每天能坚持运动1小时。在体育活动或生活中能够勇敢并坚持。	1. 积极参与体育活动,坚持健康的生活方式,掌握1—2项运动技能。 2. 能坚持锻炼,选择喜欢的项目坚持每天运动1小时。在体育活动或其他活动中遇到困难,能想办法克服和解决。	1. 积极参加体育活动,灵敏度、力量、耐力、肢体协调等身体机能良好。体能测试达标。掌握 2—3 项体育运动技能。 2. 保持参与运动的兴趣与坚持运动的习惯,发展1—2项喜欢的体育运动项目。在体育运动与生活中能知难而上、坚持不懈。
	适应新角色与新群体,对生活充满热情与信心。乐于社交,能融入集体。	形成积极乐观、坚强自信的生活态度。能体验、认识并管理自己的情绪,能表达情绪。能适应不同的环境。	保持愉快的心情,开朗大方,坚强自信。悦纳自我,正确认识自己的优缺点与兴趣爱好。体验成功的乐趣,积极面对困难与负面情绪。能适应社会。
学业进步	1. 初步掌握汉语和英语的听、说、读、写的技能。 2. 热爱阅读,初步感知汉字与古诗词的魅力,感知英语的魅力,初步感受语言的魅力,感受阅读的乐趣。 3. 对生活中或阅读中碰到的感兴趣的人物和事件有自己的想法,能自如表述并与他人交流。	1. 热爱阅读,能联系上下文理解词句的意思,初步把握阅读文本的主要内容。初步感受阅读作品中生动形象和优美的语言,并积累词句,与同学交流。 2. 能运用英语进行简单的日常交流。 3. 从阅读积累中了解中西方文化,并能进行差异比较分析,与同学交流,表达个人感受;	1. 热爱阅读,能够阅读不同类型的中英文文章,主动积极参与学校举办的相关的阅读活动。 2. 热爱中英文写作,能够参加作文比赛展示自己的文采。

育人目标 ＼ 课程目标	低年段 （1—2年级）	中年段 （3—4年级）	高年段 （5—6年级）
	4. 积极观察，乐于动手体验，产生对探究活动的兴趣，养成爱动脑、勤动脑的探究习惯。 5. 大胆想象，敢于表达，充满好奇，勤于思考，能形成自己独特的想法与见解。喜爱动手操作。	4. 主动参与探究活动，有自己的思考和判断，形成理性认识。树立正确的科学观，乐于探究各类科学现象。 5. 敢于发表自己的见解，善于提出问题，乐于对生活中的现象进行不同的思考。积极实现想法。乐于参与实践活动，并在实践中创新。	3. 了解探究的一般方法，参与探究活动，积极体验科学探究的主要过程。主动尝试运用所学科学知识与技能发现并解决生活中的问题。 4. 形成一定的批判质疑精神与创新能力。能在学习与生活中运用创新思维解决实际问题。能将创新的想法变为现实。
	懂得基本道德规范与行为规范。有礼貌，尊师敬长，团结同学，保护环境。	养成良好行为习惯，树立正确的人生观，明确人生的价值与意义，处理好个人与集体、社会间的关系，有正义感。积极参与公益活动。	爱护自然，保护环境。对自己、集体有责任感，形成社会责任感。诚实守信，言行一致，行为习惯良好。乐于参与各类公益活动，成为合格的社会公民。
个性阳光	1. 有兴趣了解不同的课余活动，选择自己喜欢的兴趣小组或社团，积极参加活动，参与成果汇报展示。 2. 喜欢观看、聆听不同的艺术作品。对自己的艺术作品或表演能进行欣赏与反思。在聆听、观看、模仿、表演中获得初步审美体验。	1. 了解自己喜欢的活动，选择喜欢的兴趣小组，在其中完成展示汇报，会表达。 2. 能在生活中积极参加艺术实践活动。能对同学的艺术作品或艺术表演进行评论。能对日常情感与日常情感的艺术表现进行比较，获得审美体验。	1. 在兴趣小组或社团活动中掌握艺术表现等不同技能，形成自己的爱好，有高质量的作品参与展示。 2. 积极参与艺术实践活动。能对同学的艺术作品或艺术表演发表评论。能找出表达同一类情感的音乐、美术、戏剧、舞蹈等作品间的相同之处。

第三节　用美好联结每一个课程

学校课程结构是课程的各种类型、各个组成成分或要素按照预定的准则形成的相对稳定的相互联系。它是学校基于办学理念和育人愿景搭建的课程框架蓝图。

一　学校课程逻辑

我校基于"幸福教育"哲学和"让每一朵迎春花美丽绽放"的办学理念，确立"让每个孩子在这里迎接生命的春天"的课程理念，努力培养"身心健康、学业进步、个性阳光"的六联学子，着力构建"迎春花"课程体系，具体见图4-1。

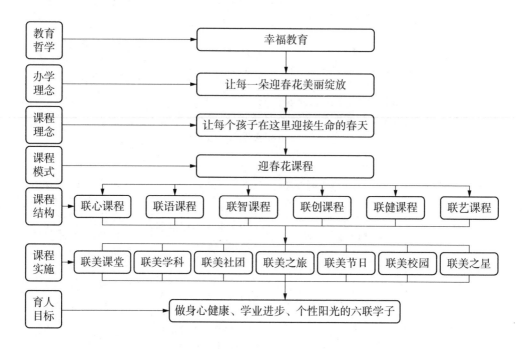

图4-1　深圳市坪山区六联小学"迎春花"课程体系图示

二 课程结构

根据多元智能理论,学校课程分为"联心课程、联语课程、联智课程、联创课程、联健课程、联艺课程"等六大类,通过教授学生完整而有力量的知识,推动育人目标的实现。课程结构具体见图4-2。

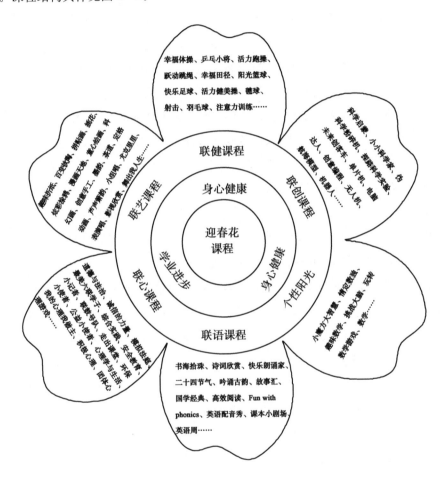

图4-2 深圳市坪山区六联小学"迎春花"课程结构图

图4-2中,"迎春花"课程结构涵盖"联心课程、联语课程、联智课程、联创课程、联健课程、联艺课程"等六大类,其中融入了学校的特色内容。各板块课程具体内涵

如下。

1.联心课程是指自我与社会课程。包含道德与法治、诚信的力量、模拟法庭、最美六联学子、综合实践、安全教育、小记者、联鼓号队、走出课堂、环保小使者、公益小使者、心理学与生活、我的心理我做主、积极心理、团体心理游戏等课程。课程开设有助于培养学生热爱祖国、热爱大自然的美好情操,形成乐观向上的人生态度和可持续发展的人生观。在校园中创设积极向上的学习氛围,培养学生全面发展,激发学生脚踏实地、勇往直前的进取精神,增强校园活力,提高学生对学习和生活的积极性。

2.联语课程是指语言与表达课程。包含书海拾珠、诗词欣赏、快乐朗诵家、二十四节气、吟诵古韵、故事汇、国学经典、高效阅读、Fun with phonics、英语配音秀、课本小剧场、英语周等课程。课程致力于关注学生的学习过程、学习体验、习得感受。将国家课程校本化,开展丰富多样的语言情境体验,让学生在感悟形象、意境、语言之美中陶冶自己的情操,学习语言与表达,积极参与,乐于表达,感受语言的魅力。

3.联智课程是指逻辑与思维课程。包含小魔方大智慧、情定数独、趣味数学、挑战大脑、玩转数学游戏、数学等课程。课程意在让学生在探索中学会综合运用学科知识解决生活中的各种实际问题。引导学生在丰富多彩的创意环境中去感受科学之美,体验研学之妙,感受探索与创新的成功和喜悦,激发爱科学、学科学的情感,增强用科学的意识,培养认真思考、勇于探究的学习品质。

4.联创课程是指科学与探索课程。包含科学启蒙、小小科学家、伪科学粉碎机、探秘科学实验、未来创客车、单片机、电脑达人、创意编程、无人机、航海模型、机器人等课程。课程致力于让学生们在"玩科学、做科学、想科学、用科学"的过程中,激发好奇心和研究的热情,通过创设生活科学情境,体验科学学习与实际生活的联系,品尝到用所学知识解释生活现象,以及解决实际问题的乐趣,真正体会到学习科学的快乐。学生在这一过程中,也能感受到科学的魅力与神奇,并且获得情感、态度、价值观的发展。

5.联健课程是指运动与健康课程。包含幸福体操、乒乓小将、活力跑操、跃动跳绳、幸福田径、阳光篮球、快乐足球、活力健美操、毽球、射击、羽毛球、注意力训练等课程。通过体验各项体育运动,树立"我运动,我健康,我快乐"的思想,以及终身体育锻炼的意识,丰富体育文化的内涵,培养学生合作、自信、勇敢、公平竞争及团队精神等良好品质,发扬学生特长,促进学生在身体、心理及社会适应能力等方面的和谐发展,增强团队合作、应对挫折的意识和能力。

6. 联艺课程是指艺术与审美课程。包含趣味折纸、百变软陶、拼贴画、插花、炫彩涂鸦、漫画天地、童心绘画、科幻画、创意手工、墨韵，茶道、定格动画、芦声箫韵、小组唱，尤克里里、表演唱，影视欣赏、舞出我人生等课程。课程意在通过多样的艺术活动给予学生充分的展示舞台，从而实现自信、个性、创造的学生发展目标。通过坚持课堂教学、课外活动、社会实践三位一体，让每个学生都享有接受艺术教育的机会，都能在艺术品位能力、审美能力、创造能力等方面有所增强。

三 课程设置

为遵循课程教学规律，课程体系以课程功能为横向结构，以课程领域为纵向结构，根据各领域对应的课程目标进行课程设置，构建课程体系的主体课程内容。除了基础课程之外，我校的"迎春花课程"设置见表4-2。

表4-2 深圳市坪山区六联小学"迎春花课程"设置表

课程＼年级		联心课程（自我与社会）	联语课程（语言与表达）	联智课程（逻辑与思维）	联创课程（科学与探索）	联健课程（运动与健康）	联艺课程（艺术与审美）
一年级	上学期	入学养成教育 快乐的节日 安全小达人	小绘本大世界 Fun with phonics（1） 日有所诵 趣配音	计算小能手 围棋初阶 七巧板小达人	科学启蒙 小小科学家	身体会说话 乒乓小将 体育与健康	童心绘画 科幻画 舞出我人生 表演唱
	下学期	文明之星 劳动小分队 少先队员成长记	小绘本大世界 Fun with phonics（1） 日有所诵 趣配音	计算小能手 围棋初阶 七巧板小达人	科学启蒙 小小科学家	身体会说话 乒乓小将 体育与健康	童心绘画 科幻画 舞出我人生 表演唱
二年级	上学期	诚信的力量 生命教育 急救总动员	快乐朗诵家 故事大王 Fun with phonics（2）	运算达人秀 24点 象棋初阶	未来创客车 趣味实验室	活力跑操 跃动跳绳 足球小将	趣味折纸 百变软陶 小组唱 快乐舞蹈家

续 表

课程 年级		联心课程 (自我与社会)	联语课程 (语言与表达)	联智课程 (逻辑与思维)	联创课程 (科学与探索)	联健课程 (运动与健康)	联艺课程 (艺术与审美)
	下学期	小记者 我和我的祖国 浓情端午	快乐朗诵家 故事大王 Fun with phonics (2)	运算达人秀 24 点 象棋初阶	未来创客车 趣味实验室	活力跑操 跃动跳绳 足球小将	趣味折纸 百变软陶 小组唱 快乐舞蹈家
三年级	上学期	老师您好 环保小达人 我和春天有个约会	二十四节气 吟诵古韵 Fun with phonics (3)	小魔方大智慧 围棋中阶 数字大迷宫	探秘科学实验 单片机	活力健美操 我与羽毛球有个约会 快乐毽球	创意手工 墨韵,茶道 芦声箫韵 走进国乐
	下学期	我的节日我做主 小小志愿者 大师面对面	二十四节气 吟诵古韵 Fun with phonics (3)	小魔方大智慧 围棋中阶 数字大迷宫	探秘科学实验 单片机	活力健美操 我与羽毛球有个约会 快乐毽球	创意手工 墨韵,茶道 芦声箫韵 走进国乐
四年级	上学期	垃圾分类 成长厨房 爱心义卖	书海拾珠 诗词欣赏 Fun with reading	一亿有多大 数学文化之旅 象棋中阶	电脑达人 无人机初探	阳光篮球 幸福田径 高阶跳绳	尤克里里 热情拉丁 跃然纸上 漫画天地
	下学期	我和簕杜鹃有个奇妙约会 深海探秘 基础急救	书海拾珠 诗词欣赏 Fun with reading	一亿有多大 数学文化之旅 象棋中阶	电脑达人 无人机初探	阳光篮球 幸福田径 高阶跳绳	尤克里里 热情拉丁 跃然纸上 漫画天地
五年级	上学期	基础急救 家庭 DIY 劳动技能养成记	故事汇 国学经典 Fun with writing	神机妙算 谁是大赢家 围棋高阶	玩转编程 航模海模	运动小达人 韵律操 体能提升	拼贴画,插花 炫彩涂鸦 中西音乐欣赏 快乐口风琴
	下学期	无土栽培 悦纳自己 红领巾寻访	故事汇 国学经典 Fun with writing	神机妙算 谁是大赢家 围棋高阶	玩转编程 航模海模	运动小达人 韵律操 体能提升	拼贴画,插花 炫彩涂鸦 中西音乐欣赏 快乐口风琴

课程 年级		联心课程 (自我与社会)	联语课程 (语言与表达)	联智课程 (逻辑与思维)	联创课程 (科学与探索)	联健课程 (运动与健康)	联艺课程 (艺术与审美)
六年级	上学期	学长面对面 模拟法庭 情绪大本营	演讲与表达 高效阅读 Fun with speaking	玩转数学 游戏 情定数独 象棋高阶	创客实验室 机甲大师	啦啦操 排球小将 花样跳绳	定格动画 水墨飞扬 音乐剧表演 影视欣赏
	下学期	职业规划 性格色彩 名人面对面	演讲与表达 高效阅读 Fun with speaking	玩转数学 游戏 情定数独 象棋高阶	创客实验室 机甲大师	运动小达人 韵律操 体能提升	定格动画 水墨飞扬 音乐剧表演 影视欣赏

第四节　看见联美律动的力量

课程实施是将课程理论转化为课程实践的活动,是课程发展不可缺少的重要环节。六联小学从"联美课堂""联美学科""联美社团""联美之旅""联美节日""联美校园""联美之星"等方面推进学校课程深度实施。

一　构建"联美课堂",提升课程实施品质

教育需要幸福,课堂教学需要幸福,在联美课堂中唤醒学生的幸福感,唤醒其积极愉悦的心理感受,有利于学生身心健康发展。学生在思考与探究中享受人际交往与喜悦,感受知识的吸收、智能的增长。在我们看来,联美课堂是开放互动的,是基于幸福教育理念的课堂,在其中充满着爱心、尊重、挑战、分享、合作与自由。我校的"联美课堂"由四个实施阶段组成。

1. "自主学习探究"目标导学激趣。自主学习探究既可以是在有导学案的课堂中自学,也可以是接受新知识前的课前自主学习。学生明确自己对本堂课的需求,带着目的进入课堂。自主学习探究环节要求教师根据学习内容,精心设计预习学案或导思题,对学生自主学习进行引导,导学内容既呈现教学基础知识,又使学生了解本课学习

目标,让学生有力所能及之感。在针对问题或现象的思考与交流的过程中,学生自然会对问题的解决产生期待的幸福感。

2."合作交流研讨"互动中获动力。合作交流研讨包括了师生间的合作研讨,生生间的合作研讨,小组间的合作研讨。是一种相信学生,为学生提供宽松、自由、合作、有同伴相助的自主发现问题与解决问题的环境的学习方式。合作交流研讨要有明确的交流任务,可以是能引起学生兴趣的开放性问题,可以是使学生能力增强的归纳总结,也可是实验探究过程。学生在与同学、教师的平等交流与合作中学习,在接受教育和参与实践的过程中逐渐培养自信、体验成功、获得动力。

3."成果分享展示"增能力强信心。既可是自学和合作的成果展示,也可是组内学生个体成果展示、班级中小组成果展示。教师在此阶段是主持人,要善于发现学生的闪光点,保护学生积极性,充分挖掘学生潜力,让课堂保持在激烈的鼓励与欣赏的氛围中。该阶段使"独享"和"分享"得到统一,让学生在轻松愉快的状态下体验学习的快乐,享受在分享中共同成长的幸福。

4."多元评价促学"助推联美。首先,课堂评价立足于学生的成长与发展,以学生发展为课堂评价的出发点和归宿。其次,尊重学生丰富的个性,善待生命的自主,把学生是否成为课堂的主角作为主要的评价尺度。联美课堂的评价是多元的,学生在评价中形成良好健康的是非观,形成积极的价值取向,在评价中获得肯定,在互评中受到关注,了解分数不是学习的唯一指标,还有更多自我价值的展示与实现的途径,每一名学生会乐于不断完善自我,追求幸福。

二 建设"联美学科",丰富学科课程体系

课程实施与评价是办学理念落地生根的充分体现,是学校课程哲学的显性过程,也是实现育人目标的具体载体和生动过程。六联小学从"联心课程、联语课程、联智课程、联创课程、联健课程、联艺课程"等方面推进学校课程深度实施。

1."联美"语文课程群。作为深圳市"年度阅读典范学校",六联小学"联美"语文课程群以国家语文课程为核心,以深化课程改革和推进素质教育为目的,引入优质阅读资源,搭建"'书海拾贝'阅读课程＋互联网云阅读＋书香校园"的新形态阅读方式,同时开展"天地格"书法课程,构建多层面的课程群。"书海拾贝"阅读课程依托小学语文新课程标准,重点开展了"语文主题学习"单元整体阅读教学,依托教材以篇带篇,增

加学生阅读量。学生每周完成 1—2 篇《读书记录本》,每学期评选阅读"小博士""小硕士""小学士"。高中低学段结合普及社团,在每周五第 7 节课以专题的形式开展国学经典诵读、名著品读、儿童绘本阅读。互联网云阅读,让"悦读"随时进行。融合"语文主题学习"系列课程,结合《语文主题学习丛书》和"一米阅读"APP 开展"整本书"阅读和主题阅读。在教师指导下,学生可选择纸质书《语文主题学习丛书》,也可选择"一米阅读"APP 阅览电子书。每个学期、每个年级安排 2—6 本共读书目。六联小学现已创建智慧图书馆、校园书吧、班级图书角等,构建智慧型特色阅读空间。每班培养 2 名图书管理员,实行"借书卡"借阅管理机制,最大化利用图书资源,形成读书热潮,每班安装"听见时代"硬件设备,每天早上 7:30—7:55 在班级轮播有声读物,打造书香校园。

2. "联美"数学课程群。我校将"联美数学"分为"联美计算""联美图形""联美统计""联美实践"四大类。"联美计算"是通过开展有趣的计算、巧算等活动,丰富解题策略,增强学生计算兴趣、计算能力,发展思维灵活性,开设有"口算达人""计算大王""乘法口诀大比拼""除法大聚会""笔算大通关""巧算 24 点""收集生活中的数"等课程。计算是学习数学的基础,在课程中,我们重视算理和算法的教授,采用多样化的练习方式,培养学生的数感,发挥其灵活的计算能力,培养学生的灵动思维。"联美图形"根据学生已有的生活经验和认知规律,调动学生多种感官进行探究活动,经历剪、拼、画等动手操作活动,体会图形变化的神奇,进一步发展学生的空间概念,开设有"看谁摸得准""猜猜我是谁""巧拼七巧板""走进角的世界""图形变形记""一笔画""七桥问题"等课程。"联美统计"依据新课标中"统计与概率"领域的阐述,注重使学生经历数据收集、整理、分析的过程,能用自己的方式呈现结果,并体会其中的价值,发展统计观念,我们开设有"数数谁最多""栽蒜苗""我是统计员""抽奖大转盘""谁的可能性大"等课程。"联美实践"有利于帮助学生体验数学知识间的内在联系、数学与现实生活的内在联系,依托自主探究、小组合作等形式,为学生提供参与社会实践活动的平台,感悟数学与生活的联系,发展应用意识。我们开设有"走进超市""小小商店""身体尺""制作日历""玩转数独""神奇魔方"等课程。

3. "联美"英语课程群。根据义务教育英语课程标准,我校多彩英语,缤 fun 课程围绕学生核心素养,发展语言能力、培育文化意识、提升思维品质和增强学习能力。秉持在体验中学习、在实践中运用、在迁移中创新的学习理念,在教学中通过听、说、读、写、模仿、背等巩固学生基本技能,在画、玩、演、唱、编、做、赏等活动中培养学生核心素养。开设 Fun with phonics（英语拼拼乐），Fun with reading（英语绘悦读），Fun with writing（英语"思"写作），Fun with dubbing（英语趣配音），Fun with Ukulele（英语弹演说唱），Fun with talking（中外文化对比）等联 Fun 社团；开发"乌克大陆大冒险——玩转尤克里里新魔法"和"英语'绘本丛'"等缤 fun 课程，为学生提供贴近他们实际、贴近生活、贴近时代、内容健康且丰富的课程资源。利用音像、电视、书刊、网络信息等丰富的教学资源，拓宽学习和运用英语的渠道，积极鼓励和支持学生主动参与课程资源开发和利用，增强实践能力，培养创新精神。根据课程内容，举办 Voice of Liulian（六联好声音），Talk about China（最炫"中国风"系列），I Sing I Show（爱唱爱秀英文歌），Read for fun, read for life（绘声绘色会悦读），Speak for life, speak for China（英语故事或英语演讲），Act for fun, act for life（英语课本剧或英语戏剧）等缤 fun 英语比赛活动，打造大型舞台表演秀《Typhoon hits Shenzhen（台风山竹席卷深圳）》和《Please take away my brother（请把我弟带走）》，调动学生学习积极性，激发学习兴趣，增强学习信心，获得英语学习成就感。

4. "联美"科学课程群。立足核心素养的发展，让学生了解物质科学、生命科学、地球宇宙科学技术及工程等领域的一些常见基础知识，并初步形成基本的科学观念，以科学思维能力、科学探究和实践能力、科学态度与社会责任的培养为重点，促进学习能力、创新能力的发展，形成清晰和精准的科学课程目标。基于学生的认知水平和知识经验，科学安排学习进阶，倡导设计学生喜闻乐见的科学活动，创设愉快的交流氛围，保护学生的好奇心，激发学生学习科学的内在动机。而"联美"科学社团以学生兴趣、爱好、特长等为基础而组成的自主开展学生活动的志愿性团体，为学校开设第二课堂起到了积极的带动作用。

5. "联美"体育课程群。学校开发校本课程"快乐乒乓"与"魅力篮球"，课程设置以锻炼身体、开发智力为主体，关注孩子的学习过程和学习体验。作为学校课程的重要组成部分，体育与健康课程是以身体练习为主要手段，以学习体育与健康知识技能和方法为主要内容，以增强儿童体质健康、培养学生终身体育意识和能力为主要目标的课程。基于这种认识，我校遵照"健康第一"的指导思想，重点突出学生的学习主体地位，强化实践特征；构建较为完整的课程目标体系和发展性的评价方式，重视教学内容的选择性、基础性及教学方法的多样化、有效化；着重提高学生的积极性，激发学生运动兴趣，引导学生掌握体育与健康基础知识、基本技能和方法；增强学生的体能，培养学生坚强的意志品质、合作精神和交往能力，为学生终身参加体育锻炼奠定基础。

6."联美"美术课程群。主要包括:(1)彩墨飞扬社团,通过水与颜色的碰撞,从而构成新颖灵巧、色彩明亮、格调清新、用笔流畅的作品;(2)奇创乐园社团,该社团利用生活常见材料为载体,变换创作的艺术,创作了一系列作品,深受大家的好评;(3)多彩绘画社团,主要以绘画形式为主,同学们以画笔描绘眼中的世界、心中的梦想,绘出一幅幅极具灵气与特色的作品。"联美"美术课程群厚植社团文化,涵养美术素养,这是美术学科教学的重要追求,也是社团文化的构建目标。美术社团与学科对接更为紧密,培养美术素养目标更为鲜明。美术社团不仅能够丰富校园文化,还能够为学科教学提供更多动力支持,促进学生美术核心素养的成长。

7."联美"音乐课程群。六联小学音乐课程,是在发挥本校艺术教育资源优势的基础上,依托本地客家的民间优秀传统文化和其他艺术资源,形成六联学校特有的艺术教育发展特色,构建的"特色音乐"课程。学校还充分利用社会艺术教育资源,利用文化艺术场地资源开展艺术教学、实践活动和校园文化建设,面向全体学生组织开展艺术活动,因地制宜建立学生艺术社团和兴趣小组,保证每周有固定的艺术活动时间,每年组织合唱节和艺术节等活动。充分利用学校校歌、广播、电视、网络,以及校园、教室、走廊、宣传栏、活动场所等,营造富有美感、充满朝气的校园文化艺术氛围。结合学校学生情况和教师自身特长,音乐学科在完成规定课程的基础上,另开设音乐特色课程,包括客家山歌、尤克里里、葫芦丝、口风琴等课程。此外,学校还根据学生的自主选择在课后开设舞蹈社团、合唱社团、戏剧社团等课程。

三 创设"联美社团",发展儿童兴趣爱好

为了发展学生兴趣爱好,促进学生发展,我校结合学校课程特色,以学生相同或相似的兴趣、爱好、特长或自身需要为基础,创设"联美社团",并进一步确立社团活动目标、开发社团课程、加强社团过程管理、构建社团评价体系。

1.联美拼贴社团。拼贴画是一种质朴、粗犷的艺术形式,融合了绘画、工艺等多种艺术手法。学生利用生活中的常见材料,变换创作的艺术表现,从而提高他们的创新意识和审美能力。不同材料具有不同的质感、纹理、色彩和形状,为拼贴设计提供了多种表现手法。在制作过程中,既能培养学生对美的认识,还能培养学生的动手能力、思维能力、审美能力等。通过拼贴画作品的学习欣赏,引导学生对生活中的动植物特

征进行观察与探索,对传统节日进行学习与文化传承,对精神世界进行想象与分享。在培养其动手能力、探究能力与合作交流能力的同时,激发学生热爱生活、珍惜资源、保护环境的情感体验。让学生们通过收集可利用垃圾、撕碎重组、变废为宝的方式来改善他们生活的环境。让学生们在校园内、家里收集各种类型的垃圾。本节课帮助学生了解废弃物垃圾对环境的影响,掌握一种变废为宝的方法。以此为出发点,寻找其他种类垃圾"变身"的方法。在班级里面、家里、街道上帮助清理垃圾,学生可以用所学到的变废为宝的知识来改善自己的生活环境,增强自己的环保意识,从而提高发现美、感受美、创造美的能力。

2. 联美编程社团。"玩转编程"社团成立于 2021 年 9 月,社团理念是"玩转编程,动脑超能"。社团基于小学阶段学生的认知水平,以体验为主,重在感知,合理地设计"玩转编程——走近人工智能"课程,探究游戏化创意编程课程内容,设计学生学习项目及活动,打造多元化评价体系等。通过趣味的、游戏化的编程教学,引导学生学会利用计算机实现自己各种各样的想法、创意、功能和目的,初步认识、感悟、尝试人工智能,激发对人工智能的兴趣,培养计算思维、逻辑思维、设计思维等高阶思维,增强综合竞争力,以更好地适应未来智能时代带来的挑战。同时指导学生积极参加各种科创类赛事,鼓励学生学有所用,尽情展示自己的学习成果。通过开展该课程,弥补我校信息科技学科以及人工智能教育方面的不足,为我校创设人工智能环境做好铺垫,逐步推动我校人工智能课程走进课堂的常态化发展。

3. 联美尤克里里社团。节奏的力量,让我们在寻常的日子里感悟韵律之美;旋律像一阵雨,让我们在枯燥的日子里感受跌宕起伏;音乐像一缕缕阳光,让我们在阴郁的日子里充分享受光芒。尤克里里社团(Aloha Ukulele)利用校本课程"乌克大陆大冒险——玩转尤克里里新魔法"创设乌克大陆大冒险的情境,带领学生在学习过程中经历魔法感知、魔力体验、魔术运用和魔幻创想四个阶段——初期以感知尤克里里弹奏为主;随着体验的增加,弹奏渐入佳境,中期在学习理解中运用和实践,弹奏完整曲目,完成合唱、歌舞剧与课本剧表演融合;后期增加联动创想,安排音乐与英语、语文学科联动,引导学生根据课文和古诗等创编一首首脍炙人口的歌曲,启发创新学习策略。通过跨学科融合,落实育人目标,多方位培养学生的核心素养。活动形式是每周一次,教师自主研发教材,制定社团管理方式,填写社团活动记录,通过《魔法情境评价手册》完成过程性评价,多方位考查学员的学业成果。

4. 联美舞蹈社团。舞蹈社团的宗旨是"营造艺术氛围、锻炼良好体魄、陶冶个人情操、展现自我风采"，它的成立为学生全面发展、展现自我提供了一个良好的平台。在校园开设舞蹈社团可以培养学生们的体力、协调力、乐感，展示小学生蓬勃向上的精神面貌；学生可以从舞蹈中汲取灵感，将舞蹈的思维方式，渗透到自己的生活乃至学习中。通过训练，培养学生学习舞蹈的兴趣，享受音乐的快乐，提升舞蹈素养。在规范的基本功及民族、芭蕾舞蹈训练中，让学生的形体、姿态、腿线条、腰腿的软度、力度和控制水平进一步提高。社团活动以舞蹈《风中的苏鲁德》为主要练习内容，该舞蹈演绎了蒙古族赛马的故事。通过规范而且简单的基本功及民族舞蹈训练，很好地完成了社团目标。活动形式是每周集训两次，教师自主创编，制定社团管理方式，填写社团活动记录，完成评价。

5. 联美心理社团。社团宗旨是增强学生的学习能力，改善学习情绪，促进学生交流、互助，积极健康地成长。社团开展对象为五年级学生，活动内容为开展认知类团体辅导活动，通过对注意力、记忆力、认知灵活性等各项能力的趣味性训练帮助学生增强学习能力，通过设立小组及开展团体活动建立学生间的交往与合作，促进学生对学习的热情。活动形式为每周一至两次，教师自主研发教材和训练课程，制定社团管理方式，填写社团活动记录，完成评价。

6. 联美车模航模社团。深圳市坪山区六联小学三模社团创立于 2016 年，宗旨是通过航空、航海和车辆模型等科技体育类项目，培养学生兴趣爱好，增强其动手动脑的能力以及团结协作意识，促进师生共同进步，逐步形成适应个人终身发展和社会发展所需要的正确的价值观、必备品格和关键能力。在制作模型和调试模型的过程中，学生会自然而然地获取科学知识，解决科学问题，在实践过程中进一步强化科学探究能力、技术与工程实践能力和自主学习能力。同时指导学生积极参加各级各类科创类赛事，让学生主动参与、动手动脑、积极体验，并引导学生对参赛经验和教训进行总结、反思、应用和迁移，在这个过程中，学生既开阔了视野，又收获了成长，促进了身心健康发展。通过开展该课程，弥补学校科学教育方面的不足，为提升学生的科学素质做好铺垫。

四 推行"联美之旅"，落实研学旅行课程

为充分发挥研学旅行与学校课程衔接互补的实践育人作用，帮助学生开阔眼界、增长知识、陶冶情操，学校组织开展了"快乐研旅坪山"系列课程。本课程把培养和提

升学生的综合素养作为重要发展目标。根据实际情况,课程对"研学旅行"进行了创新定义:学生家庭自行组织的有计划、有目的、有选择范围的校外参观体验实践活动。包括研学前学生自行设计游览路线、进行出发前准备,研学中美景打卡,研学后撰写研学笔记、旅行随想等,贴合深圳市提出的中小学生八大素养要求,运用了学科整合的理念和思路,同时密切联系坪山实际,引导学生深入探索坪山的人文自然景点,在与平常不同的生活中拓宽视野、丰富知识,加深与自然和文化的亲近感,增加对集体生活方式和社会公共道德的体验,充分调动学生积极性。课程设置见表 4-3。

表 4-3　深圳市坪山区六联小学"快乐研旅坪山"课程设置安排

单元	主题	周次/课时	学习内容	实施要求
学习主题/活动安排(请列出教学进度,包括日期、周次、内容、实施要求)	第一单元:美丽景点我来选	研旅行动令	1/9	1. 通过查阅资料和询问他人等方式,了解坪山的自然、人文、历史等景观。 2. 形成初步的问题意识、协作意识和表达能力。 3. 增加对身边景点的了解。	学生可以参考推荐景点,也可以自选景点将它们分类写在"自然景观""历史景观""人文景观"的相应空白处。在此次活动中,学生可通过查阅资料和询问他人等方式,了解坪山的自然、人文、历史等景观具体有哪些,并清楚它们的具体位置。
		我的路线	2/9	1. 讲解绘制路线的方法。 2. 通过用自己喜欢的符号来绘制坪山景点地图。 3. 设计出一条个性的研旅路线,并写出设计理由。	学生结合上节课拟定的"推荐景点"和"自选景点",将心目中向往的景点用喜欢的符号标绘到自己的路线图中,设计出一条个性的研旅路线,并写出设计理由。
	第二单元:活动准备要做好	出发前的准备	3/9	1. 讲解做好活动准备。 2. 讲解户外出行安全意识。 3. 讲解应急处理问题的能力。	学生需要写下打算要使用的交通工具、随身物品放和安全小常识,要像成年人一样思考,做出行的小主人。在此过程中,需要考虑到旅程中可能出现的问题和意外,在发现问题和解决问题的过程中,培养全方位的思考能力。

单元	主题	周次/课时	学习内容	实施要求
第三单元："景美人美"个性展	美景打卡	4/9	1. 学习艺术美学与艺术表现。 2. 学生选取心目中最美打卡地点,设计能够展现个人魅力的造型,拍摄一张"人景互融"的最美合影。	学生选取心目中最美打卡地点,设计能够展现个人魅力的造型,拍摄一张"人景互融"的最美合影。
	我的照片墙	5/9	甄选出若干张最美照片,也可配合手绘,用喜欢的方式设计出一面属于自己的旅行照片墙。	学生可甄选出若干张最美照片,也可配合手绘,用喜欢的方式设计出一面属于自己的旅行照片墙。
第四单元:研学旅行有感想	研学笔记	6/9	1. 将自行查阅到的资料或从导游介绍中了解到的景点小知识,汇编成一段景点简介; 2. 运用图文并茂法,撰写研学笔记,对今次所学进行总结和提炼。	学生将自行查阅到的资料或从导游介绍中了解到的景点小知识,汇编成一段景点简介。研学笔记需要学生自己对本次所学进行总结和提炼,增强其自主学习的能力。
	旅行随想	7/9	1. 分享自己将要参观的研旅景点。 2. 撰写旅行感想,并与美术构图完美结合。 3. 填写"旅行随想"并在班上分享。	旅行随想着重锻炼学生的写作能力,以我笔写我心,抒发内心真实感想,对今日所见所思的选择和描写,再也不是"凭着自己的想象编作文"。
第五单元:彩色评价你我他	我的评价	8/9	根据研旅活动完成的情况,采取涂星星的方式,进行活动自评、他评。	评分项目中更多涉及环境保护、分享和意志锻炼,通过评分引导学生和家长在此方面投入更多关注,注重学生综合素养的全面发展。
	分享会	9/9	根据研旅活动完成的情况,学生一起分享研旅成果,并颁奖。	邀请家长到校,和学生一起分享研旅中的困难和收获。分享,不仅是学习,更多的是亲子间情感的交流。

五　激活"联美校园",开发环境隐性课程

为培养懂劳动、会劳动、爱劳动的时代新人,我校以"健康成长、快乐劳动、幸福成长"为指导思想,践行"种植阳光"理念精髓,打造"阳光学校""阳光班级""阳光学生""阳光教师"校园氛围。秉承寓教于乐、以人为本的教育原则,学校充分利用学校天台楼顶空间,开辟了一块种植基地——阳光农场,由年级统一调控,按照"一个班、一块地"的模式,各班在劳动老师带领下统筹种植管理,进行播种活动和收获采摘。

天台农场被划分成了蔬果园、百草园、百花园等多个区域,学生可以通过自己亲手种植、管理和收获,了解一些基本的农业生活知识,来形成和丰富自己的生活认识。引导学生通过记录植物生长手册,了解植物生长规律,亲密接触大自然,将劳动知识与生活实践相融合,实现与植物共成长。

六　评选"联美之星",鼓励儿童特长发展

为挖掘和宣传我校青少年先进典型,进一步激发青少年光荣感,发挥新时代青少年榜样的示范引领作用,学校每学年开展"联美之星"评选活动,希望能以此为契机,进一步促进少先队员自觉养成良好的思想道德品质和日常行为习惯,激励他们树立争先创优、积极向上的人生观。逐步形成校风好、班风正、学风浓的校园文化氛围,带动全体少先队员共同进步,促进我校素质教育的全面发展和少年儿童身心健康、快乐成长,培育"幸福快乐人",进一步促进少先队自身建设,增强少先队组织的凝聚力和荣誉感。

少先队员以中队为单位,依托少先队活动课,组织召开中队组织生活会,民主推荐符合条件的优秀少先队员作为"最美六联少年"候选人上报大队委;学校大队委对各中队民主推荐的队员进行集中评选。学校组织开展现场风采展示评选活动,包含自我介绍、才艺展示、现场答辩环节。由各中队学生代表及评委老师进行现场评分后选出。对于评选过程及评选结果,通过广播、电子大屏及官微等进行广泛报道,以达到人人向往、人人争先的模范引领作用。

"联美之星"分别设立"美德好少年""创新好少年""智慧好少年""才艺好少年""活力好少年""自强好少年"六个类别。

1. 美德好少年:理想信念坚强,坚定"四个自信",是社会主义核心价值观的"小宣

传员"；品行良好，富有正义感，热心帮助同学和他人；有社会公德心，积极参加志愿服务活动、扶危济困活动或社会公益活动等；生活朴实节俭，在思想品德方面具有较好的示范引领作用。

2. 创新好少年：热爱创新，爱动脑筋，敢于迎接挑战，善于用科学创新的方法解决问题，创造新成果；富有共享精神，愿意与同学分享科学知识、观点和创新成果，是班团队集体中的创新小能手，带领小伙伴们共同成长；具备一定科研创新能力，在各类科技创新和职业技能竞赛中取得优异成绩。

3. 智慧好少年：勤奋好学、热爱集体、积极向上，善于为加强班团队集体建设"想办法"、为活跃班团队集体氛围"出主意"；专业基础扎实，职业技能精益求精，富有"工匠"精神；博学好问，见多识广，富有求知精神，积极参与各类学科和知识类大赛并取得优异成绩。

4. 才艺好少年：积极传承优秀中华传统文化，能够带领队员、团员和同学分享中华艺术魅力；在班团队集体活动中表现活跃，能够用艺术作品感染身边的小伙伴，引导班团队集体积极向上、热爱生活、崇尚正能量；自身多才多艺，在艺术表现形式上有较强的向上向善引导力。

5. 活力好少年：热爱关心集体，阳光正派、富有朝气、是班团队集体的"热心人"和"领跑者"，在班团队集体中号召力、感染力和凝聚力较强；日常崇尚健康生活，积极参加各项团队活动；带领团员、队员和同学们参加体育锻炼，强健体魄。

6. 自强好少年：善良诚实、认真踏实，有"不怕苦、不服输"的劲头，富有挑战精神，有责任担当；面对家庭或个人困难、挫折不自卑、不气馁，善于开动脑筋解决各种复杂问题；有开拓精神和行动感染力，为促进班级团结和集体进步做出贡献。

（撰稿者：深圳市坪山区六联小学　汤庆东　林可　郭丽萌　邱上元）

第五章

实施的活跃性：个性化学校课程体系的关键

课程实施的本质是实践活动。实践逻辑要求采取多样的途径和方式来推进课程实施，可以通过活跃的课堂教学，可以通过多样的社团活动，可以通过深度的项目学习，可以通过丰富的学科节日，可以通过整合的研学旅行，可以通过综合的跨学科活动，可以通过各抒己见的学习沙龙，可以通过有意义的创客学习……一句话，活跃的课程实施实现了与自己、与他人和与世界的对话，开启了从熟悉世界向陌生世界的"旅行"。

有学者认为,课程计划遵循的是理性逻辑,具有一定的规范性;课程实施遵循的是实践逻辑,具有较强的生成性。减小课程落差的有效方式,是在课程实施的过程中处理好忠实执行课程计划与课程实施创新之间的辩证关系,完成从理性逻辑向实践逻辑的转换。[①] 课程实施的本质是一种实践活动,它是人类精神生产和知识再生产的实践活动,是师生生命存在的生活实践活动。学校课程实施的实践逻辑要求在课程实践过程中采取多样的途径和方式来推进,以此来活跃课程实施。

　　一是活跃的课堂教学。依据课标、教材、学情,站在课程的角度整体规划教学,细化解读目标,把课程标准转化为学段目标、学期目标、单元目标、课时目标,对课程标准中课程内容目标、教学建议、评价等进行系统化梳理,整合课程资源,按课程目标、课程内容、课程实施、课程评价四要素撰写课程纲要,统筹安排学科学段教学,逐步规范课程建设,通过有效的教学保证课程的有序、高质量实施。

　　二是多样的社团活动。将课后延时服务与学校特色、学生核心素养有机结合,积极探索丰富多彩的社团活动,尊重学生的个性发展,丰富学生的校园生活。招收社员公平公正,训练机制行之有效,学生自主管理为主,展示平台丰富多彩。学校利用社团活动,润养学生思想道德内涵,强健学生身体素质,努力使个性化学校课程开展得有声有色。

　　三是深度的项目学习。项目学习提供了个性化学习的学习风格,是有思维含量和思维发展意义的学习活动。经过项目选择、制定计划、探索与形成成果、成果交流、活动评价五个环节。围绕同一个问题,学生可从不同角度开展研究,在尝试解决问题的过程中,学生主动构建并应用知识;成果公开展示的过程中,促进学生语言表达水平提升;自评、互评、师评过程中,学生进行自省,培养学生的反思思维。

　　四是丰富的学科节日。学科节日是围绕一个或多个学科开展教和学的活动,如语

---

① 王鉴,刘莹.再论课程实施的实践逻辑[J].教育研究,2022,43(10):106—117.

文学科节日、数学学科节日、英语学科节日、自然科学学科节日、人文历史学科节日、艺术学科节日等。每一个学科节日形成一个"学科特色链",激发学生的学习兴趣,促进学生综合素质和核心素养发展。

五是整合的研学旅行。"读万卷书,行万里路",是获取知识,增长见识,以实践印证书本知识,实现"学以致用""学以成人"最终学习目标的重要路径,研学旅行是整合了课程的系统性与活动的自由多变性的综合性学习形式。通过"游、学、研、思、行"等环节的整合设计,做到游中有学,学中有研,研后有思,激思导行,从而促进学生的深度学习。

六是综合的跨学科活动。从已有课程中寻找跨学科活动的创新点,进而开发体现学校特色的跨学科活动,由一位或多位教师教授一门课程,尽可能与学生认知基础联系,注重问题化学习,多元化评价,进而解决单一学科难以应对的复杂问题,从而加强学科间的相互关联,带动课程综合化实施。

七是各抒己见的学习沙龙。学习沙龙可以活跃校园文化和学习氛围,促进师生交流,在备好茶点的学习沙龙上,师生一起探讨争论学习问题,在思维的碰撞中闪现灵感的火花,学生发表各自的观点,教师倾听并在适当时给予点拨,升华讨论的主题,精神与物质共享。聊天漫谈发挥着正规课堂教学无法代替的作用——在轻松自由氛围中实现思维创新。

八是有意义的创客学习。创客学习是一种融探究、设计、创造、合作于一体的项目学习范式。基于创造的学习通过建立创造性学习环境、营造创造性文化氛围、实施创造性教学等途径,激发学生的创造意识与动机、培养学生的创造性思维品质、塑造学生的创造性人格。

总之,多样的课程实施途径实现了通过与自己、他人,以及客观世界的相遇和对话,开启了从熟悉世界向陌生世界的"旅行"。[1] 通过观察、实验、讨论、展示等各种各样的活动,学生实现独立学习、相互学习,进而产生更深层次的学习,参与课程的任何人都可以互相帮助,共同生活,共同进步。

（撰稿者:深圳市坪山区新合实验学校　朱舒莉）

---

[1] 佐藤学. 教师的挑战:宁静的课堂革命[M]. 钟启泉,陈静静,译. 上海:华东师范大学出版社,2012:65—123,55.

滋养式课程：给予每一个生命温润的滋养

深圳市坪山区东部湾区实验学校位于龙田街道文旅小镇客家文化长廊风景区内。占地面积近2万平方米,总建筑面积约7万平方米,2021年9月正式开学迎新。学校以书山和田园为核心设计元素。学校目前开设有小学一年级6个班、二年级6个班、三四年级各4个班、初中一年级4个班、初中二年级4个班。在校学生数1054人,教职员工70人。一线教学教师59人,其中80%是毕业于"985""211"高校的研究生。学校功能场室齐备,配有大型演艺报告厅、300米运动场、室内篮球馆、风雨操场、室内综合运动馆、图书馆、学生餐厅等。除常规的物理、化学、生物、地理、历史、音乐、美术、舞蹈、科学、心理、计算机、乐器排练等专用功能室外,还建有校园农场、感统体能训练馆、高尔夫练习场、攀岩训练馆、科创实验室、数制工坊、苔花剧场、陶艺坊等。学校从"为党育人、为国育才"的高度进行顶层设计,以"滋养生命,奠基未来"为育人理念,突出学生的主体地位,为学生的终身发展负责,以提升教师的师德师风、专业水平为核心抓手,促进学校先进教育体系的构建,以"内抓管理、外树形象"为着力点积极搭建学校育人功能框架。

第一节　滋养生命,奠基未来

一　教育哲学:滋养教育

"滋养教育"是指为人的生命创造丰富的养分,让其汲取成长,让学生和教师有向上、向善的追求。基于上述教育哲学,我校确立的办学理念是"滋养生命,奠基未来"。"滋养生命"是指学生的学习过程应该是一个生命浸润的过程,因此课程的设计应基于学生生活的需要,搭建知识活动平台,在解决问题的过程中发挥社会情感能力,激发学生生命的需要,激发学生生命追求。"奠基未来"是指学生在复杂的学习任务中,能够拥抱当下复杂、具有不确定性的情境,对未来的"变"拥有积极开放的心态,形成解决问题的能力和素养。因此课程的实施应基于学生生活情境中真问题的解决,发展学生学习的好奇心、激发学生的兴趣爱好,发展学生对自我发展需要的认知,提升生命品质。

基于学校"滋养生命,奠基未来"的办学理念,我们建构了学校教育哲学——滋养教育。"滋养教育"以培养学生适应社会发展为基点,以增强学生"交流、沟通、创造、审辨、好奇心、适应力、领导力、首创力、意志力和社会文化意识"等社会情感能力为目标,以形成"自尊、自信、自强、自立、自律、自爱、自重及自乐"等生命价值意义为追求。通过"'新'学教评一致性"学科教育原则,助力每一名学生成为"精神丰盈、积极敢为"的阳光少年。

二 课程理念:给予每一个生命温润的滋养

为给予每一个生命温润的滋养、促进每一名学生的发展,学校以立体空间中三维品质构建"融合型、立体式"育人模型,具体见图5-1。

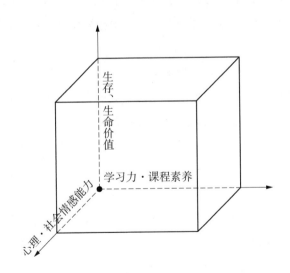

图5-1 深圳市坪山区东部湾区"融合型、立体式"育人模型

第一，课程即适应社会发展的需要。"适应社会发展"是指个体的观念、行为方式随社会环境发生变化而改变，以适应所处社会环境的过程。由于物质与精神需要都只有在社会适应的前提下才能得到较好的满足，因此能否适应社会，对个体的生存与发展具有重要意义。在遇到冲突和挫折时，人们通常能采取适当的策略，调整自身的心理和行为，以适应社会生活。随着经济社会的不断发展，人工智能、大数据、量子信息、生物技术等新一轮科技革命和产业变革催生了大量新产业、新业态、新模式，给人类生产生活带来了翻天覆地的变化。处于新时代，面对新变化，如何通过课程引导孩子适应社会发展的需要尤为重要。为了用课程内容的变量回应日新月异的增量，使学生适应未来社会的变化需要，我校着重增加课程结构设计的丰富性，让课程迭代紧跟时代脚步，着力打造"科技＋、劳动＋、生涯＋"课程特色。通过开设特色课程，鼓励孩子们动手探究；通过与科技馆、博物馆、红色基地等联动，让基础教育课程的"打开方式"日益丰富，既能点亮孩子的好奇心，也能激发他们的想象力，还能满足社会发展的需要。

第二，课程即社会情感能力的增强。人类社会发展将目光从物质生产转向幸福生活，这一诉求是新时代的特征之一。人的现代化在现实社会发展中，不仅仅是人的理性化，社会情感能力增强也是其中重要内容。社会情感能力是社会发展的重要人性基础，这种人性基础构建了社会秩序，规范了社会行动，牢固了社会团结的纽带，形成了具有正能量的社会基础。社会情感能力凸显了情感教育中学生社会性发展的内容，强调了学生在对自我认知的基础上，对他人与社会关系方面能力的获得与发展，强调了情感能力和人际关系与社会规则相协调的运用，凸显了人的社会性发展，强调了学生要更加清醒地识别自己和他人的情感状态及细微变化，主动及时地进行正向调节，从而维持自己良好的身心状态，并自觉与他人、社会保持和谐。

第三，课程即生命价值意义的诠释。每个人的生命都是有价值和意义的，比如，一个新生命的降临，会给一个家庭增添许多欢乐，带来凝聚力、希望和动力；一个病例可以助推医学的进步和发展；一张挑剔的嘴可以成就一个厨艺大师；千千万万个建筑工人筑起的高楼大厦，推动了祖国城镇化进程；千千万万个军人和警察捍卫了祖国和人民的安全；千千万万个环卫工人净化了人们的生活环境……社会需求是随着社会的发展变化而发展变化的，现实生活中继承什么，发展什么，继承得怎么样，发展得怎么样，关系着个人的成就大小和生活水平。一个人往往越有成就，对社会产生的积极作用和影响也就越大，越能推动社会的进步与发展，生命的价值和意义也就越大。每个人应当根据自己的所学以及创新、创造的能力,正确诠释自己的生命价值意义。

第二节　做精神丰盈的人

我校的课程愿景是让每一名学生成为"精神丰盈、积极敢为"的阳光少年,通过"滋养教育"理念指引下的"滋养式课程"实践,让学生、教师、学校发展有机联动,谋求三者的协调统一。

一　育人目标

我校倡导每一个孩子都做精神丰盈的人,致力培养"精神丰盈、积极敢为"的阳光少年,根据学校办学理念和育人目标提出了以下具体表述。

积极敢为,精神丰盈,指学生在日常的学习生活里,能有丰盈富足的精神寄托,敢于冲破束缚去思考问题和发表见解,并敢于付诸行动。也就是说,我们在教育教学中,在和学生的相处中,要让学生的生命得到滋养,培养学生面对学习、面对生活的积极态度,帮助学生建构生存・生命的意义。让学生对未来充满希望,敢想敢做,愿意与父母、教师、同伴携手共进,积极地创造美好未来,并且在追求幸福生活的道路上不断充实、提升、发展自己,让自己变成一个身心和谐发展、有着乐观态度、积极适应时代发展、能自主融入社会的、向上向善的人。精神丰盈即有理想目标,有奋斗方向,有兴趣爱好,用知识、智慧、支持、包容、善良、欣赏,酿造丰盈的精神世界,学会悦纳自己,成就人生的精彩,彰显生命品质。

二　课程目标

育人目标是通过课程目标去达成的,因此,为了实现育人目标,根据孩子的身心发展的顺序性、阶段性与差异性,我们把"精神丰盈、积极敢为"八字进行细化,形成不同学段的课程目标,具体见表5-1。

表 5-1　深圳市坪山区东部湾区实验学校课程目标表

育人	1—3 年级	4—6 年级	7—9 年级
善行	学生能够养成良好的行为习惯,有基本的自理能力和社交能力,遵守学校的规章制度,尊师亲友,有感恩之心,融入集体生活。	能主动作为,履职尽责,对自我和他人负责;具有国家意识,认同国民身份;具有文化自信,同时能尊重世界多元文化的多样性和差异性。	能明辨是非,具有规则与法治意识。 了解国情历史,认同国民身份;尊重中华民族的优秀文明成果,能传播弘扬中华优秀传统文化和社会主义先进文化;积极参与跨文化交流;关注人类面临的全球性挑战,理解人类命运共同体的内涵与价值等。
慧学	能正确认识和理解学习的价值,具有积极的学习态度和浓厚的学习兴趣;能养成良好的学习习惯;能自主学习。	勤于反思,基本具有对自己的学习状态进行审视的意识和习惯,善于总结经验。能够根据不同情境和自身实际,选择或调整学习策略和方法等。	能自主学习,具有终身学习的意识和能力等。 勤于反思,有对自己的学习状态进行审视的意识和习惯,善于总结经验,能选择或调整学习策略和方法等。 具有数字化生存能力,能主动适应"互联网＋"等社会信息化发展趋势;具有网络伦理道德与信息安全意识等。
敢为	养成健康文明的行为习惯和生活方式等。	掌握适合自身的运动方法和技能。 具有安全意识与自我保护能力。	坚持健康的生活方式,有良好的运动习惯和技能,有较好的身体素质,具有自我保护能力。
尚美	珍爱生命,理解生命意义和人生价值;有自制力,能调节和管理自己的情绪。	具有积极的心理品质,自信自爱,坚韧乐观。 具有抗挫折能力等。 能合理分配和使用时间与精力。	能正确认识与评估自我;会依据自身个性和潜质选择适合的发展方向;具有达成目标的持续行动力等。
勤勉	尊重劳动,具有积极的劳动态度和良好的劳动习惯;具有动手操作能力,掌握一定的劳动技能。	在主动参加的家务劳动、生产劳动、公益活动和社会实践中,具有改进和创新劳动方式、增强劳动效率的意识。	掌握一定的劳动技能,具有通过诚实合法劳动创造成功生活的意识和行动等。

育人	1—3 年级	4—6 年级	7—9 年级
智创	在日常学习与生活场景中,能在教师指导下,健康、安全地利用常见数字设备获取学习资源(信息意识、数字化学习与创新)。 在完成学习与生活中的简单任务时,能描述任务实施步骤,使用数字设备对个人的文字、图片、音频、视频等信息进行合理分类,并妥善保存作品(数字化学习与创新、计算思维)。 规范、文明地进行信息交流与分享,并具备辨别信息真伪和保护个人隐私的意识,尊重数字作品所有者的权益,遵守网络礼仪(信息意识、信息社会责任)。	能列举在线社会对学习与生活的影响,知道在线技能的必要性,感受在线社会中信息的重要性。 能合理选用数字化工具解决简单问题,能将问题分解,并用文字或图示进行描述。 能认识到数据是现代社会的重要组成部分,根据简单问题的情境、数据的来源,以及内容表达的目的,判断数据的合理性和可靠性,认识自主可控技术对保障数据安全的意义。 知道编码和解码是信息存储和传输的必需步骤,初步理解数据校验的目的和意义。 在日常学习和生活中,能使用数字化工具收集、组织数据,并借助可视化方式呈现数据,以表达观点或预测结果。 在数据的使用过程中,能遵守与信息相关的法律法规,在学习、生活中采取常见的防护措施,有意识地保护数据。 能利用在线平台和工具寻找生活中的过程与控制场景,能设计用计算机实现过程与控制的方案,并在实验系统中通过编程等手段加以验证。	对于生活中的真实应用问题,能通过搜索引擎、社交媒体、短视频和协同写作等互联网工具或平台,进行较精准的信息搜索、沟通交流与协作,并贡献有价值的数据和资源(信息意识、数字化学习与创新);能设计并搭建具有数据采集、实时传输和简单控制功能的简易物联系统,了解物联网与互联网的异同,知道网络中数据的编码、传输和呈现的原理(计算思维、数字化学习与创新);根据学习任务的需要,通过智能终端或编写程序,读取并处理含有物联功能设备中的数据,能进行适当反馈或控制,体会物联网、大数据及人工智能的关系,理解万物互联的含义(信息意识、计算思维);通过分析不同的人工智能应用场景,了解数据、算法和算力三大技术基础的作用,以及搜索、推理、预测和机器学习等常见的人工智能实现方式,正确对待人工智能带来的伦理与安全挑战(计算思维、信息社会责任)。 在网络应用中,能体会信息传输过程中协议的作用,识别网络谣言和不良数据,利用用户标识、密码和身份验证等措施保护信息,认识互联网、物联网、人工智能中自主可控技术的重要作用,感受互联网、物联网和人工智能给人类社会带来的深刻影响(信息意识、信息社会责任)。

第三节　满足每一个孩子的学习需求

"滋养式课程"有以下三个特征：课程种类多样,课程资源丰富,课程结构合理,课程特色鲜明,能够充分满足每一个孩子的学习需求。

一　课程结构

学校用心构建"滋养式课程",即滋养生命,奠基未来,让每一名学生成为"精神丰盈、积极敢为"的阳光少年。课程结构见图5-2。

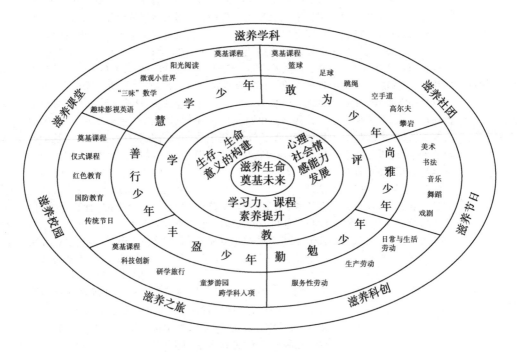

图5-2　深圳市坪山区东部湾区实验学校课程结构图

二 课程设置

我校课程设置见表 5-2。

表 5-2　深圳市坪山区东部湾区实验学校课程设置表

课程维度	年级	课程内容
奠基课程	1—9 年级	道德与法治、心理健康
悦善项目	1—3 年级	启蒙典礼、入队仪式、传统节日活动
	4—6 年级	传统节日活动、消防演习
	7—9 年级	节日活动、消防演习、国防教育、探访红色基地
奠基课程	1—9 年级	语文、数学、英语、科学/地理、生物、物理、化学、历史
悦读项目	1—3 年级	"绘本阅读""英语趣味歌曲""国学经典启蒙""图画里的'古诗词'"
	4—6 年级	"魔盒游戏识字""神奇的扑克牌""微观小世界""神奇的海洋"
	7—9 年级	文学社
悦读项目	1—3 年级	"三味"数学
	4—6 年级	趣味英语节
	7—9 年级	光影阅读、亲子共读、主题征文与演讲、国际博物馆日
奠基课程	1—9 年级	体育
悦动社团	1—3 年级	"跳绳""足球""空手道""瑜伽""篮球少年""羽毛球""体适能""感统训练"
	4—6 年级	"篮球少年""空手道""动感啦啦操""篮球""羽毛球""体适能""足球"
	7—9 年级	"篮球""羽毛球""高尔夫""攀岩""足球""短跑""中长跑"
悦动项目	阳光大课间、体育嘉年华、班级篮球联赛、班级足球联赛、校园吉尼斯纪录	
奠基课程	1—9 年级	美术、音乐、书法、舞蹈、戏剧
悦美社团	1—3 年级	"歌声里的'古诗词'""黏土创造营""创意书法"
	4—6 年级	"趣味衍纸""雅风民乐""律动青春"
	7—9 年级	"合唱团""华彩管乐""书画社""舞动奇迹"

课程维度	年级	课程内容
悦美项目		艺术嘉年华
奠基课程	1—9 年级	日常与生活劳动、生产劳动、服务性劳动
悦劳社团		"布里生'花'""激光造物""神笔马良""喝懂一杯中国茶""光影服装设计""插花艺术""厨艺大比拼"
悦劳项目		东湾小园丁、劳动成果展、"劳动＋"年华
奠基课程	3—8 年级	"信息科技""人工智能基础与应用""综合实践"
悦创社团	1—3 年级	"思维启蒙机器人""趣搭葡萄积木""趣味小发明""玩转 3D 打印笔""可穿戴的创意 LED""探秘 Ukit 世界""创造思维训练""创意智造初体验""趣控无人机""小火箭的编程创想""科技劳动我知道"
	4—6 年级	"神奇的 Scratch 动画""趣味编程无人机""走进机甲大师""VEX IQ 机器人任务挑战初级""玩转小发明""可穿戴的创意 LED""创意智造初探究""创意智造创生活""智慧生活之家居""创意小发明""我是安卓 APP 探索师"
	7—9 年级	"3D 建模与应用""VEX IQ 机器人任务挑战""玩转编程无人机""RoboMaster 机甲大师来对抗""我是安卓 APP 探索师""智慧生活之农业""创意智造创未来""创意编程创未来(Python)""我是安卓 APP 开发师""光影服装设计"
悦创项目		鲁班科技创新日、鲁班科创周末行、鲁班科普主题月、鲁班科创成果展、鲁班"科技＋"年华；童梦游园、研学教育—行走课堂、生涯观影

第四节　让生命获得全面滋养

　　课程实施是实现课程理想的必要途径,从学校实际出发,依据学校课程目标,我校制订出富有特色的课程实施方案,从建构"滋养课堂",建设"滋养学科",创设"滋养社团",推行"滋养节日",落实"滋养之旅",实现"滋养科创"等方面入手,奉行"滋养生命,奠基未来"的理念,实践三维一体"融合型、立体式目标课程",见证"让学生成为自主乐学的终身学习者",为学生成长为"精神丰盈、积极敢为"的阳光少年,形成符合我校特色的课程实施体系,让生命获得全面滋养。

一 建构"滋养课堂",提升课程实施品质

课堂是推进课程实施的主渠道,是学校教育提升学生生命品质的主阵地。"'新'学教评一致性"学科教育原则,是全面落实立德树人根本任务,培养德智体美劳全面发展的社会主义建设者和接班人的有效措施。"滋养课堂"以提升学生核心素养,为学生的幸福未来奠基为目标,旨在联系学生的生活需求,在课堂生成中激发学生兴趣、满足学生需要,激发学生对生命意义的追求,在严谨而灵动的师生交流中推动学科育人,提升学生生命品质。

目标确立有标有本。"滋养课堂"要求目标的确立要有依据,"'新'学教评一致性"学科教育原则要求教师们结合课型研读课标,分析学情,通过对课标进行摘录、分析,以及对学生年龄特点、认知特点、学习起点的调查了解,基于当下新时代的育人目标和学生的现实需要,确立课堂目标。目标不仅要着眼于学生学习水平的提升,更要关注学生在学习过程中的心理成长、社会情感能力的增强以及学习兴趣的激发、生命意义的追求。

课堂生成有人有情。在课堂教学中,学生是学习的主体,是一个个有感情的鲜活个体,充分理解学生,遵循学生的心理特点和身心发展的规律,尊重学生已有的认知经验对于取得良好的教育成效至关重要。"'新'学教评一致性"学科教育原则强调以学生为中心。因此,"滋养课堂"要求教师站在学生的立场,以情化人,以爱育爱,根据学生学习的规律,采用多种方法启发学生的思维,以正面教育的方式,调动学生学习的主动性和积极性,促使他们生动活泼地学习。同时,教师作为课堂教学的引导者、组织者和参与者,在引导、帮助学生学有所获的同时,也要不断涵养自己的品格和修养,提升人格魅力。在课堂生成中,教师和学生之间情感交融,相互影响,互促成长。

教师导助有效有益。有效是课堂教学的基本保障,而有益则指向学生的长期发展。"滋养课堂"的构建需基于学生的学情分析做好充分的预设,也要关注每堂课的实际效果,也就是说,无论是课程的设计构建还是组织实施,都要着眼于学生的需要,对学生的学习活动进行充分的预设,并设想好导的策略和助的策略,以确保课堂的有序推进。在课堂生成的过程中,教师也要创设良好的课堂氛围,让学生进行充分的展示,让师生间的对话有温度、有智慧,注重培养学生创新型思维,促进学生课程素养的培

育,培养学生成为德、智、体、美、劳全面发展的社会主义建设者和接班人。

课堂评价有据有效。课堂评价是教学活动的有效推进。"滋养课堂"的评估任务和评估要点要求须与学习目标保持一致性,也就是说,在教学活动中,教师要依据目标对学生的学习活动进行评价。这就要求教师要在实践活动中寻找学生的表现性行为,即达成课程目标的证据,对学生进行有指导性、针对性的评价,以指导学生更好地进行学习。

二 建设"滋养学科",丰富学校课程体系

学科课程是凸显办学特色的重要途径。"滋养学科"是我校推进学科特色建设的有效路径和实施策略。依据学生终身发展的需求,本着"让每一位学生成长为'精神丰盈、积极敢为'的阳光少年",结合学校良好的学科综合化设计基础,构建落实国家课程标准要求,满足学生适应社会发展需求,凸显学校文化特色的奠基课程群。

"滋养学科"建设是学校课程建设的重要组成部分。可以从学科课程综合化设计、学科综合化设计团队、学科综合化设计教研及学科综合化应用构成推动学科建设。

1. 结合学科特点,构建学科综合化课程。学科课程是基于国家课程自主研发的顺应学生发展需求的奠基课程。学校从两方面入手,一方面通过挖掘学科内部或其他学科之间的逻辑关系来构建专业的学科综合化课程群,另一方面将校园特色渗透到学科中,基于特色追求,教师根据对学科的独特理解、独特优势、独特资源,开发课程、汇聚课程群,共同打造"滋养学科"。"滋养学科"课程的具体操作采用长短课时相结合嵌入实施的方式,充分利用课前预习、课中探究、课后交流等时间高效完成课程内容,达成课程目标。在空间上打破教室的藩篱,利用网络协作学习平台、信息技术开发小工具等拓展学习的广度。

2. 借助团队合力,彰显学科特色教研。以学校主管领导为主要负责人整体把握和引领课程建设,各学科教育项目组负责人引领骨干教师研发"滋养学科"课程,在实施中不断增强全体教师的课程领导力。根据"'新'学教评一致性"学科教育原则组建"旗手训练营""能手训练营""新手训练营""师徒结对"等教师学习共同体,明确目标,定期活动,形成集"教学、科研、学习全方位发展"的"'新'学教评一致性"学科教育原则研究领航团,为学科综合化设计课程群的高质量建设奠定基础。

3. 打造高效课堂,提升学生生命品质。基于学校"滋养课堂"文化形态,制定指向

学科核心素养的学科综合化设计的课程规划,编写基于新课标、新方案、"'新'学教评一致性"的教学设计方案。各科教师采用创新的学习方式,融入"科技＋、心理＋、生涯＋"特色,形成具有个性化特点的教学风格。在不断优化"'新'学教评一致性"三维一体融合型、立体式育人目标的过程中,让学生从情境设置、任务驱动、角色体验、问题解决中,提升生命品质,使"滋养学科"课程逐层落实。

4. 构建"三维一体融合型、立体式"学习,聚焦学科核心素养。每一门学科都有适合自己的学习方式,每一名学生都有不同于他人的学习方式,我们聚焦各学科核心素养,将学科知识融入有趣的活动中,让学生在认知事物、探究问题的过程中,学会运用不同学科的知识去思考问题、解决问题,并且学会处理好自己和他人之间的关系,学会团结协作,能够成长为"自主乐学"的青少年。

三 建构"滋养社团",激活学校课堂活力

我校立足实际,为学生有效地选择课程,同时也旨在促进教师继续学习和专业成长。根据学校教育教学工作思路要求每位教师拥有一项特长或才艺,能教好一门社团课程,开设社团特色课程。"滋养社团"是发展个性的社团。各种社团课程缤纷绚丽,多姿多彩,不受教材的束缚,学生在自己的社团中尽情展现个性。"滋养社团"是传承赋能的社团。将传承民族文化精神融入课程和特色活动中,用赤子之心,点燃文化的火炬。"滋养社团"是培养能力的社团,"走班制"是社团课的基本形式。参加社团课程的学生来自不同班级,多角度多侧面的信息来源使学生们不断取长补短,共同成长。"滋养社团"是挖掘潜能的社团,促进所有学生的全面发展,拓宽学生的视野,发展学生的思维,陶冶学生的情操,实现教育角色和学习方式的转变,培养学生的兴趣和一技之长。

学校已开展科技创新类、品德养成类、体育运动类、语言表达类、传统文化类、人文艺术类六项特色课程,涵盖三十个课程,从德智体美劳五个方面培养学生、发展学生,提高学生的核心综合素养。

科技创新类:以培养学生的批判性思维、探究能力、创新精神为主要目的,为激发学生对科技的兴趣,促进学生的科技文化素质和水平的提高,开设了"神奇的 Scratch 动画""思维启蒙机器人""趣搭葡萄积木""创造思维训练""玩转小发明""玩转 3D 打印笔""探秘 uKit 世界""神秘程小奔""可穿戴的创意 LED"等科创社团。

品德养成类：只有在良好的行为习惯的保障下，学生才能学会认知、学会合作、学会做一个合格的学生，最终成为一个全面发展的人。在本课程中，从学生需要的十种道德行为习惯角度出发，让学生学会爱国、守纪、待人、劳动、爱护公物、关心集体、助人、勤俭、刻苦奋发、团结友爱等，以及良好的心理品质，诸如诚实、虚心、正直、宽容、自尊、自爱、自信、自强等，这些都是道德教育范围以内的，也是学生力所能及的。

体育运动类：为让学生增强环境适应能力、自我保护能力、心理自我调节能力，学校立足学生身体健康发展和心理健康发展，开设了"篮球少年""足球""羽毛球""空手道"等体育社团。

语言表达类：为了让学生在听故事中品味绘画艺术，在欣赏图画中认识文字、理解文学，欣赏绘本，在歌曲中感受外国文化，在表演中学习表达，开设了"绘本阅读""英语趣味歌曲""'声'临其境"等社团。

传统文化类：我校积极整合传统文化资源，将传承民族精神融入课程和特色活动中，开设了"趣味汉字""文字社""国学经典启蒙""图画里的'古诗词'""创意书法""魔盒游戏识字"等社团课程。

人文艺术类：提升学生审美情趣的艺术类社团缤纷多彩，包括舞蹈类的"瑜伽""动感拉拉操"，手工类的"黏土创造营""趣味衍纸"，合唱类的"歌声里的'古诗词'"等课程。

四 推行"滋养之旅"，落实研学旅行课程

研学教育，行走课堂是学校教育和校外教育衔接的创新形式，是教育教学的重要内容，是综合实践育人的有效途径。"滋养之旅"是基于生活的生发课程。实践活动基于学生在校园生活、家庭生活、社会生活中已积累的知识和经验，面向学生完整的生活世界，使学生在人际交往、社会活动、自然探究的真实情境中，形成对自然、社会和自我内在联系的整体认识，养成合作、分享、积极进取等良好个性品质，以及积极而负责任的生活态度，形成正确的人生观、价值观和世界观，提高道德认知水平、增强行为能力。

"滋养之旅"是开放办学的教育思路。打破校园空间的限制，充分利用校内外资源，把研学旅行资源及教学内容、方法和师资情况，结合学生认知能力和社会实际进行整合。尊重学生主体地位，以人为本，以学生活动为主，突出体验实践，培养学生创新精神和实践能力，变知识性的课堂教学为发展性的体验教学。着眼于生活实际的观察

视角,把学生从最简单熟悉的生活层面引领到更加广阔的社会生活舞台。

"滋养之旅"是创新人才的培养模式。通过开展生活性、社会性、群体性的研学活动,让学生在亲身参与实践中获得积极体验和丰富经验,由内化于心到外化于行,实现从理论认知到把理论知识应用于实际生活的转化,有利于推动全面实施素质教育,创新人才培养模式,引导学生主动适应社会,促进书本知识和生活经验的深度融合,不断开拓进取,实现自身目标。

学校根据区域特点、学生学情和各学科教学内容需要,将研学教育分成 8 个主题,包括爱国教育实践、天文地理科普、社会科技科普、工业科技研学、生命科学科普、生态环境科普、安全教育科普、企业探秘实践。

在课程安排上,小学 1—6 年级平均每学年不少于 6 课时,初中 7—8 年级平均每周不少于 4 课时。教师结合学生在语文、历史、地理等学科领域的发展需要,精心准备教学设计和丰富多彩的学习活动,制定具有丰富的人文底蕴和科学资源的研学路线,将研学教育与校内课程互融互补。同时,加强与自然和文化的联系,拓宽学生视野,深化课堂知识,加强与高新科技的联系,培养学生的创新意识与思维。引导学生亲近同伴,沟通关系,建立友谊,学会相互共处,积极参与团队合作,增加对集体生活方式和社会公共道德的体验,以期达到研学旅行与学校课程、德育体验、实践锻炼有机融合。

五　创意"滋养科创",发展学校"AI+ X"特色课程

如今,人工智能正深刻改变着人们的生产、生活、学习方式,推动人类社会迎来人机协同、跨界融合、共创分享的智能时代。为打造我校"科技＋"特色,通过丰富精彩、多维创生的人工智能课程,激发学生对人工智能的探索兴趣,培养学生的信息意识、数字化学习与创新能力、计算思维、设计思维以及信息社会责任感,助力东湾学子成为一名"精神丰盈、积极敢为"的阳光少年。学校在抓好信息科技教学主阵地的同时,把中小学人工智能教育向课外延伸,构建多层次的人工智能教育课程体系。

在课程种类方面,我们开设了"AI＋X"融合创生系列课程。其中的"AI＋国家课程"是根据信息科技新课标内容关于"信息交流与分享、信息隐私与安全、在线学习与生活、互联网创新与应用"要求,将人工智能的理论内容螺旋上升地融入课程,进而科学、规范地向全体学生普及,谓之"普创 AI 课";"AI＋创客教育/机器人教育/编程教育"是根据课标内容中关于"数据与编码、身边的算法、过程与控制、物联网实践与探

索、人工智能与智慧社会"要求,将人工智能的实践内容螺旋上升地融入课程,再根据学生的个性、兴趣,套餐式地供全体学生选修,谓之"趣创 AI 课";"AI+STEM 教育/劳动教育"是根据信息科技新课标内容中关于"跨学科主题"要求,综合化的实施人工智能课程,谓之"融创 AI 课"。

在课时安排方面,小学阶段,利用信息科技课时、延时服务与"科技+"综合时间,共 2 课时/周,开展思维培养类人工智能课。初中阶段,利用信息科技课时、延时服务与"科技+"综合时间,共 5 课时/周,专门为七、八年级学生开设创新实践类人工智能课。在活动开展方面,以学年和学部为单位,开展鲁班科技创新日、鲁班科创周末行、鲁班科普主题月、鲁班科创成果展、鲁班"科技+"年华五大主题活动。

六 推行"滋养节日",活跃课程实施氛围

节日文化蕴含丰富的教育内容和教育价值,节日是文化身份认同的重要载体,参与节日就是建立文化认同的过程,也是从个人到家、国、天下的文化体验过程。推行"滋养节日"是东部湾区实验学校弘扬校园文化、活跃课程实施氛围的有效途径。学校"滋养节日"以节日为载体,让节日文化走进学生的生活,开阔学生视野,展示学生特长,陶冶学生情操,凝聚学生和谐、团结、向上的精神力量,促进学生情感、态度、认知、能力等方面的发展,帮助学生获得成长的动力。"滋养节日"具有自主性、实践性、凝聚性、辐射性四大特点。

突出自主性,让学生成为"滋养节日"的主人。让学生自主"创造"自己喜欢的节日,并自主设计、自主开展、自主总结,自己组织庆祝这些节日。让每一个学生都成为学校节日活动的主角。

落实实践性,在活动中增强学生的实践能力。结合"滋养节日"开展丰富多样的活动,在活动中培养学生搜集资料、交流讨论、组织活动、总结思考等实践能力。

增强凝聚性,凝聚学生和谐、团结、向上的精神力量。"滋养节日"贴近学生生活,使学生感受到强烈的集体归属感和难以割舍的文化认同,凝聚和谐、团结、向上的精神力量。

发挥辐射性,将节日文化辐射到家庭与社会。"滋养节日"不单单只在学校推行,而且以学生带动家庭,以家庭辐射社会。通过"小手拉大手"的活动方式,将良好的节日文化在社会中广泛传播。

"校园节日"课程让不同层次的学生充分发挥其积极性,有了这些自己创造的校园节日,学生逐渐学会了有序地进行组织与交流,生活变得越来越丰富;平日里一些较为调皮的学生也跟着参与进来,将充沛的精力用在活动的组织和开展上,同伴之间的沟通多了,矛盾少了,班级秩序也更加规范了。

　　学校通过"传统节日""现代节日""校园节日"三种"滋养节日"课程的设计与开展,举行了丰富多彩的群体性活动,进一步探究民族文化、现代文化、校园文化,造就深厚的校园文化氛围,让学生树立责任意识,落实公民教育,培植家国情怀,在实践中拓宽视野,夯实生命的基石。

七 设计"滋养校园",激活环境隐性课程

　　校园环境文化是学校隐性课程,具有潜在的教育功能。东部湾区实验学校在校园文化建设中,注重打造"养性、浸润、探究、创新、融合、智慧"的校园环境,承载着学校文化的精神内核和理想追求。"滋养校园"建设是践行"滋养生命,奠基未来"办学理念的有力保障;是推动"滋养式课程"建设的有力举措;是彰显师生精彩幸福的不懈追求。

　　1. 精心设置校园环境,做到让教育回归自然。每个家长都希望孩子成为自己的骄傲,像"别人家孩子"一般优秀,而在这个过程中,部分家长没有意识到,每个孩子都是独一无二的,有适合自己的频率、理想和未来。基于这样的出发点,我校室外空间的场景设定考虑到孩子的使用和二次创造,重新定义不一样的优秀。"优秀"不应该只局限于成绩,应该从孩子的禀赋、兴趣、特长、接触自然的情感转化为人与人之间相处的能力等维度,去设想各种可能,尽可能地营造一个丰富多层次并具有启发意义的空间。希望孩子在未来长大后面临激烈竞争时,也能拥有一种自然的"免疫力"。以成长为主线,以书山和田园为元素,营造孩子们学习娱乐相交融的互动空间,让孩子们如同向阳花一般种在"阳光"的掌心里,单纯而美好地健康生长。我校希望通过"书山田园"的场所印记,能够建立起人与人、人与自然、人与时间更加亲密的关系。让每一堵墙都会说话,让每一块绿地都会抒情,让每一个角落都有美的闪现,这是我校校园文化的追求。我校注重校园美化、绿化、净化和香化,在花草树木的选择上,保证了春季百花争妍、夏日绿树成荫、秋季丹桂飘香、隆冬冬青飘香,师生步入校园,犹如置身于一个美丽的大花园。

　　2. 注重打造底蕴校园,营造浓厚文化氛围。校园文化互动性、渗透性、传承性、自觉性的特点,决定了每个生活在校园中的个体,都会烙上学校特有的文化印记。一年

来,我校精心规划校园环境,注重特色校园文化建设,努力营造浓郁的文化氛围。学校在校门入口处,建成一面"学而不厌,诲人不倦"的校训展示墙,在教学楼布置教室文化,创建丰富的走廊文化、干净整洁的校园,如修剪整齐的花木,宽敞明亮的教室,楼道里独具匠心设计出的教育名言、格言、警句图画,楼梯间的文明提示语、校园中的爱护花草的标识牌等。这些浓郁的文化氛围对规范学生言行,培养他们良好的行为习惯,灌输学校的办学理念、办学精神起到无言的教化作用。学校十分重视中国传统文化的精髓对学生的熏陶作用,充分利用楼梯间的墙壁,在上面悬挂宣传标语、图文并茂的《弟子规》《二十四孝图》《三字经》和诸葛亮的《诫子书》等,让每面墙壁都能说话,都能成为学校的思想道德宣传阵地。这些传统文化的精髓标语时刻提醒学生,让他们耳濡目染,久而久之,就会对他们起到潜移默化的作用,使他们逐步养成与环境相协调的好习惯,感受到学校是他们成长的乐园。

3. 全力倡导于细节中传情,做到步步有景,处处育人。学校鼓励每个教职工和学生都成为校园环境文化的建设者和维护者,于是,无数个美好的创意被激发和点燃。走进东部湾区实验学校的校园,你会惊喜地发现,美术老师们手工创作的黏土拼盘、书法大咖们的挥毫之作激发了孩子们的创造欲望和装扮校园的奇思妙想;你还会发现,每个班级墙壁上都设置了"校园龙虎榜"和校园吉尼斯纪录"专栏,学生的绘画、书法、手工、摄影等作品可以自由地在上面进行展示,有的粗糙简单,有的精致创意,但都真实地记录了学生的成长之路。心理健康教育中心的"笑脸墙"文化,百余张天真灿烂的笑脸提醒着大家:微笑迎接每一天。漫步东部湾区实验学校的各个角落,目之所及,都能欣赏到老师和学生的艺术创作。全体师生用智慧创造着"独具匠心"的校园文化。注重打造特色楼道文化,楼梯间,划出了醒目的中线,台阶上写上了"上下楼梯,请靠右走";墙面上,用童谣的形式提示小朋友上下楼梯要小心,轻声慢步靠右行,不翻栏杆不跑跳,礼让师长讲文明;走廊上,各班都有一块让学生展示才华、放飞童心的活动园地,只要求学生充分动手参与,千姿百态的活动园地是校园一道亮丽的风景。

综上所述,"滋养式课程"秉承着"滋养生命,奠基未来"的办学理念,通过建设"三位一体融合式立体化"课程群,为学生搭建可供学习、体验、实践、创新的多种适应时代变化的成长平台,坚持德育为先,提升智育水平,加强体育美育,落实劳动教育,最终实现"让每一位学生成长为'精神丰盈、积极敢为'的阳光少年"这一育人目标。

(撰稿者: 深圳市坪山区东部湾区实验学校 耿晓龙 彭小艳)

第六章

评价的增值性:个性化学校课程体系的支撑

课程评价是以课程体验为核心的"事件"作为载体,以学习任务体验、学习活动体验、学习情境体验、学习结果体验为具体观测点,对个体的知识体系、情感世界、综合能力、智慧获得感、课程整体成效等进行评价的过程,具有明显的增值性。学校需要运用增值性课程评价来作为不断完善课程建设的重要依据和途径。因此,不仅要充分挖掘课程的增值元素,促进本我多元发展,而且还要借助媒介和现代化评价方式,构建多维度的增值性课程评价体系,促进评价的交互性形成,实现个性化学校课程体系的支撑。

课程评价是通过系统收集课程设计、课程组织实施的信息,依据一定的标准和方法进行价值判断的活动。现行课程评价主要存在评价功能失调、评价内容片面、评价标准和主体单一、过分关注活动结果、形成性评价交互性不强、总结性评价手段陈旧等问题。

有学者认为,课程评价是一个持续展开、复杂的动态过程,需要将本体论和方法论统整起来进行观照。课程即儿童经验转化与建构的连续体,课程的过程属性决定了课程评价的过程品性。课程作为学习体验和经验的生成通道,是构成学习者个体成长的立体式、开放性、个性化的"生命通道"。在学习体验取向的过程性课程评价论中,课程情境是学习体验的生产场域,课程的转化过程是学习经验转化与生成的过程。[1] 因此,中小学课程评价是以课程体验作为载体,以学习任务体验、学习活动体验、学习情境体验、学习结果体验为具体观测点,对个体的知识体系、情感世界、综合能力、智慧获得感、课程整体成效等进行评价的过程,具有明显的增值性。

课程评价作为学校特定的文化和价值系统,学校需要运用增值性课程评价作为不断完善课程建设的重要依据和途径。那么,我们应该怎样体现课程评价的增值性呢?

首先,要充分挖掘课程评价的增值元素,促进学生发展。增值性课程评价作为课程开发过程中的反馈调节系统,必然是以促进学生发展为最高目的。一是以学生进步的幅度作为评价标准,关注每一个发展。增值性课程评价的关键在于学生的"增值",即通过增值评价了解影响学生发展的课程因素,挖掘促进学生全面发展的课程增值元素和改进策略,推进被评价对象的进步和发展。从而帮助教师精准化、针对性地实施课程教学,让每个学生的成长都足够精彩。二是以激发学生发展潜能为目的,促进本我多元发展。增值性课程评价以人的全面发展理论为基础,以激发学生潜能为目的,不断催生和集聚每个学生课程体验的能力,从而对他们不断发展、终身发展和创造与

---

[1] 谢翌,曾瑶,丁福军.过程性课程评价论刍议[J].教育研究,2022,43(07):54—64.

享受美好生活等方面产生积极影响,也为学校与教师推动学生内生发展与持续发展提供了新的方向。

其次,要借助媒介,构建多维度的增值性课程评价体系。每个学生都是独立的个体,不仅在生理因素、学习习惯、兴趣特长、态度价值等方面存在差异,而且其所处环境和追求也不尽相同。在互联网+背景的冲击下,云计算、大数据和人工智能等新兴技术不断涌现,课程评价作为一种检测教学成果的手段,随着教育资源形态的改变,课程增值性评价要从尊重学生的多元化需求和重视每个学生的差异性出发,通过选取科学多元的课程评价模型进行大数据分析,促进学生以自我需求为生长点,使课程满足学生可持续发展需求。

最后,要落实现代化的评价方式,形成评价间的交互性。课程增值性评价的本质是发展性评价,在目前的评价体系中,评价重量化、轻质化的现象严重,落实现代化评价方式,就要将学生自评、教师自评与他人评价相结合、质性评价与定量评价相结合、过程性评价与终结性评价相结合、目标达成情况与学生进步情况相结合,并利用互联网获得评价间交互的数据,作为课程改革的依据。

总之,评价的增值性,是学生学习成长的支点,是个性化学校课程体系的支撑,是学校量化评价走向质性评价的进程,也是大众教育走向个性化教育的必经之路。

(撰稿者:深圳市坪山区龙背小学　饶娇英)

优之育课程:让天赋自然而饱满地生长

深圳市坪山区龙背小学创办于 2000 年 8 月,位于深圳市坪山区东纵路 170 - 1 号,是一所校风淳朴、个性张扬、充满无尽创造力的民办学校。2010 年通过深圳市一级学校评估,是深圳市坪山区首批荣获民办学校综合质量管理奖的获奖单位之一。校园占地近 12 000 平方米,学校功能室齐全。近年来,我校依托龙山教育集团的办学优势,各级各类的教学竞赛屡获佳绩,教学质量跻身坪山区前列,办学效益得到了上级主管部门和家长的广泛认可。我校认真贯彻落实国家课程政策要求,结合自身实际,围绕学生发展的核心素养和关键能力,构建有机统一的"五育"并举优之育课程体系,让每个孩子的天赋自然而饱满地生长,以此积极有效地推进我校课程改革,不断提高我校的办学水平和教学质量,取得了可喜的成效。

第一节　优秀比成功更重要

学校的课程哲学是一所学校的教育价值取向。在新的教育教学思想的影响下,从学校的实际与所处地域出发,不断探索与梳理,提出"优秀比成功更重要"的办学理念,并将课程哲学概括为"真我教育"。

一　学校教育哲学:真我教育

何谓真我？真我这个词出自佛教,佛教认为人是有灵魂的,而肉体只是灵魂的载体。肉体是本我,灵魂就是真我。真我是看清了原本的自己和现在的自己,并且完全掌握了自己的一切,看透自己的本心。我校之所以推崇真我教育就是希望通过课程教育,让学生认识本我,发现自己的天赋所在,并努力成长,遇见一个更加美好、优秀的自己,成为一个有德、有智、有艺,懂生活、阳光健康的真实之我。

真我教育是主体性教育的一种形态,是我们发展素质教育的一种实践探索和理论概括,是我们学校的教育价值观和内涵发展方法论。

真我教育即主体教育,人是教育的出发点,人的价值是教育的最高价值,培育和完善人的主体性,使之成为时代需要的社会历史活动的主体,是教育的根本目的。主体教育的过程必须把教育者当作主体,唤起受教育者的主体意识,激发受教育者主体的自主性、能动性和创造性,使教育成为主体的内在需要,成为主体自主建构的实践活动。

真我教育也是本真教育,是立本求真,以人为起点,以促进人的发展为终点,以教育实践为中介展开的实践活动,是尊重客观、适应规律,以人为本,促进人的自主、自由、自觉发展的教育,回归教育本质。

总之,真我教育就是从看见本我、完善自我到找到真我、完成超我的过程。

二 办学理念：优秀比成功更重要

每个人在确立自己的人生目标时，第一目标应该是优秀，成功可以是第二目标，是优秀的副产品。优秀就是让天赋的各种精神能力得到很好的生长，德、智、情全面发展，拥有自由的头脑和丰富的心灵。成为一个在人性意义上优秀的人，同时也就有了享受人生的主要的、高级的幸福的能力。优秀是自己可以把握的，成功却不然。荀子说：君子敬其在己者，而不慕其在天者。自己能支配的事情要好好努力，由老天决定的事情就交给老天。把个人的人性禀赋发展得更好，尽所能地成为优秀的人，这是自己能够做主的。美国心理学家威廉·詹姆士说："播下一个行动，收获一种习惯；播下一种习惯，收获一种性格；播下一种性格，收获一种命运。"可见，习惯是可以决定一种命运的，真我教育就是为学生养成优秀的习惯、找到真我，提供丰富、多元的教育。学校提出"优秀比成功更重要"为办学理念，意在于真我教育中让教师、学生、家长用优秀的标准衡量自己、发现自己、完善自己，管理自己，使优秀成为一种近乎本能、自动化的习惯，进而找到真我，为明天的幸福奠定基础。

三 课程理念：让天赋自然而饱满地生长

小学阶段是学生个体发展的关键期，他们在认知、情感、意志、性格等诸多方面都属于成长的朦胧期，需要家长与老师对其进行正确的引导和有效的教育。学校基础课程的实施与校本课程的开发，就是给予学生天赋成长的平台，让学生在平台中学会发现自己、完善自己、管理自己，让自己的天赋自然而充分地生长。

课程即体验生活。"课程最大的流弊是与儿童生活不相沟通，学科科目互相联系的中心点不是科学，而是儿童本身的社会活动。"课程需要来自生活，通过课程的开发与实施，把生活的元素转化为课程内容，让课程成为学生的一种经历，让学生在课程学习的过程中了解生活，在课程学习中实现从自然人到社会人的转变。

课程即个性生长。每一名学生都是独立的个体，都有自己的个性和特长，都有自己的兴趣与需求。我们的课程必须解放学生的个性和特长，保护孩子纯真的童心和多样的个性，帮助他们发掘自身的优势潜能，并将之扩大和提升，使其个性特长得以充分的发展。课程的重要性就在于帮助学生、满足学生的体验需求，为学生各方面个性成长提供多元化的教育。

课程即品性养成。从学生自身的需求来看,学生在成长的过程中不仅有增长知识、提高水平的需要,而且也有发展情感、意志、态度、价值观的需要。课程实施中,教师要时刻关注引导学生积极体验和充分感悟,丰富学生的内心世界,树立正确的科学观念和良好的意志品质,同时还要激发学生关心社会生活的兴趣,关心人类的生存与发展,形成健康进取的生活态度,以及对他人、对社会的责任感,进而培育学生形成良好的品格。

总之,课程是学生心灵滋养和智慧启迪的载体,学校课程就是依据国家学生发展六大核心素养,结合学校实际需要,基于真我教育而进行的顶层设计与开发,旨在让学生自然而充分地发展自身的每一个天赋,成为真我少年。

第二节　让儿童找到真我

课程目标是教育价值观在课程领域的具体化。明确课程目标的基本价值取向,有助于提高合理制定课程目标的、自主性。我校以核心素养为导向,结合学校的教育哲学,设定了两个层次的课程目标。

一　育人目标

龙背小学的真我教育,意在培养具有"优行、优体、优智、优艺"的真我少年。具体内涵如下。

优行:培养懂得健康、安全、愉快、积极、负责任、有爱心、动手动脑、有创意地生活,具有良好品德和行为习惯、乐于探究、热爱生活的少年。

优智:指通过课程学习,让学生在实际的学习、生活中养成爱学习、乐实践、善探究的能力和习惯,同时懂得运用所学知识与技能解决生活中的问题。

优体:指通过体育技能与心理健康课程的熏陶,培养学生成为有一定的体育技能与爱好、体魄强健、自信阳光、自强不息的健康人。

优艺:指通过艺术课程培养,让学生了解艺术、欣赏艺术并很好地表现艺术,从而增强学生的审美能力和表现美的能力。

二 课程目标

为了实现育人目标,龙背小学把"优行,优智、优体、优艺"四个维度的培养目标进行细化,形成分年级段的课程目标,具体见表6-1。

表6-1 深圳市坪山区龙背小学"优之育"课程目标一览表

目标	1—2年级	3—4年级	5—6年级
优行	1. 爱学校、爱班集体、爱父母、爱老师、爱同学。 2. 讲文明懂礼貌、养成良好的生活和行为习惯,懂得基本的道德规范和文明礼仪。 3. 诚信友爱,宽厚待人,遵守学校纪律,积极参加集体活动。 4. 知错能改,自己的事情自己做。 5. 掌握一定的劳动技能,乐意与同伴交往,他人遇到困难时能予以帮助,拥有积极乐观的生活态度。	1. 爱祖国、爱家乡、爱学校、爱父母。 2. 自觉遵守行为规范、校规校纪和社会公德,养成良好的学习、生活和行为习惯。 3. 诚信友善,宽厚待人,积极参加集体活动,能和谐、融洽地与人交往,乐于帮助他人,乐于分享,就不同的意见能与人商讨。 4. 做事有责任心,能持之以恒,能明辨是非,具有规则与法治意识。积极参加各项社团活动。传承中华优秀传统文化,理解社会核心价值观。 5. 具有积极的劳动态度和良好的劳动习惯,能将所学的知识和技能运用于生活。	1. 具有良好的爱祖国、爱人民、爱家乡、爱社会的思想感情和良好品德。 2. 孝亲敬长,有感恩之心。遵守社会公德,有文明的行为习惯,具有规则意识和民主、法治观念,初步形成积极向上的人生观、价值观。 3. 有正确的价值取向和为人处世的基本原则。愿意为集体服务,做事有责任心,勇于承担责任,能持之以恒,能明辨是非,能换位思考,顾及他人感受。能掌握与人交往的方法,用积极的方式解决问题。 4. 了解党史国情,珍视国家荣誉。初步具有全球意识和开放的心态。 5. 主动参加家务劳动、公益活动和社会实践。拓展知识领域,增长生活经验,感受知识与生活的联系。
优智	1. 对学习有兴趣,掌握低年段文化课程标准所要求的知识点。 2. 培养良好的学习习惯,尝试探索。具有基本的动手操作能	1. 热爱学习,形成浓厚的学习兴趣,掌握中年段文化课程标准所要求的知识点。 2. 能认真倾听、独立思考、自主探究、动手实	1. 热爱学习,乐于学习、学会学习,保持积极主动的学习兴趣,掌握高年段文化课程标准所要求的知识点。 2. 养成良好的学习习惯和一定的自主学习的能力。

目标	1—2年级	3—4年级	5—6年级
	力。会观察，喜欢了解、参与各种实践活动。 3. 善于合作、乐于分享，并能发表自己的观点。善于对日常生活中的常见现象提出"为什么"。	践、合作交流、反思质疑、展示分享。 3. 能运用所学习的知识和技能解决问题，并能初步将所学习的知识与技能运用于生活。	3. 具有大胆创新和主动探究的意识，对问题有自己独特的见解和看法，并勇于发表自己的观点。能运用所学知识和技能解决问题。
优体	1. 积极参加体育活动，初步掌握简单的技术动作，感受运动给自己的生活带来的乐趣，形成积极进取、乐观开朗的生活态度。 2. 珍爱生命，提升心理健康水平，形成健全人格，学习基本的安全自护知识和健康技能。	1. 积极参加体育活动锻炼，养成坚持锻炼身体的习惯，形成健康的生活方式和积极进取、乐观开朗的生活态度。 2. 珍爱生命，提升心理健康水平，充分发挥潜能，形成健全人格，学习基本的安全自护知识和健康技能。	1. 积极参加各项体育运动，形成灵敏、力量、耐力、协调等身体素质。通过国家体质健康测试，掌握1—2项体育运动技能，并成为特长项目。乐于运动、享受快乐，激发潜能，磨炼意志。 2. 珍爱生命，提升心理健康水平，能控制自己的情绪，形成健全人格，学习基本的安全自护知识和健康技能。
优艺	1. 培养动手制作的兴趣，锻炼想象能力及创作能力。 2. 丰富情感体验，培养对艺术的热爱、对生活的积极乐观态度。	1. 作品内容丰富、富有生活情趣、有初步创新意识。 2. 培养创新思维，提高艺术审美水平，陶冶高尚情操，对艺术有所追求。	1. 增强想象力和创造力、增强审美意识和审美能力。 2. 增强对大自然和人类社会的热爱及责任感。尊重艺术、理解多元文化。培养艺术兴趣，树立终身学习的理念。

总之，优秀是每一个学生对自己成长的期待，我校课程目标系统化设置，就是为教师的培育与学生的成长找到支点。让教育回归本质，让每一个学生都能优秀成长，并找到真实的自我。

第三节　夯实儿童发展的知识基础

龙背小学因地处龙背村而得名，但龙的寓意深刻，它象征着一种精神，是一个民族的图腾，华夏儿女都以龙子龙孙自称。龙背小学以龙立名，就是遵循了学校、家长对孩子成龙成凤、做一个优秀的人的美好愿景。作为教授完整知识的学校，就应努力给予学生成龙成凤的知识翅膀。因此，我校将课程取名为"优之育"课程，

一 课程结构

基于学校课程理念，基于课程方案转化落实的要求，龙背小学课程结构包括"优品课程、优智课程、优趣课程、优创课程、优语课程"等五大领域，具体课程结构见图6-1。

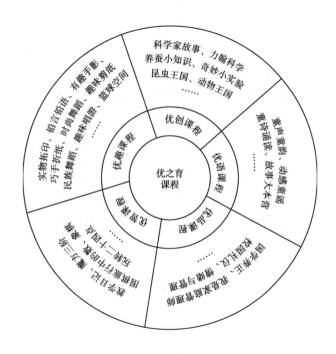

图6-1　深圳市坪山区龙背小学课程结构图

二 课程设置

本课程是根据各课程的学科特点，在尊重学生认识规律，课程内容遵循从易到难、由浅入深、循序渐进原则的基础上设置的，力争系统、科学地设置各年级课程。具体设置见表6-2。

表 6-2　一至六年级"优之育"课程设置表

年级 / 学期		优语课程	优智课程	优品课程	优趣课程	优创课程
一年级	上学期	童声童韵 趣味字母 主题语文阅读 ……	童话数学 玩转数棒 ……	认识学校 校园文明礼仪 国学启蒙 主题班队会 垃圾分类 三防小知识 心理游戏 ……	实物拓印 时尚少儿舞蹈 铅言铅语 武林高手 ……	科学家的故事 科学幻想 ……
	下学期	童声童语 趣味拼读 主题语文阅读 ……	解谜小能手 百变七巧板 ……	礼仪教育 国学启蒙 主题班队会 心理游戏 ……	有趣手影 巧手折纸 铅言铅语 时尚少儿舞蹈 武林高手 ……	动物王国 ……
二年级	上学期	动感童谣 粤语课堂 主题语文阅读 ……	趣味九宫格 口算达人 国际象棋 ……	公民教育 感恩他人 国学启蒙 沙盘游戏 ……	简单剪纸 民族舞蹈 趣味唱游 铅言铅语 动感啦啦 口风琴艺术 ……	昆虫王国 ……
	下学期	粤语童谣 韵文诵读 主题语文阅读 ……	乘法口诀大比拼 口算达人 国际象棋 ……	自己的事情 自己做 国学启蒙 沙盘游戏 ……	简单剪纸 民族舞蹈 趣味唱游 铅言铅语 动感啦啦 口风琴艺术 ……	气象小小兵 生活智慧王 ……
三年级	上学期	阳光小主播 童诗诵读 日记之旅 主题语文阅读 ……	四阶数独 五子棋 ……	校园生活礼仪教育 科学收纳 国学养正 ……	多瓣花剪 笔墨生花 合唱艺术 捷足先登 ……	奇妙小实验 植物王国 ……

年级＼学期	优语课程	优智课程	优品课程	优趣课程	优创课程
下学期	阳光小主播 口语天天练 主题语文阅读 ……	六阶数独 五子棋 ……	家庭、社交礼仪教育 国学养正 ……	立体剪纸 笔墨生花 合唱艺术 捷足先登 ……	奇妙小实验 养蚕小知识 ……
四年级　上学期	故事大本营 主题语文阅读	九阶数独 玩转二十四点	认识自己 国学养德 小小厨师 情绪与健康	动物剪纸 书韵芳菲 "羽"众不同 舞林高手 篮球空间	蔬菜种植 食物中的学问 物质科学
四年级　下学期	英文趣配音 配乐诵读 主题语文阅读 ……	数学日记 玩转二十四点 ……	感恩社会 国学养德 情绪与健康 ……	花边剪纸 书韵芳菲 "羽"众不同 舞林高手 纸杯画 ……	蔬菜种植 色彩穿搭中的学问 生命科学 ……
五年级　上学期	小小演说家 口语秀 主题语文阅读 ……	魔方三阶 围棋 ……	我是家庭管理师 我是校园小主人 情绪与健康 国学养性 ……	百变跳绳 翰墨飘香 书法与剪纸 陶笛艺术 芦声悠扬 舞动青春 乒乓之乐 ……	PPT 画作 微生物王国 ……
五年级　下学期	英文故事 循环日记 主题语文阅读 ……	魔方四阶 旅行中的数学 围棋 ……	礼仪手势的运用 国学养性 情绪与健康 ……	百变跳绳 翰墨飘香 刻纸艺术 陶笛艺术 芦声悠扬 舞动青春 乒乓之乐	PPT 画作 微生物王国 观鸟 ……

年级＼学期		优语课程	优智课程	优品课程	优趣课程	优创课程
六年级	上学期	创意写作 美文欣赏 主题语文阅读 ……	扑克魔术 中国象棋 ……	品质教育 感恩自然 国学养智 神奇宝盒缓压力 ……	创意刻纸 落笔生花 你来我网 戏剧魅影 民族艺术 ……	制作电子简报 星空与星象 ……
	下学期	课本剧场 《诗经》吟诵 主题语文阅读 ……	数学实验 数学头脑风暴 探索黄金比 ……	励志教育 国学养智 毕业典礼 神奇宝盒缓压力 ……	剪纸与装裱 你来我网 戏剧魅影 民族艺术 衍纸手工 ……	技术科学 多彩的光 压力与浮力 ……

第四节　见证孩子成长的奇迹

课程实施是实现课程理想的必要途径,从学校实际出发,依据学校的课程目标,我校制定了具有学校执行力的课程实施方案。通过构建"真我课堂",建设"真我学科",创设"真我社团",做实"真我探究",推行"真我之旅",评选"真我之星",激活"真我校园",创建"真我联盟"等若干途径,拓展儿童成长的学习渠道,见证孩子成长的奇迹。

一　构建"真我课堂",提升课程实施品质

"真我课堂"的精髓是目标单一、精讲多练,重视的是教与学的多样性,注重的是培育学生的学科素养,激发学生学习兴趣,激活学生学习的能动性和主体性,提升学生的学习水平。每一位教师都要真正地领悟真我课堂的理念,并落实在实际的课堂教学中,其中包含以下几个要求。

1. 以生为本。真我课堂是以生为本的课堂,是将知识建立在学生认知的基础上,充分体现学生是课堂的主人,将学习的主动权更多交给学生的课堂;教师是课堂的组织者、引导者和合作者,更加注重学生的课堂体验、知识收获以及学生素养发展。

2. 生动有趣。真我课堂是以激发学生的能动性与潜能为目标的课堂,重视教师采用多元化教学手段的评价,教师要善于运用激励性评价对学生的学习进行肯定与理解,增强学生学习的动力,调动学生学习的积极性。

3. 自主合作。真我课堂是自主、合作式的课堂,以问题为导向,为学生自主、合作学习提供平台,促进学生对问题的认识与思考,激发学生共同求知的欲望。

4. 革新创造。真我课堂是革新创造的课堂,鼓励教师以精讲多练为目标的同时,也要巧妙地对不同学科进行兼容整合,丰富教学内容。

"真我课堂"的推进策略:一是根据课程标准,制定有效的课堂评价,指引教师的课堂教学导向,让学生获得发展。二是新课程要求教必须服务于学,在教学的过程中促进学生学习方式的转变才是首要任务,根据要求不断推动课堂模式改进,让课堂活动焕发精彩的生命力。三是好教师就是好课堂,提升教师的专业水平,培养好教师是"真我课堂"的首要任务:狠抓校内教研,营造教研氛围;坚持"请进来、走出去"的方式,推动教师成长,为每位教师精彩的课堂表现提供进修平台。

二 建设"真我学科",凝练学科课程特色

"真我学科"以学科基础课程为核心,贯彻"让每一个孩子的天赋自然而饱满地生长"的课程理念。依据学科课程标准的要求,根据学生认知特点、兴趣爱好以及发展需要,对学科一些基础课程进行有效的拓展,从而构建真我学科课程群,激发学生学科潜能与兴趣,帮助学生完善学科知识体系,提升学科素养。

"真我学科"的建设,从学科教师的师资力量出发,以学科知识为支点,进行 $1+X$ 的学科知识拓展。真我学科的课程设计在遵循多样性、层次性、综合性和实践性四个基本原则的基础上,结合《义务教育课程标准(2022年版)》,根据国家课程编排特点,开发了阅享语文、趣话英语、密探数学、智创科学、乐享音乐、活力体育、欣·品美术、润心道法等学科课程群,在学科教学中做到兼容并蓄。

三 创设"真我社团"，发展儿童兴趣爱好

社团活动是学校课堂教学的延伸性活动，是进一步深化课程改革，发展素质教育的重要体现，社团活动的正常开展，既丰富学生的课余生活，也为学生提供了自主发展的空间。"真我社团"课程在学校真我文化大背景下，以真我培养目标为切入点，以培养学生兴趣为主。学校依据学生综合素养，广泛调查学生兴趣，设置多元化社团，提升学生学科素养，促进学生个性发展。真我社团课程内容分为五类：优语课程（童声童韵、阳光小主播、绿苗写作）、优品课程（烹饪、蔬菜雕花、创意手工、公共安全教育、成长密码、蔬菜种植）、优趣课程（时尚舞蹈、民族舞蹈、街舞、笔墨生花、合唱艺术、口风琴艺术、传统影视文化欣赏、传统剪纸与创意美术、足球、篮球、田径、羽毛球、乒乓球、武林高手、绳采飞扬、葫芦丝）、优智课程（五子棋、跳棋、象棋、趣味数学、进阶数独）、优创课程（图形图像创意设计、创意小制作、汽车操作体验）等。

四 做实"真我探究"，推进项目学习课程

"真我探究"以项目学习课程为研究对象，把师生置于项目研究中，以学科为单位，设计不同的探究项目。

专题性真我探究：每年4月份学校都会举行一次项目学习的评审会，师生可以结合自身的兴趣爱好进行立项，提交申报表，学校评审小组申报项目进行评审，通过审核的项目学校会给予一定的经费支持和时间限制，项目组须如期呈报研究报告和举办成果展。

学科性真我探究：班级老师与学生可以根据自己学科的需要，针对某章节或某内容进行项目学习，达到巩固知识的目的。

五 推行"真我之旅"，落实研学旅行课程

学校结合教育需求，大力融合科技、人文以及爱国教育等要素，设计研学旅行课程，让学生通过社会调查、参观访问、亲身体验、资料收集、集体活动等方式，在游中学，行中思。

教师根据学科课程标准、学生实际情况设计研学手册、学习任务单,让学生在实地研学时完成研学手册、学习任务单,形成研学报告。

六 评选"真我之星",发展个性特长课程

根据《中共中央关于全面深化改革若干重大问题的决定》《国家中长期教育改革和发展规划纲要(2010—2020 年)》《中共深圳市委市政府关于推进教育改革发展率先实现教育现代化的决定》精神,为进一步提升我校师生素养,充分发挥学校和师生的先导、基础和纽带作用,我校结合深圳市中小学生八大素养,构建了学校《真我少年成长评价体系》。

每位上课的老师在课堂上除了要针对真我课堂展开教学外,也都要结合真我少年的成长体系对班级的每一个同学进行成长评价。每个星期,班主任要根据真我少年记分表的记分情况,分别评出该周的优行少年、优智少年、优体少年、优艺少年,并授予其学校的优行星、优智星、优体星、优艺星的徽章作为奖励。

按照我们校园优星兑奖规则,学生可以积累自己所得的徽章,到期末开放兑奖超市时,就可拿着自己的徽章收集卡,按张贴出来的兑奖规则兑换奖品,徽章数每个学期清一次,新学期重新开始累计。在一个月中,如果有学生拿到了优行、优智、优体、优艺这四个徽章,该学生就是当月的真我少年。获评当月真我少年的学生会在升旗仪式上进行表彰,并授予其真我少年的徽章。多月获评真我少年的学生在学期末的散学典礼上会被授予真我少年奖状,并参与年度品质少年评选。

七 激活"真我校园",开发环境隐性课程

校园环境文化是隐性课程,具有特殊的潜在的教育功能。真我校园是怡情、浸润、赋能、实践、融合的校园,承载着学校文化的精神内核和理想追求,是学生灵魂自由而向上生长的生命场,它是无声的语言,有声的倾诉,美丽与魅力同在,它能散发让学生美好素养提升的星光。

为了激活真我校园,一是要精心设计,让校园中的每一处环境都会有话说。本着传统底色、现代元素、审美追求、主题单元分类集成的原则,学校精心设计校园的每一个角落,如阅读亭、鸟的天堂、分阶植物园、蔬菜基地等。二是要细心雕琢,让校园中的

每一个细节都传情。一训三风、名言语录、励志诗文，以及学生画作等，不仅能让学生感受到步步景与温情，更能让学生感悟人生真谛。三是要全心倡导，让校园每个人都成为文化的建设者。学校鼓励每一个教职工与学生成为校园的维护者和建设者。学生的手工艺品、剪纸、绘画等随处可见。四是要悉心开拓，为校园中的每一个节日赋予精神力量和成长动力。学校以校园节日为依托，推行校园四节，以传统节日和现代节日为载体，创设节日课程，让每个学生在活动中发展自我、弘扬精神、活跃情感。

八 创建"真我联盟"，落实多方共育课程

真我联盟就是多方的教育联动，开放校本课程的开发与实施。

一是实施多方教育联动，广泛挖掘家长、社会资源，聘请有热情、有精力、有能力的专业人才，与学校携手共建，丰富教育资源，拓展课程建设的路径。

二是建立家校合作机制，密切家校教育关系。通过家长学校、家长会、教学开放日，以及社会组织机构开展的家庭教育讲座，增强家长的教育力，形成家校合力，在课程的实施过程中，赢得家长的理解、支持、帮助和参与。

三是利用社区、企业等社会实践基地，扩大学生学习的空间与资源。

第五节 用评价支撑儿童个性生长

课程评价是通过系统收集课程设计、课程组织实施的信息，依据一定的标准和方法进行价值判断的活动。课程评价对课程的实施起着导向与调控的作用。学校需要运用增值性课程评价来作为不断完善课程建设的重要依据和途径。我校从学校与师生的需要出发，遵循评价的激励性、科学性、多元性三大原则，充分挖掘课程的增值元素，构建多维度的增值性课程评价体系，促进评价间的交互性形成，推动学生个性化、多元化成长。

在"优之育课程"建设中，学校力求通过增值性课程评价在学生多元成长、教师专业提升、学校个性发展上取得一定成效。我校的课程评价从课程本身、学生、教师三个方面出发，遵循"发展、促进、提高"的价值取向。教师评价着眼于课程规划与设计、课程实施、教学方案、组织能力、课堂评价。学生评价采用量化评价和质性评价相结合的

方式,既重视学习结果,更关注学习过程,从而落实"让每一个孩子的天赋自然而饱满地生长"的课程理念。课程评价主体包括学校评价、学科组评价、教师自评、学生评价,评价形式根据学科特点分为纸笔测试、成果展评等,具体的评价体系如下。

一 校本课程的评价

课程是落实我校课程育人目标的主要抓手,我校的优之育课程主要从以下方面进行评价:课程理念、课程目标、师资队伍、课堂教学情况、教学效果、教学特色等。首先由教研组组织老师认真学习课程评价标准,严格按评价要求进行自评并在自评的基础上形成《课程自评报告》。接着学校评估小组在审核《课程自评报告》的基础上,通过深入访谈、查阅资料等形式,对课程建设工作做出公正客观的评价,形成《评估组评估报告》并给出评估结论建议。最后,为确保评价质量,校教务处将对评价结果进行抽检。具体评价标准见表6-3。

表6-3 深圳市坪山区龙背小学"优之育"课程评价量化表

一级指标	二级指标	基本要求	评估方式	满分	组自评	教导处评	校评
课程定位	课程性质与设置	课程性质明确,定位准确,有科学、系统、个性化且符合培养目标的教学大纲。课程学时和学期安排合理。	查看教学纲要。	15			
教师队伍	数量与配置	教师整体数量能够满足教学需要,队伍配置合理。	查看课程教学人员情况及人员信息资料。	5			
	教研活动	注重教研建设,落实效果好;教研活动有制度、有计划、有记录;能有效开展教学内容、方法和手段改革方面的研究。	查看教研活动计划、记录、总结,教师访谈。	5			
	师德修养	严格履行岗位职责,遵守教学纪律;治学严谨,为人师表,爱岗敬业,无教学事故。	查看教学日志。	5			
课堂组织情况	课堂教学准备	教学计划、教学安排、课表、教学管理制度等齐全。教案撰写整齐、规范;教学目标明确,教学环节安排得当;内容重点难点突出。	查看教学基本文件;查看教案,现场听课,教师访谈。	10			

一级指标	二级指标	基本要求	评估方式	满分	组自评	教导处评	校评
	课堂教学组织	认真组织课堂教学、仪态端庄、声音清晰、富有教学激情;能灵活运用多种先进的教学方法;能有效调动学生的学习积极性,激发学生的潜能;教学具有启发性,注重师生互动、注重培养学生的创新意识和创新能力。能强调课堂纪律,善于课后总结。	现场听课。	10			
	教学手段	在教学过程中恰当、充分地使用现代教育技术手段和传统教学方法,充分利用课程资源,教学效果好。	现场听课。	10			
	考勤管理	认真核对和登记缺课学生,考勤成绩计入平时成绩;认真填写教学日志,没有缺漏。	查看教学日志,考勤与平时成绩计算办法。	5			
	考核管理	平时作业能严格要求、管理,有科学可行的考核办法,且执行情况好。	查看学生评价标准。	5			
教学效果	学科评价	为后续课程学习奠定基础,后续课程教师反映好,组织的课堂活动丰富多彩、普及面广、效果显著。	查看课堂活动计划、内容等材料;通过访谈,听取后续课程任课教师的反映。	5			
	学生意见	学生对课程教学的满意度较高。	查看学生对课程教学的满意度调查材料,召开学生座谈会。	5			
	教学督导评价	教学督导员对该课程的教学评价较高。	督导处对课程教学评价。	10			
特色项目				10			

二　"真我课堂"的评价

　　根据"真我课堂"的内涵,我校制定如下的课堂标准,推动课堂教学改革,让真我课堂真正落实优之育课程,具体评价标准见表6-4。

表6-4　深圳市坪山区龙背小学"真我课堂"评价标准观察表

观课人			总得分	
观课时间		观课班级		
授课人		所授学科		
所授课题			所授课型	

课堂教学流程简摘

一级指标	二级指标	三级指标(评价细则)	分值	评价分值
精准的教学目标	课堂教学目标的设定	1. 是否注意学生的主体地位,突出学生学。	10	
		2. 是否以课标为基础。		
		3. 是否表达具体,规范。		
		4. 是否注意三维教学目标之间的联系。		
优良的课堂文化	课堂基本习惯与礼仪	1. 师生间是否互相尊重,课堂中师生间配合默契,心心相印。	2	
		2. 上课问好、听讲、举手、回答、讨论、朗读、练习、展示、站立、下课告别等是否有一定的规矩与要求,并渗透素养培养。	8	
深度的教学构思	学生多样的学习方式培养	是否组织多种适合学生自主发展的学习活动,调动学生探究欲望。(如:小组讨论、自主思考、自主练习、自主阅读、展示、动手操作等。七给:给学生一个空间,让他们自己往前走;给学生一个条件,让他们自己去锻炼;给学生一个时间,让他们自己去安排;给学生一个机遇,让他们自己去抓住;给学生一个冲突,让他们自己去讨论;给学生一个权力,让他们自己去选择;给学生一个题目,让他们自己去创造。四动:动脑、动口、动手、动耳。)	35	
	教师掌控教学的能力	1. 导入是否能根据本节课的教学需要,调动学生学习的积极性。		
		2. 引导学生学时是否遵循学生的认知特点,循序渐进,并富有启发性、探究性和趣味性。教师在课堂中是以"导"为主,还是以"灌"为主。		
		3. 是否能巧妙化解课堂中的突发问题,以及课堂生成性的问题,并根据需要调整教学方向。		

一级指标	二级指标	三级指标(评价细则)	分值	评价分值
		4. 巩固练习的练习内容是否层次分明、形式多样。课后作业设计是否具有针对性、层次性、开放性、开拓性。	35	
		5. 是否自然、合理设计与教学内容相符的拓展与延伸,加深学生的认知。		
		6. 是否能借助多媒体平台或其他辅助教具,有效地提升课堂效果。		
		7. 教师的基本功能力是否运用得当:是否善于利用评价机制,对学生起到激励导向作用;教师的教态,如肢体语言、口语表达、表情语言是否自然、生动;教师板书是否富有条理、突出要点、版面设计是否美观科学。		
		8. 小结语言简洁,善于归纳梳理整节课的知识点,富有启发性。		
有效的教学效果	教学与学习效能	1. 对教学重难点的把握与突破是否到位,时间的分配是否合理。	10	
		2. 课堂氛围:教师轻松愉悦;学生积极主动、情绪高涨、勇于自我表现,参与率达 90%。		
		3. 学生对本节课内容的掌握是否达 80%以上。		
你对本节课的评价	优点			
	教学建议			
	引发讨论的问题			
学生点赞	探究与合作　迁移与运用　表达与展示		教师点赞	学科深度 思维深度 交往深度

三　"真我学科"的评价

为了进一步调动学科教师教研的积极性,增强学科组的凝聚力,浓厚学科组学习风气,同时也促使学科组与学科组之间、教师与教师之间形成比、学、赶、帮、超的良好局面,从而推动教师专业化素养成长。优之育课程通过"真我学科"的评价,促进教师学科教学能力的增强。具体评价标准见表6-5。

表6-5　深圳市坪山区龙背小学"真我学科"评价量化表

一级指标	二级指标	评分细则	权分	组自评	校评
学科理念	指导思想	遵循国家课程标准,结合新课改评价的精神,促进学科教学的素质化,推动课改的内涵发展,彰显学校的学科特色。	10		
学科课程	课程目标	体现三维的课程目标,体现素质教育的理念,培养学生核心素养。	20		
学科教学	课堂教学	课堂生动活泼,体现以生为本。能根据学科要求设计有针对性的问题,开展形式多样的教学活动,培养学生自主合作和探究学习的能力。教学达到预期的效果。	40		
学科管理	学科教研	1. 建立一套系统的学科教研制度,定期召开不同主题教学教研活动,积极引导教师探索真我课堂教学模式,推动课改的进程。2. 积极推动教师参与各级各类的教研活动,让教师在活动中成长。3. 鼓励教师积极参与课题研究,勇于承担各级各类的课题研究。	20		
	提质减负监控	1. 按照要求布置和批改作业,作业设计有针对性、实效性、多样性、趣味性。2. 测试与考试次数适当,形式多样,难易度适中,能与生活实际相连。	10		

四　"真我少年"的评价

学生是课程的学习者,对其的评价应该是多元的,我校围绕着课程的育人目标,通过优之育课程,关注学生的全面发展,实现"真我少年"的培育,并通过"真我少年"的评选,促进学校课程育人目标的达成,具体评选细则见表6-6。

表6-6 深圳市坪山区龙背小学"真我少年"成长评价细则

评价维度	一级指标	二级指标	评价标准和内容			评价主体	评价周期	评价人签名
			低年级	中年级	高年级			
优行少年	红星·优行章（爱党）	聚焦热爱中国共产党教育；革命传统教育；中国特色社会主义教育；社会主义核心价值观教育；共产主义教育等。	能说出党的名称和生日；认识党旗、团旗、队旗；认识党徽、团徽、队徽。	知道党的根本宗旨是为人民服务；聆听身边一位优秀党员的故事。	知道党的光辉历史和伟大成就；组织一次学党史中队会。			
			会背诵社会主义核心价值观；了解自己身边的好人好事，并讲述给父母听。	寻找道德模范人物，讲述他的故事；背诵社会主义核心价值观，并能说出三个层次的意思。	背诵并践行社会主义核心价值观；每学期参加一次社区义工活动。			
	红旗·优行章（爱国）	聚焦爱国主义教育；国家教育；热爱人民教育；中国梦教育；国家民族就教育；公民道德教育；集体主义教育；民族团结教育；法治教育；国防教育等。	知道少先队呼号内容，并能响亮地回答。	能说出与少年儿童树立志向相关的寄语。	有自己的职业向往和理想追求，制作一张立志卡。			
			认真严肃对待升旗仪式，唱好国歌，行好队礼。	认真严肃对待升旗仪式，唱好国歌，行好队礼。	认真严肃对待升旗仪式，唱好国歌，行好队礼。			
			诚信友善、宽厚待人、遵守学校纪律、积极参加集体活动。	诚信友善，宽厚待人，积极参加集体活动，融洽地与人交往，乐于帮助他人，乐于分享，能就不同的意见与他人商讨。	孝亲敬长，有感恩之心。遵守社会公德，养成文明的行为习惯，具有规则意识和民主、法治观念，初步形成积极向上的人生观、价值观。			

评价维度	一级指标	二级指标	评价标准和内容			评价主体	评价周期	评价人签名
			低年级	中年级	高年级			
	火炬·优行章（优秀少先队）	聚焦队前教育、少先队标志礼仪教育；初中少先队队建教育；党团队意识教育；组织生活教育；岗位服务教育等。	讲文明懂礼貌，养成良好的生活和行为习惯，懂得基本的道德规范和文明礼仪。	讲文明懂礼貌，养成良好的生活和行为习惯，懂得基本的道德规范和文明礼仪。	讲文明懂礼貌，养成良好的生活和行为习惯，懂得基本的道德规范和文明礼仪。			
			爱学校，爱班集体，爱父母，爱老师，爱同学，爱校园环境。	爱祖国、爱家乡、爱学校、爱父母。自觉遵守行为规范、校规校纪和社会公德，养成良好的学习和生活行为习惯。	具有良好的爱祖国、爱人民、爱家乡、爱社会的思想情感和良好品德。			
			一年级队前教育：人队做一件好事。能正确、规范佩戴红领巾。	聚焦少先队主题活动，学习线上红领巾故事并能正确规范佩戴红领巾。	能正确、规范佩戴红领巾，积极参加队十·一三建队日活动；积极学习线上红领巾课程。			
			掌握一定的劳动技能，乐意与同伴交往，他人遇到困难时能伸出援手、拥有积极乐观的生活态度。	具有积极的劳动态度和良好的劳动习惯，能把所学的知识和技能运用于生活中。	主动参加家务劳动、公益活动和社会实践，拓展知识领域，增长生活经验，感受知识与生活的联系。			

评价维度	一级指标	二级指标	评价标准和内容			评价主体	评价周期	评价人签名
			低年级	中年级	高年级			
优智少年	优智·特色章	通过学科课程学习，让学生在实际课程学习、生活中养成爱学习、乐实践、善探究的能力习惯。	在班队中积极努力承担一项力所能及的工作。	参加班级中队互帮互助活动；多参加社区义工活动。	主动参与敬老爱社区活动；积极参加学校志愿者活动。			
			学习了解勤俭节约的中华传统美德，养成"光盘"好习惯，生活中做到节约用水电。	在学校、社区、家庭等地多宣传"光盘行动"；做勤俭节约宣传员，用自己的行动影响身边人。	践行"光盘行动"，并能说出农作物的生长季节；做好班级垃圾分类。			
			对学习有兴趣，掌握低年段文化课程标准规定的要求。	热爱学习，形成浓厚的学习兴趣，掌握中年级文化课程标准规定的要求。	热爱学习、乐于学习，学会学习，保持积极主动的学习兴趣，掌握高年级文化课程标准规定的要求。			
			培养良好的学习习惯，具有基本的动手操作能力。会观察、喜欢参与、了解各种实践活动。	能认真倾听、独立思考、自主探究、动手实践、合作交流，反思质疑，展示分享。	养成良好的学习习惯和一定的自主学习的能力。			
			善于合作、乐于分享，并能发表自己的观点。善于对日常生活中的现象提出"为什么"。	能运用所学习的知识和技能解决问题，并初步学会将所学习的知识与技能运用于生活中。	具有大胆创新和主动探究的意识，对问题有自己独特的见解和看法，并勇于发表不同的意见，能运用所学知识和技能解决问题。			

评价维度	一级指标	二级指标	评价标准和内容			评价主体	评价周期	评价人签名
			低年级	中年级	高年级			
优体少年	健体·特色章	通过体育与心理健康课程的熏陶，培养学生成为有一定体育技能与爱好、体魄强健、自信阳光、自强不息的健康人。	积极参加体育活动，初步掌握简单的技术动作，感受运动给自己的生活带来的乐趣，形成积极进取、乐观开朗的生活态度。	积极参加体育活动锻炼，养成坚持锻炼身体的习惯，形成健康的生活方式和积极进取、乐观开朗的生活态度。	积极参加各项体育运动，形成灵敏、力量、耐力、协调等身体素质。通过国家体质健康测试，掌握1—2项体育运动技能，并将之变成特长项目。乐于运动，享受快乐、激发潜能、磨练意志。			
			珍爱生命，提升心理健康水平，学习自护知识和健康技能。遇到失败和挫折时，不灰心、不气馁，能保持健康、阳光的心理状态。	珍爱生命，提升心理健康水平，充分发挥潜能，形成健全人格，学习自护知识和健康技能。遇到失败和挫折时，不灰心、不气馁，能保持健康、阳光的心理状态。	珍爱生命，提升心理健康水平，能控制自己的情绪，形成健全人格，学习基本的安全自护知识和健康技能。遇到失败和挫折时，不灰心、不气馁，能保持健康、阳光的心理状态。			

评价维度	一级指标	二级指标	评价标准和内容			评价主体	评价周期	评价人签名
			低年级	中年级	高年级			
优艺少年	优艺·特色章	通过艺术课程培养,让学生了解艺术,欣赏艺术并很好地表现艺术,从而增强学生的审美能力和表现美的能力。	培养动手制作的兴趣,锻炼想象能力及创作能力。	作品内容丰富、富有生活情趣,有初步创新意识。	增强想象力和创造力,增强审美意识和审美能力。			
			丰富情感体验,培养对艺术的热爱,对生活的积极乐观态度。	培养创新思维,增强艺术审美能力,陶冶高尚情操,对艺术有所追求。	增强对大自然和人类社会的热爱及责任感。尊重艺术、理解多元文化,培养艺术兴趣,树立终身学习的志向。			

五　"真我教师"评价

教师不仅是课程的实施者,也是课程的开发者、设计者。优之育课程通过对"真我教师"的评选,加快教师队伍建设步伐,树立教师典范,特从德、能、勤、绩四方面制定考核评价标准,见表6-7。

表6-7　深圳市坪山区龙背小学"真我教师"评价细则

评价维度	评价标准	分值	评价者	得分
德	1. 教育思想端正,关心学生,热爱学生,特别是对待学习表现一般的学生,要满腔热情地关心和爱护,使学生能健康地成长。 2. 仪表端庄,衣着得体,上班佩戴工作证。 3. 上班期间统一用普通话与师生交流,努力构建团结互助、和谐愉快的工作环境。 4. 严禁在课堂上坐着讲课、抽烟、打手机、会客,严禁把个人情绪带进课堂,影响教学效果。严禁在课堂上挖苦讽刺学生,侮辱学生人格;严禁体罚或变相体罚学生。 5. 严禁在办公室、集体场合喝酒、抽烟、打扑克牌、玩游戏。 6. 主动搞好个人及办公室卫生,时时处处注意对学生的教育影响,爱护学校公物,不将公物占为私有。	15	行政组及教师代表	
能	1. 刻苦钻研教育教学业务,有开拓进取精神,积极运用现代教育技术结合学校真我课堂评价细则进行学科教学改革,有较强的教育、教学能力,在学校内进行课堂教学的展示活动、校内公开课、示范课、比赛课等效果好。 2. 积极参与学校的真我课程建设,如:撰写教材、优质教案、教学反思等。 3. 有较强的课堂教学管理能力,并能用真我少年评价措施激励学生成长,课堂纪律良好,课堂学习氛围良好,无乱堂、无瞌睡、无缺席课堂等现象存在。 4. 努力提升自身的专业能力。	30	教导处德育处后勤处	

评价维度	评价标准	分值	评价者	得分
勤	1. 教师应按时上下班，严格遵守签到制度。 2. 准时参加各种会议与教研活动。 3. 严格遵守教师请假制度。	5	教导处 德育处 后勤处 校务处	
绩	1. 教育和教学效果好，成绩显著，对全校教育质量、教学水平的提高有积极作用。学校每个月对不同年级的语、数、英、科等学科进行一次质评，每次质评以抽考奖励考核的形式纳入教师成长档案。 2. 教师要积极参加学校和教育行政部门组织的比赛。 3. 教师要积极辅导学生参加学校和教育行政部门组织的比赛。 4. 积极参与教学研讨，并能申请课题研究。 5. 积极参与校内各类活动。	50	办公室	

六　"真我社团"的评价

"真我社团"立足本校校情，结合学生学情，发挥教师特长引领，同时以此为抓手，提升学生的积极性、创造性，推进素质教育发展。在此准则的指导下，评价更要起到导向作用。学校将从社团筹备、活动过程、活动效果三个维度进行评价，具体见表6-8。

表6-8　深圳市坪山区龙背小学"真我社团"评价表

评价维度	评价内容	评价标准	分值
社团筹备	社团主题	主题健康积极，有创新	10
	活动方案	课程资源丰富，准备充分	10
活动过程	特长发展	有利于学生特长发挥	20
	活动过程	学生积极参与社团活动	20
活动效果	社团学习成果	能形成一定的学习成果，学生积极参与社团展示	40

七 "真我之旅"研学课程的评价

研学课程的评价重点在于师生参与研学的过程性评价、目标性评价、发展性评价，具体研学评价设计见表 6 - 9。

表 6 - 9　深圳市坪山区龙背小学"真我之旅"研学课程评价

评价维度	评价内容	评价方式
过程性评价	学生参与的积极性；学生在研学过程中对材料的收集、记录和整理。	查看学生的参与情况，以及其提交的收集资料。
目标性评价	活动完成情况，是否达到了预期目标。	通过作品、演说、研究报告等方式展示效果，进行评价。
发展性评价	学生研学后的收获。	通过问卷或让学生写活动感受的方式，评价学生对研学课程的认知与情感。

八 "真我校园"的评价

1. "真我校园"的环境评价从多方面有针对性地进行。校园环境建设由校领导直接牵头与落实，班级环境建设由德育处与教导处牵头，年级组长指导，班主任参与设计并完成。班级文化建设每学期一评比，每月一检查，具体评价量规见表 6 - 10。

表 6 - 10　深圳市坪山区龙背小学"真我校园"之真我班级建设评价

指标	评价内容及参考价值	权分	得分
怡情	设计体现儿童年段特点，风格统一，整体性强。	10	
浸润	班级栏目齐全，有公示栏、真我少年评比栏、中队角、班级公约、书法阶梯评比栏、卫生角、图书角、植物角等，营造浓郁育人氛围。	10	
赋能	班级布置有文化内涵，体现学生主体、展示良好班风。	10	
实践	融入学生智慧，有学生作品展示栏，具备交流学习功能。	10	

指标	评价内容及参考价值	权分	得分
融合	学生着装干净、整洁,谈吐文明,待人接物有礼貌。	10	
	总分(50分)		

2. "真我校园"的文化评价,主要由学生、家长、老师三方参与组织评价,采取自评、互评、家评、校评相结合的方式,激发节日课程的育人功能,创造和谐向上、积极奋进、活泼生动的校园文化气息。节日课程评价标准见表6-11。

表6-11 深圳市坪山区龙背小学"真我校园"之节日课程评价表

评价项目	评价标准	分值
主题	主题契合学生的年龄特点,适合学生的身心发展。	10
目标	目标明确,能指向学生核心素养的培养;能凝聚学生和谐、向上、团结的精神力量;能面向全体学生。	30
实施	可操作性强,能创新、有序开展,教育效果明显。	30
效果	有效达成目标,给予学生一定的成长动力,并带动课程的后续发展。	30

关注课程和教师、课程和学生、课程和学科、课程和社会之间的关系,多维度评价,适时植入多媒体评价模型,对课程进行全面观测,这种增值性课程评价是课程实施的有力保障,也能促进评价间的交互性形成,更好地支撑孩子的个性生长。

(撰稿者:饶娇英　潘博　廖丽丹　钟佳汝　游小翠)

第七章

治理的协同性:个性化学校课程体系的保障

学校课程治理是一项系统性工程,要从制度建设、组织架构、多元主体三个维度建立起协同有效的治理体系。其中,制度建设协同保障,指需要建立起完备的课程开发制度、课程实施制度和课程优化制度;组织架构协同高效,指各部门既要有侧重分工,又要相互协调合作,高效高质量地推动课程建设;多元主体协同共促,指校长、教师、学生、家长、社会等多个主体共同参与学校课程治理,保障个性化学校课程体系的有效实施。

有学者认为,学校课程治理是学校课程利益相关者在政府主导下以学校为主体,通过主动协商,对学校课程决策、研发、实施、评价、改革等活动要素和人、财、物等条件建立机制并发挥影响力,达成学校共同育人目标的过程。[①] 自 2001 年教育部印发的《基础教育课程改革纲要(试行)》中提出"改变课程管理过于集中的状况,实行国家、地方、学校三级课程管理,增强课程对地方、学校及学生的适应性"以来,学校成为课程治理必不可少的一环。对于具有校本课程属性的个性化学校课程而言,学校更是课程治理的主体。

完善的课程治理制度能最大限度地保证学校课程开发与评价沿着科学化、规范化、制度化的轨道发展,这也是校本课程开发与评价的质量和水平得以保障的重要基础。[②] 廖哲勋认为在实施课程管理过程中,要对课程系统的各要素进行计划、组织、协调。[③] 笔者认为,要以完备的制度确保计划的合理性,以科学的组织架构确保组织的高效性,以多元主体的共同参与确保协调的有效性。在制度建设、组织架构、多元主体三个维度构建起协同课程治理体系。

一是制度建设协同保障。学校课程规划是一项长期工作,须具有一定的稳定性和持续性,不能随人员更迭而随意变动。为保证课程规划能持续推进,就需要建立相应的治理制度,由"人治"转向"制治"。具体来说,需要建立三方面的管理机制协同保障课程建设。一是课程开发制度,包括经费管理制度、校本课程审议和评价制度、校际交流联系制度、[④]开发人员激励制度等。二是课程实施制度。课程实施过程是课程规划的关键,必须建立完善、成熟、可操作的制度,对人员调配、课时分布、授课方式、绩效监督等方面进行详细的规定。三是课程优化制度,在理论研究、课程评价、课程研讨等方

① 胡定荣,齐方萍. 学校课程治理现代化的目标、内涵与实现路径[J]. 教育科学研究,2021(7):11—16+23.
② 茹建文,韩慈峰. 个性化校本课程开发的调查分析与对策思考[J]. 教学月刊小学版(综合),2016(Z1):9—12.
③ 廖哲勋. 课程学[M]. 武汉:华中师范大学出版社,1991:203—206.
④ 聂华玲. 校本课程资源开发与利用的机制问题研究[J]. 现代职业教育,2019(1):122—123.

面提供指引,在制度层面保障学校课程持续优化。这三方面的机制涵盖课程生成、课程实施和课程优化三个环节,协同保障课程的有序、坚实推进。

二是组织架构协同高效。学校课程的生成、实施和评价等各个环节不是某个人或某个部门能完成的,需要学校内部多个部门的协调合作。为此,需要成立专门的管理小组负责课程开发、推进各项事务,在组织层面提供保障。校长任组长,提供组织保障和领导保障,科研部门、教学部门、教师发展部门等多个部门的负责人任组员。科研部门要研究学校课程建设的关键理论,做好价值引领;发掘优秀课程案例,提供标杆参考;帮助学校做好分析,完善整体框架。教学部门要研究课程的实施途径,制定具体方案,保障开发出的课程能够真正落地实施。教师发展部门则需要组织教师积极参与教研,有计划、有目的、分层次地进行专项培训,开展综合实践。[①] 各部门既要有侧重分工,又要相互协调合作,才能高质量地推动课程建设。

三是多元主体协同共促。由于学校课程涉及多个利益主体,因此课程管理的主体不仅仅是学校领导或者教师,还应该包括学生、家长和社会力量。建立多元课程利益主体参与的学校课程治理体系,统整不同课程利益主体的专业知识与专业资源,调和不同课程利益主体的教育诉求,是学校课程治理力求实现的目标。[②] 校长应成为学校课程与教学方面的领导者和促进者,组建课程建设团队,提供必要的资源和支持。教师是学校课程规划的主要参与者和执行者,负责课程开发、实施和评价的各项具体工作,在学校课程发展中占有主导地位。学生是学校课程的积极建设者,虽然中小学生尚不具备课程规划能力,但他们理应有权利就课程问题向教育者提出意见,他们的思想和感受应受到其他各方主体的关照。家长作为家校合作的重要一方,在课程开发过程中理应具有建议权,他们在监测课程育人成效方面的作用不可替代。还应该充分利用社会资源加强课程建设,如聘请课程专家进行指导与建议等。

总之,学校课程治理是一项系统性工程,课程治理的协同性是个性化学校课程的保障。要从制度建设、组织架构、多元主体三个维度建立起协同有效的治理体系,保障个性化学校课程的有效实施,达成既定的育人目标。

(撰稿者:深圳市坪山区坪山实验学校　李小阳)

---

① 沈春华.以课程智慧引领学校创新——苏州市样本学校课程规划的调研反思[J].江苏教育研究,2016(10):51—54.

② 周彬.学校课程治理:内涵、路径与保障[J].全球教育展望,2021,50(2):3—13.

源智力课程：给予每一个孩子开启未来的力量

深圳市坪山区科源实验学校位于峰峦叠翠的马峦山脚下，坪山河蜿蜒流淌、源远流长，山水滋养万物在此开花结果。学校由原汤坑小学扩建而成，位于深圳市坪山区碧岭街道汤坑社区，拥有80多年的办学历史，于2022年7月更名为深圳市坪山区科源实验学校，办学层次由原来的24班完全小学提升为60班九年一贯制学校，其中小学部36班，初中部24班，共提供学位2 820座（新增学位1 740座）。学校先后获得全国青少年校园足球示范校，全国围棋特色学校，广东省绿色校园，广东省交通安全文明示范学校，广东省安全文明学校，深圳市德育示范学校，深圳市书香校园，深圳市办学效益先进单位，深圳市阳光体育先进单位，坪山区文明校园，坪山区教育系统先进单位等荣誉。为进一步贯彻落实《中共中央　国务院　关于深化教育教学改革　全面提高义务教育质量的意见》《教育部　关于全面深化课程改革落实立德树人根本任务的意见》《义务教育课程方案和各学科课程标准（2022年版）》《教育部　关于加强中小学地方课程和校本课程建设与管理的意见》《基础教育课程教学改革深化行动方案》等文件精神，更好地实现科源实验学校的育人目标，将科源实验学校打造成智慧型、高品质示范校，为新时代义务教育发展提供一个可资借鉴的九年一贯制未来学校发展新模式，推进本校整体课程建设。

第一节　为领跑未来提供智慧

科源实验学校地处以科技创新推动产业创新的"未来之城"。立足从高新技术产业到新兴城区高质量发展背后的未来坪山，学校发扬敢为人先精神和持续追梦文化，提出学校自己的教育价值追求。为此，学校努力实现从传统学校向未来学校转型，教师努力实现从"教会"向"教慧""慧教"提升,把学校建设成深圳市一流、广东省有影响的特色鲜明的未来学校。哈佛大学前校长陆登庭说:"在迈向新世纪的过程中,一种最好的教育就是有利于人们具有创新性,使人们变得更善于思考,更有追求的理想和洞察力,成为更完善、更成功的人。"在我们看来,好的教育,好的学校,总是给予学生创造未来的力量……

一 学校教育哲学

学校秉持"科创"文化,倡导"追梦"精神,提出"源智教育"之哲学,打造具有时代气息的、面向世界的未来学校。学校据此营造积极向上、持续追梦的文化氛围,树立正确的教育价值观。

在我们看来,教育是智慧之源,教育就是智慧的汲取。在一般意义上,教育追求智慧;在终极意义上,教育就是智慧的探寻,就是生命意义的内在超越。

"源智教育"是聚焦个性全面发展的一种新时代教育形态,是以智慧之手段培育具有内在超越之人格的教育,是让人时时感受到被鼓励、被期待的教育,是每一个孩子都能放心地打开自己的教育,是学校的教育价值观和内涵发展方法论的具体化。"源智教育"是对未来教育的责任、期望、场所、内容、方法、关系、形态和文化等的本质界定,是以马克思的人的全面发展理论为指导,关注儿童人格、认知、情感、审美和身体发展,促进学生全面发展的一种教育范式,是学校发展素质教育的实践探索,是学校内涵发展的理论概括。

在我们看来,"源智教育"是完整教育,倡导科学人文有机统一;"源智教育"是个性教育,张扬生命个性;"源智教育"是创造教育,引领未来发展。面对智能技术时代,我们必须重新思考学校教育,通过使用人工智能、大数据等手段,充分认识新技术对教育的推动作用,以满足人们越来越高的智能化教育需要,使人们用最喜欢、最适合、最有效的方式进行学习,让每一个学生都能充分享受量身定制的个性化教育服务。"源智教育"是以培养人的创新意识、创新精神、创造个性、创新能力为目标,全面深入地开发学生潜在创造力,培养创造型人才的一种新型教育实践范式。其主要特点有:突出创造性思维,以培养学生的创造性思维能力为重点;注重个性发展,让学生的禀赋、优势和特长得到充分发展,以激发其创造潜能;注意启发诱导,激励学生主动思考和分析问题;重视非智力因素,培养学生良好的创新心理素质;强调实践训练,全面锻炼创新能力。

　　人是一种超越性的存在。超越性的存在,既是教育的人学依据,也是教育之所期待。教育所期待的超越性的人,是把超越和创造作为自己生活取向的人。超越性于人而言并非某种可有可无的特征,而是人的不可或缺的存在维度。超越,这一维度表现了人性的丰富性:向世界的开放性、不断否定给定性、不断指向未来的可能性、不断改变生活和改造世界的目的性。这也就是教育所要彰显的人性维度。教育所期待的不仅是在实践活动中力图去超越现存的生存境遇,努力创造更好生活的人,同样也是在思想和意识中不断去探寻人的存在价值、意义、理想和目的,寻求精神和思想超越的人。

　　"源智教育"以全面发展的核心指向,崇尚开放性思维,关注个体的自由个性作为创造的基础与目标。人的自由全面发展是"源智教育"的人学立场及目标,主体赋值与人的自我超越是"源智教育"的价值逻辑。"源智教育"深植于人学思想,其立场和目标是实现人的自由而全面发展。在人学视域下,教育不仅具有"属人"性,也是"为人"的,教育中呼唤不能把人仅仅当作是教育的对象,人更应成为教育目的本身,在教育中要把人放在最核心的位置。

【我们的教育信条】

　　　我们坚信,

　　　教育是智慧的探寻;

　　　我们坚信,

　　　学校是开启未来的地方;

　　　我们坚信,

　　　每个人都是智慧的创造者;

　　　我们坚信,

　　　为智慧寻源的教师是最美的;

　　　我们坚信,

　　　为领跑未来提供智慧是学校教育的价值所在;

　　　我们坚信,

　　　给予每一个孩子开启未来的力量是教育的神圣使命。

二 学校课程理念

基于上述教育哲学,我校提出自己的办学理念:为领跑未来提供智慧。进一步,我们确定学校课程理念是:给予每一个孩子开启未来的力量。这一课程理念有丰富的内涵。

课程即生命的眷注。每个学生天赋不同,秉性各异,都是鲜活不可复制的生命个体,教育的真谛在创造适合每一个学生发展的课程。眷注生命,是课程的旨趣;让生命在课程中遇见美好,是课程的追求。在课程中寻找美、发现美、成为美。在自然中,在艺术中,在科学中不断地遇见美、享受美。美好的时光让学生内心充盈而丰富。相信总有一天,他们一定能创造美,并与这个世界分享自己的创造。

课程即力量的给予。课程应该给予生命成长的力量。科技的本质追求是求"真";人文的本质追求是求"善"。着眼向"科技",打造基于中国特色科技的 STEEM 课程——Science 科学、Technology 技术、Engine 工程、Environment 生态、Mathematics 数学融合,多维度培育学生面向未来发展的关键能力和科技素养;立足向"人文",打造人文 CASH 综合课程——Culture 文化、Art 艺术、Society 社会、History 历史等多学科融合,植根社会主义先进文化和中华优秀传统文化,使之进教材、进课堂、进头脑,多维度培育学生必备品格和人文素养。

课程即学习的场景。课程不仅仅是学习的内容,还是学校提供给学生生命成长的资源的总和,是育人的资源和学习的场景。每一门优秀的课程就是学生一段难以忘怀的学习经历。学校在课程理念上实现了突破性变革,即树立起课程是为学生提供学习经历并获得学习经验的观念。以学习方式的改变为突破口,通过提供多方面的经历,注重学生的全面发展。

课程即未来的开启。课程是未来的开启,体现未来立场的课程,在价值追求上,是理解差异、尊重差异、包容个性、引导发展的。因此,课程就是倾听未来,让每一个孩子在课程中展现个性的生长、灵性的神韵、缤纷的色彩、多样的经历和本真的境界。

总之,学校课程理应让每一个孩子向着活泼泼的生命状态迈进。我们努力为每一个孩子设计有意义的学习经历,精心规划学校课程,让我们的学生有潜力、有实力、有动力、有活力、有魄力、有魅力,更重要的是有源智力。为此,我们构建焕发生机的"源智力课程"模式,我们希望通过学校课程变革,为学生营造指向创新素养培育的学习经历。

第二节　做有策源创新力的中国人

学校课程目标是育人目标的具体表现,也是课程功能的现实表征,是一定阶段的学校课程力图促进这一阶段学生的基本素质在其主动发展中最终应达到的预期水准。

一　育人目标

学校倡导每一个人都做有智慧的中国人、做有策源创新力的中国人,培养具有恒定的人格力、持续的健康力、独特的审美力、突破的策源力的少年儿童。

——恒定的人格力。有爱党、爱国的深厚情感,具备正直的人格、善良的心灵、诚信的品格、宽容的胸怀和自律的行为,具有修身、齐家、治国、平天下的家国情怀和中华民族复兴使命的责任担当,有恒定的人格力。

——持续的健康力。体格健康,心理适应力强。每一个学生既要具备健康的体魄,也要具备应对各种挑战的心理适应能力,尤其是在心理问题多发的当下,更要具备自我调控和缓解的能力,有持续的健康力。

——独特的审美力。有多方面的兴趣,能写一手好字,能演奏一件乐器,能懂一种绘画技巧,能说一口流利英语,能写出优美的好文章,能会两项体育锻炼技能,能学会终身受用的好方法,能养成终身受益的好习惯,有较强的艺术审美素养,有独特的审美力。

——突破的策源力。思维活跃,能适应当代社会发展,能在认识自己的能力的基础上,与他人建立良好的关系,具备良好的沟通合作能力,有较强的语言表达能力,有较强的逻辑思维能力,有较强的创新策源力。

二　课程目标

为了实现培养目标,我们根据各学段,各年级学生的年龄和身心特点,将培养目标进行细化,形成九年一贯制学校的课程目标,具体见表 7 – 1。

表 7-1　深圳市坪山区科源实验学校课程目标

学期表现＼育人目标	恒定的人格力	独特的审美力	持续的健康力	突破的策源力
一年级	爱亲敬长,尊敬老师、尊敬长辈、学会感恩;初步养成良好的生活、卫生习惯,按时作息,生活有规律。喜欢和老师、同学交往,熟悉学校环境;养成良好的饮食和个人卫生习惯,自己能做的事情自己做。	熟悉学校的学习和生活环境,具有参与集体活动的意识;能在活动中学会信任他人。能更加积极地参与集体活动,并对他人保持信任。培育一点兴趣,初步认识线条、形状、色彩与肌理等造型元素,学习使用各种工具,体验不同媒材的效果。	能跟着老师上体育与健康课程;初步了解简单的运动项目名称、基本的安全运动知识和方法。比较喜欢上体育课,初步学会常见的球类游戏,了解运动前做准备活动等安全运动常识。观察身边的用品,初步了解形状与用途的关系。	初步了解一年级必需的基本知识和基本技能;经历从日常生活中抽象出数的过程;能从对具体现象与事物的量的观察、比较中提出感兴趣的问题。能用语言初步描述信息,能依据已有经验,对问题作出简单猜想。能有运用观察与描述、比较与分类等方法得出结论的意识。
二年级	在学校里情绪安定,心情愉快,具有初步的自我保护意识和能力;能基本遵守规则,懂得注意安全。了解天气、季节变化等对生活的影响,学会照顾自己;能看到自己的成长和进步,并为此高兴。	能积极参与班集体活动和小组活动,在学习小组中能信任小组成员并接受他人的帮助。能主动分享自己的观点。积极参加学校绘画、舞蹈、朗诵等各项活动,养成兴趣爱好。	掌握所学运动项目的动作术语,初步发展柔韧性、灵敏性和平衡能力,初步了解个人卫生保健知识和方法。能观赏自然景物和学生感兴趣的美术作品。在体验运动的过程中初步了解运动现象,学习民族传统体育活动项目的基本动作。采用造型游戏的方式与语文、音乐等学科内容相结合,进行无主题的想象。	初步了解生活中的自然、社会常识,掌握初步的测量、识图和画图的技能,能在教师的指导下,从日常生活中发现和提出简单的问题,并尝试解决。能了解科学探究所需要制定的计划。能简要讲述探究过程与结论,并与同学讨论、交流。经历简单的数据收集、整理和分析的过程,了解简单的数据处理方法和分析问题的基本方法。
三年级	能热爱班集体、学校,获得与同伴友好交往、合作的基本方法,愉快、开	能在集体活动中投入情感,能主动关心集体成员,做出贡献后能作出得	能尝试参加新的体育活动、体育游戏和比赛。乐于参加多种体育活动,了解	初步体验与社区和社会生活相联系的学习过程,能对调查过程中获得的简单数据进行

育人目标＼学期表现	恒定的人格力	独特的审美力	持续的健康力	突破的策源力
	朗地学玩;学会做事,学会关心他人。遵守社会道德规范,养成基本的文明行为习惯;乐于与他人分享与合作。	当的分享。能在集体学习活动中投入情感,能关心团队进展和他人遇到的困难,并及时提供帮助。培养积极向上的兴趣和爱好,形成坚持进行兴趣活动的习惯,能积极分享自己的成果。	奥林匹克运动的知识;能表现出主动规避运动伤害和危险的意识和行为。	归类,体验数据中蕴含着的信息,会独立思考问题,表达自己的想法,体验与他人合作交流解决问题的过程。能用比较科学的词汇、图示符号、统计图表等方式记录整理信息,陈述证据和结果。学会简单的调查研究方法并尝试应用,分析结果。
四年级	亲近自然,喜欢在自然中活动,初步具有保护环境、爱惜资源的意识。珍爱生命,热爱自然,爱护动植物,节约资源;能为保护环境做力所能及的事。	在需要时能想到组成团队进行合作,具备初步的组织能力。组成团队后,各组员可以根据自身的优势进行合理的分工。欣赏符合学生认知水平的中外美术作品,用语言或文字等多种形式描述作品,表达感受与认识。	了解个人卫生保健知识和方法,初步了解疾病预防知识。能改善体形和身体姿态;了解体能的构成,能通过多种练习发展柔韧性、灵敏性、速度、力量。结合其他学科内容,进行美术创作与展示,并发表创作意图。	初步形成数感和空间观念,感受符号和几何直观的作用;能基于所学知识,制定简单的研究计划。能正确讲述自己的探究过程与结论,能倾听别人的意见,并与之交流。能运用感官和选择恰当的工具、仪器,观察并描述对象的外部形态特征及现象。能对自己的探究过程、方法和结果进行反思。
五年级	了解家乡的风景名胜、主要物产等有关知识,感受家乡的发展变化;能明辨是非,做错事勇于承认和改正。热爱革命领袖,了解英雄模范人物的光荣事迹;在他人的帮助下能定出	习惯于在探究性任务中以合作的方式学习,分工明确,配合协调。在合作中出现分歧可自行进行协商,初步学会彼此理解和妥协。选择合适的工具、媒材,记录与表现所	认识到适当的体育活动是有效的积极性休息方式;能通过体育活动进行积极性休息,可以选择较适宜的锻炼时间、场地和运动方法等。从形态与功能的关系,认识设计和工艺的造型、色	能在观察、实验、猜想、验证等活动中,发挥合情推理能力,能进行有条理的思考,能比较清楚地表达自己的思考过程与结果。能基于所学的知识,从事物的结构、功能、变化及相互关系等角度提出可探究的科学问题。能

育人目标　学期表现	恒定的人格力	独特的审美力	持续的健康力	突破的策源力
	制定可行的目标并努力去实现。	见所闻、所感所想,发挥美术构思与创作的能力,表达思想与情感。	彩、媒材。	独立思考,尝试从日常生活中发现并提出简单的问题,并运用一些知识加以解决。
六年级	爱祖国,尊敬国旗、国徽,初步了解有关祖国的历史;能欣赏自己和他人的优点并激励自己不断进步。对未来有积极憧憬,勤奋学习,攀登成功的阶梯,懂得成功属于有刻苦精神的人,与人为善,为他人着想;能遵守学校纪律;讲文明懂礼貌;主动亲近同伴;愿意与老师、家长分享自己的真实想法;与同学友好相处;乐于帮助他人。	多方面的兴趣爱好,喜欢探究;自己的事情自己做,衣物用品和学习用具自己整理。能用简单的美术术语对美术作品的内容与形式进行分析,表达对美术作品的感受与理解。学会一项自己以前不会的劳动技能;能初步感受、欣赏、生活、自然、艺术和科学中的美;积极参加学校的各项艺术活动。	增加对奥林匹克运动知识的了解,掌握有一定难度的基本身体活动方法。基本掌握一些运动项目的技术动作组合,形成良好的体育道德意识和行为。能用多种美术媒材进行策划、创作与展示,体会美术与生活环境、美术与传统文化的关系。	能探索分析和解决简单问题的有效方法,了解解决问题方法的多样性。经历与他人合作交流解决问题的过程,尝试解释自己的思考过程。能基于所学的知识,制定比较完整的探究计划,初步具备实验设计的能力和控制变量的意识,并能设计单一变量的实验方案。能基于所学的知识,采用不同的表述方式,如科学小论文、调查报告等方式,呈现探究的过程与结论;能基于证据质疑并评价别人的探究报告。
七年级	能了解青少年身心发展的基本常识,掌握促进身心健康发展的方法,理解个体成长与社会环境的关系;学会调控情绪,能够自我调适、自我控制;感受生命的可贵,养成自尊自信、乐观向上、意志坚强的人生态	对他人或自己的积极心理倾向和健康的情感,能在新成立的班集体中积极、愉快而又有兴趣地参与合作学习,能尊重同伴、独立思考。能耐心地从他人那里获取有关事实、听取意见,能为别人提供事实、	初步形成体育锻炼的习惯,能简要分析体育比赛中的现象与问题。初步形成积极的体育态度,基本掌握体育锻炼的知识和方法,形成自主、合作和探究学习与锻炼的能力。养成坚持参与体锻的习惯,形成参与运动	体验从具体情境中抽象出数学符号的过程,能探索具体问题中的数量关系和变化规律,掌握各类数学表述的方法。能通过任务引领和项目活动的形式,学会制作简单网页,初步了解编程。探索并掌握图形的基本性质与判定,掌握基本的证明方法和基本的作图

育人目标　　学期表现	恒定的人格力	独特的审美力	持续的健康力	突破的策源力
	度。了解自己与他人和集体关系的基本知识,认识处理自己与他人和集体关系的基本社会规范及道德规范;掌握爱护环境的基本方法,形成爱护环境的能力;爱护环境,形成勤俭节约、珍惜资源的意识。	发表意见、解释问题、提出建议,如询问有关人和事、请求解释,提出解决问题的思路等。将美术与自然、社会、科技相融合,探究各种问题,增强综合探索与学习迁移的能力。具有健康的审美情趣。	的兴趣和爱好,形成坚持锻炼的习惯;养成健康的生活方式,发扬体育精神,形成积极进取、乐观开朗的生活态度。基本掌握1—2项运动技能。积极参与体育活动,初步掌握简单的技术动作;通过广播操、舞蹈等多种身体练习,形成正确的身体姿势;感受到体育活动给自己的生活带来的乐趣。	技能。熟练掌握网页设计与制作技巧,能熟练编属于自己的程序并解决实际问题。能动手创造,发展动手能力和创造能力。初步养成良好的行为习惯,有明确的学习目标。能主动思考,发言积极。
八年级	理解人类生存与生态环境的相互依存关系,认识当今人类所面临的生态环境问题及其根源,掌握环境保护的基础知识;逐步掌握交往与沟通的技能,学习参与社会公共生活的方法;养成孝敬父母、尊重他人、诚实守信、乐于助人、有责任心、追求公正的品质。知道法律的基本知识,了解法律在个人、国家和社会生活中的基本作用和意义;能	兴趣持久,坚持梦想,始终如一;尽自己的能力在岗位上为集体、为他人服务;有集体荣誉感,积极参加班级的各项劳动;能感受、欣赏、珍惜生活、自然、艺术和科学中的美;有一个艺术爱好,对艺术学习有兴趣。能通过设计改善环境与生活,清晰地表达设计意图。能运用对比与和谐、对称与均衡、节奏与韵律、多样与统一等形式原理,以及各种材料	基本掌握并运用运动技术,如1—2组技术动作组合,基本掌握并运用其他较复杂的民族民间传统体育活动项目的技术。具有较强的安全运动能力,及常见运动损伤的紧急处理方法,基本掌握溺水的应急处理方法。积极参与体育锻炼活动,感受运动的快乐,增强不怕吃苦的意识。养成坚持参与体锻的习惯,发展体育锻炼兴趣项目,初步具有坚忍不拔的意志;掌握	体验数据收集、处理、分析和推断过程,理解抽样方法,体验用样本估计总体的过程。能体验新科技带来的乐趣与知识。学会操作,认识到创造性思维的重要性,体会到创造性思维给自己的快乐体验,具有创造性思维能力。通过表述数量关系的过程,体会模型的思想,建立符号意识;在研究过程中,进一步发展空间观念,经历借助图形思考问题的过程,初步建立几何直观。能够运用信息学、编程知识实现模拟小车的组建等,能以日常

育人目标 学期表现	恒定的人格力	独特的审美力	持续的健康力	突破的策源力
	学会搜集、处理、运用信息的方法，提高媒介素养，能够积极适应信息化社会；形成热爱劳动、注重实践、崇尚科学、自主自立、敢于竞争、善于合作、勇于创新的个性品质。	和制作方法，进行创意设计和工艺制作。愿意接受新事物，保持对新生事物的兴趣；尊重别人的劳动果实，确立劳动光荣的意识。能感受、欣赏、珍惜生活、自然、艺术和科学中的美；有一定的艺术爱好，对艺术学习有兴趣。	2—3项体育运动技能，并使之成为特长项目。	生活为灵感来设计创意构思游戏。养成良好的行为习惯，具有基本的分类、推理、归纳、演绎和价值判断的能力，初步掌握正确的学习方法，有较强的学习兴趣。
九年级	知道我国的基本国情，学会面对复杂的社会生活和多样的价值观念，以正确的价值观为标准，作出正确的道德判断和选择；树立规则意识、法治观念，有公共精神，增强公民意识。初步了解当今世界发展的现状与趋势；学会运用法律维护自己、他人、国家和社会的合法权益；热爱集体、热爱祖国、热爱人民、热爱社会主义，认同中华文化，继承革命传统，弘扬民族精神。具有坚韧品质，在	能通过描述、分析、比较与讨论等方式，认识美术的不同门类及表现形式，尊重人类文化遗产，对美术作品和美术现象进行简短评述。能用多种美术媒材、方法和形式进行记录、规划、创作、表演与展示，了解美术与人类生存环境、传统文化、多元文化之间的关系。能有意识地、直率地表达不同意见，或对他人的观点、见解进行批评，用简单明了的语言总结讨论要点。如反驳他人、总结其他同学	能将安全运动的意识迁移到日常生活中，了解生活方式与健康的关系，基本掌握青春期保健知识。能在运动项目练习中增强灵敏性、速度、力量、心肺耐力和健身能力。爱护生命，形成健康的体育锻炼习惯和生活方式，形成乐观、坚韧的生活态度。能积极参加体育活动，保持愉快的心情，性格开朗大方，动作更协调；形成灵敏、力量、耐力、协调等身体素质，通过国家体质健康测试。	能建立数据分析观念，在多种形式的数学活动中，发挥合情推理与演绎推理的能力。能独立思考，体会数学的基本思想和思维方式。能实现复杂算法和高级数据结构，并解决实际问题，能挑战奥林匹克联赛等。具有初步的创新精神和实践能力；能制定自己的学习计划，对学习充满期待。乐于合作，善于合作，共同成长，对学习和未来有期待。具有实验动手能力和基本的科学探究能力，有正确的学习方法，有自主学习的愿望。能针对他人所提的问题进行反思，初步形成评价与反思的意识。积极参

育人目标＼学期表现	恒定的人格力	独特的审美力	持续的健康力	突破的策源力
	困难面前能够重新站起来,用行动战胜失败。有社会责任感,有担当,负责任;能明辨是非;能站在他人立场理解问题;具有积极向上的人生态度。	的发言要点或不同观点等。能主动地去学习一到两种艺术形式并能向同学、老师展示其成果。		与数学活动,对数学有好奇心和求知欲。能感受成功的快乐,体验独自克服困难、解决数学问题的过程,有克服困难的勇气,具备学习信心。

第三节　设计有力量的学习经历

为了实现课程目标,学校根植中国优秀文化,致力办一所特色鲜明的未来学校。为此,学校积极探索"双减"背景下优质高效的基础课程,构建横向融合、纵向贯通九年一贯的引领性课程、普及性课程、个性化课程体系,实现学校的发展愿景。

一　学校课程逻辑

依据"源智教育"之哲学,及"为领跑未来提供智慧"的办学理念,学校梳理现有课程,提出"给予每一个孩子开启未来的力量"的课程理念,建构包含源智之心课程(道德与修养课程)、源智之语课程(语言与表达课程)、源智之思课程(逻辑与思维课程)、源智之探课程(科学与探索课程)、源智之健课程(健康与运动课程)以及源智之艺课程(艺术与审美课程)等六大领域的课程体系,以实现学校的育人目标。学校"源智力课程"承载育人功能,最终实现"恒定的人格力、持续的健康力、独特的审美力、突破的策源力"之育人目标。具体的学校课程逻辑见图7-1。

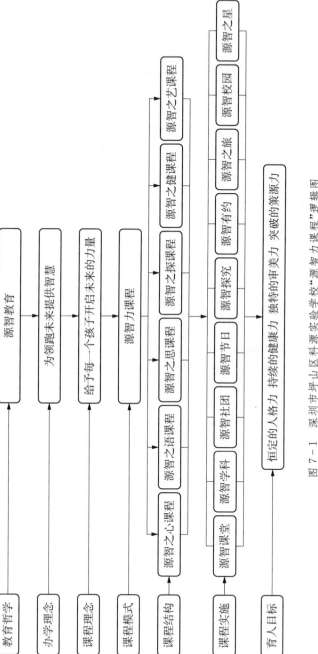

图 7 - 1　深圳市坪山区科源实验学校"源智力课程"逻辑图

二 学校课程结构

根据"源智教育"之哲学理念,设计"源智课程"结构,建构源智之心课程、源智之语课程、源智之思课程、源智之探课程、源智之健课程以及源智之艺课程六大领域课程,设计有力量的学习经历,共同促进学生全面发展。课程结构具体见图7-2。

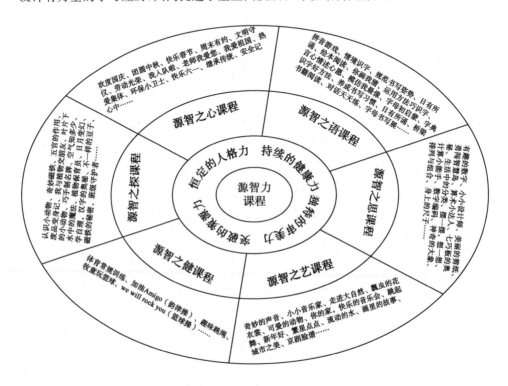

图7-2 深圳市坪山区科源实验学校"源智力课程"结构图

三 学校课程设置

义务教育课程包括国家课程、地方课程和校本课程三类。以国家课程为主体,奠定共同基础;以地方课程和校本课程为拓展补充,兼顾差异。我校结合学校的办学特色及现有的课程资源,将学校课程划分为源智之心课程、源智之语课程、源智之思课程、源智之探课程、源智之健课程以及源智之艺课程等板块内容,并按照年级和学期系统设计有力量的学习经历,形成学校课程设置体系。除了国家课程和地方课程之外,我校"源智力课程"设置见表 7-2。

表 7-2　深圳市坪山区科源实验学校源智力课程设置表

课程\年级		源智之心课程	源智之语课程	源智之思课程	源智之健课程	源智之艺课程	源智之探课程
一年级	上学期	欢度国庆团圆中秋快乐春节活力坪山周末有约	拼音游戏情境识字规范书写姿势日有所诵绘本阅读我说你做你画我猜我的新学校	有趣的数字小小设计师我的一天勇闯智慧岛	体育训练韵律操趣味跳绳	奇妙的声音好朋友欢乐动物园手掌画漂亮的建筑美丽的天空	认识小动物奇妙磁铁五官的作用认识方位学做值日涨知识我与植物交朋友叶片下的小动物巧手制名牌
	下学期	文明守仪劳动光荣我入队啦活力坪山周末有约	巧识字日有所诵绘本阅读请你帮个忙言心情述心愿模仿我最像看图识单词字母初启蒙	算术小达人七巧板的奥秘生活中的分类摆一摆,想一想	体育训练韵律操趣味跳绳牧童玩篮球	春天的歌声住在童话里小小音乐家走进大自然瓢虫的花衣裳可爱的动物你的家,我的家	空气知多少水中的魔法植物保育员日月变幻学自理,乐成长汉字的奥秘你好,向日葵不一样的豆子
二年级	上学期	老师我爱您我爱祖国热爱集体活力坪山周末有约	字典识字养成书写习惯日有所诵桥梁书籍阅读规范留言变废为宝小小领读员趣味读典范字母书写展	计算小能手神奇的大象排列与组合身上的尺子	体育课堂常规训练加油 Amigo(韵律操)趣味跳绳	快乐的音乐会跳起舞新年好繁星点点流动的水画里的故事城市之美京剧脸谱	气象万千动物世界开心游乐园磁铁的秘密当好值日生四季与植物水培初体验花形相框废品变身记厨房小能手小小交通员

课程 年级	源智之 心课程	源智之 语课程	源智之 思课程	源智之 健课程	源智之 艺课程	源智之 探课程
下学期	走进清明 浓情端午 讲文明 懂礼貌 周末有约	字典识字 养成书写 习惯 日有所诵 桥梁书籍 阅读 长大以后 我的好朋友 中国美食 对话天天练 小小领读员 趣味读典范	计算竞技场 美丽的剪纸 整理数据有 妙招 小小设计师	体育课堂常 规训练 加油 Amigo （韵律操） 趣味跳绳	难忘的歌 美丽家园 游乐场里欢 乐多 海底世界 可爱的树叶 花儿朵朵 星星的故事	我们的家园 四季与生物 神奇的科技 谁是大力士 我们爱清洁 火眼金睛善观 察 向日葵小画家 创作展示大 比拼 水果巧制作 班级小雷锋
三年级 上学期	感恩老师 祖国您好 环保小卫士 快乐春节 活力坪山 周末有约	成语花园 练习硬笔 书写 日有所诵 古诗词 150 首 童话故事 身边的小事 学编童话 单词拼写王 谁是演员王	开心算术 装扮美丽校 园 有趣的维恩 图 数字编码本 领大	体育课堂常 规训练 We Will Rock You（篮球 操） 趣味跳绳	乐器小世界 我会唱 舞动青春 色彩基础知识 基础技法 ——干画法 水彩花卉 ——山茶花	小气象员 空气的秘密 神奇的溶解 奇妙的声音 校园小主人 水培植物我 最行 土培知识小 热身 小小设计家 创意串珠画
三年级 下学期	我爱劳动 快乐六一 爱护校园 周末有约	成语花园 熟练硬笔 书写 日有所诵 古诗词 150 首 寓言故事 春游去哪 儿玩 英语勤阅读 英语妙手书 英语风采秀	算术小游戏 装扮教室 统计喜欢的 活动 我来做日历	体育课堂常 规训练 We Will Rock You（篮球 操） 趣味跳绳 牧童懂篮球	小小演奏家 美妙歌声 动人的和声 基础技法 ——湿画法 水彩静物 绿色韵味 色彩的笔触	安全用电 形态万千 植物的秘密 小建筑师 垃圾我分类 红薯田园乐 葵花日记 巧手小工匠 瓦楞纸版画

年级 课程		源智之心课程	源智之语课程	源智之思课程	源智之健课程	源智之艺课程	源智之探课程
四年级	上学期	我是小主人 爱上科学 我是小小志愿者 周末有约	初识字理 熟练书写硬笔正楷 朗读大咖秀 句子大比拼 讲演达人秀	计算大比拼 平行四边形的不稳定性 学做条形统计图 一亿有多大	体育课堂常规训练 We Will Rock You（篮球操） 趣味跳绳 牧童懂篮球	初识小乐器 快乐奏歌 音乐之声 水墨春天 彩墨瓶 石韵 山山水水（一）	神奇的旅行 童心建乐园 麦地管理员 绿豆变身记 灵动的豆芽 今天我下厨
	下学期	快乐六一 继承传统 安全记心中 幸福生活 周末有约	初识字理 熟练书写硬笔正楷 科技故事 说新闻 每篇共聆听 英语流利说 讲演达人秀	巧算我能行 三角形的稳定性 直条对对碰 营养午餐知多少	体育课堂常规训练 We Will Rock You（篮球操） 趣味跳绳	趣味弹奏 奇妙音乐会 多样弹唱 彩墨花鸟 墨荷 蔬果飘香 山山水水（二）	呼吸的奥秘 飞得更高 燃烧的秘密 机械师 学收纳，会分类 采摘季 麦浪滚滚 神奇丝瓜络 艺术作品展销会
五年级	上学期	爱我中华 我是小小志愿者 环保小卫士 活力坪山 周末有约	追根溯源学汉字 提升速度写正楷 制定班级公约 畅想家乡未来 推荐一本书 听力达人秀 课文共品读 写作小达人 风采舞台剧	奇妙的算术 多边形的面积 谁是大赢家 游戏规则我来定	体育课堂常规训练 创意绳操 花样跳绳	唱响童年 认识民乐 悠扬民族情 水墨童趣 水墨画鱼 花鸟画 梅兰竹菊	珍惜时间 生命的旅程 探秘游乐场 地球大变脸 学做家常菜 我的小乐园 绿地小主人 菜肴烹饪我最棒 品泡菜百味 我是拼盘师 最美安全员
	下学期	红领巾寻访 劳动光荣 悦纳自己 活力坪山 周末有约	追根溯源学汉字 提升速度写正楷 小古文	速算我最棒 立体图形的奥秘 变化趋势我知道	体育课堂常规训练 创意绳操 花样跳绳	聆听好声音 载歌载舞 静雅国乐 墨与彩的韵味 水墨动物	玩具总动员 变废为宝 快乐收获节 完美设计师 葵园丰收会

课程 年级		源智之心课程	源智之语课程	源智之思课程	源智之健课程	源智之艺课程	源智之探课程
		课文共品读 写作小达人 风采舞台剧	揭开"正方体"的外衣		家乡古桥 水墨画山水	植物调查员 小小体验师	
六年级	上学期	学习队作风 践行价值观 群星璀璨 周末有约	汉字英雄 尝试优美 行楷 我是演说家 声临若其境 听我讲世界 阅读分享会 创编显能手 文化交流会	算术乐园 圆规创造 美妙世界 读懂扇形 统计图 起跑线中的 秘密	体育课堂 常规训练 创意绳操 花样跳绳	悠扬民歌 美丽童话 京腔京韵 剪纸文化 二分法 手拉手好朋友 花团锦簇	健康大本营 光芒万丈 种植讲堂 花样饺子传 真情 班级树,感 恩树 我是小厨神 探索家
	下学期	祖国明天更 美好 跟党走 感恩有你 周末有约	汉字英雄 毕业季策划 声临若其境 听我讲世界 阅读分享会 创编显能手 文化交流会	计算大闯关 图形大团圆 统计大团圆 自行车中的 数学	常规训练 创意绳操 花样跳绳	古风新韵 银屏之声 神奇的印象 京剧脸谱 十二生肖 瑞兽闹春	人类的祖先 在希望的田 野上 手拉手,共 成长 成长手册写 满情 束束鲜花送 母校 葵花最美摄 影师 志愿服务热 心做
七年级	上学期	道德法治 道德观察 入学礼 军旅文化	语文　英语 小小演说家 E手好字 铿锵之声	数学 生妙几何 非常测量 炮弹壳	体育健康 欢乐乒乓 "羽"你相约	音乐美 铿锵之音 纸韵墨雅 妙笔生画	疯狂酵母 玩转地球 "网"事如风
	下学期	道德法治 道德观察 深圳采风	语文　英语 快乐写作 英语模仿秀 铿锵之声	数学 生妙几何 非常测量	体育健康 绳彩飞扬 "羽"你相约 快乐足球	音乐美术 铿锵之音 形体舞蹈 妙笔生画	花为谁开 玩转地球 "网"事如风

课程 年级		源智之 心课程	源智之 语课程	源智之 思课程	源智之 健课程	源智之 艺课程	源智之 探课程
八年级	上学期	道德法治 举案说法 向海图强 景区研学	语文　英语 爱唱古诗文 魔力耳朵 铿锵之声	数学 几何模型 魔方复原	欢乐乒乓 "羽"你相约 活力啦啦操	铿锵之音 纸韵墨雅 数字化艺术	智能寻轨器 显微视角 智慧背囊
	下学期	道德法治 举案说法 向海图强	语文　英语 爱唱古诗文 魔力耳朵 铿锵之声	数学 几何模型 魔方复原 炮弹壳	智能寻轨器 显微视角 且听风吟	欢乐乒乓 绳彩飞扬 快乐足球	形体舞蹈 妙笔生画 数字化艺术
九年级	上学期	道德法治 时政开讲 历史光影 红色研学	语文　英语 经典小屋 悦读联播 铿锵之声	数学 非常测量 生活数学 炮弹壳	物理化学 百拼电子 趣味化学	体育健康 "羽"你相约 欢乐乒乓 绳彩飞扬	音乐美术 铿锵之音 纸韵墨雅 数字化艺术
	下学期	道德法治 时政开讲 成长礼 毕业礼	语文　英语 经典小屋 英语剧场 铿锵之声	数学 非常测量 生活数学 炮弹壳	物理化学 百拼电子 趣味化学	体育健康 欢乐乒乓 快乐足球 心灵驿站	音乐美术 铿锵之音 妙笔生画 木雕工艺

第四节　激活生命的智慧源泉

课程实施与评价是学校办学理念和育人目标落地的充分体现,是学校课程哲学实践过程。为了更好地贯彻党的教育方针,落实立德树人根本任务,发展素质教育,深化课程教学改革,促进教与学方式改革,我校从"源智课堂""源智学科""源智社团""源智节日""源智探究""源智有约""源智之旅""源智校园""源智之星"九个途径着手推进学校课程实施,激活生命的智慧源泉。

一　建构"源智课堂",提升课程实施品质

教育不仅仅是让学生获得知性,它是源于生命发展的需要,生命发展的过程就是

教育的过程。课堂教学应该为人生命的自由生长提供多种条件。课堂教学不仅要观照学生的理性，而且要关注其非理性的发展；不但要教人求真、向善，更要引导人审美。通过课堂教学，激发学生的知、情、意、行互为表里，互相推动，促进其主体性的发展；通过课堂教学，使学生获得自己的感悟，激发起自己的情感共鸣，并将知识内化为一种对人生、对生活的态度，从而领略生命力量的顽强与伟大、生命现象的多姿与精致、生命内涵的超脱与高尚。

　　"源智课堂"是创生智慧的课堂，培养学生创新精神、创新能力、创新素养，促进学生思维品质的提升。"源智课堂"的核心理念是环境即资源，学习即创造，教学即研究。按照陶行知的观点，"源智课堂"要有活的方法，活的方法就是教学做合一。教的法子根据学的法子，学的法子根据做的法子。事怎样做，就怎样学；怎样学，就怎样做。陶行知教学做合一思想的发展经历了一个长期历程。教学做合一有两种含义：一是方法；二是生活的说明。在方法方面，它主张教的法子根据学的法子；学的法子根据做的法子。不然，便要学非所用，用非所学了。在又一方面，它是生活的说明，在做上教的是先生；在做上学的是学生。从先生对学生的关系说，做便是教；从学生对先生的关系说，做便是学。先生拿做来教，乃是真教；学生拿做来学，乃是实学。不在做上用功夫，教不成教，学也不成学。一个活动对事说是做，对自己说是学，对人说是教。

　　儿童立场、探究取向、行动逻辑和创新旨趣是"源智课堂"的关键特征。所谓儿童立场，即尊重学生自身在世界中的独立价值，在研究学生的基础上，展开由于学生、经由学生、为了学生的课堂实践。教师基于班内不同学生的个体差异和学情特点，设计学习目标、学习活动和评价活动等，学生也能在真实情境的复杂问题解决过程中收获个人素养发展和内在的智慧生成。所谓探究取向，即把探究视为学生与世界交往的方式，激发学生展开对生活世界和科学世界的探索，在充分尊重每一名学生独特探究方式的基础上，实现学生观念认知和意义建构的统一。知识成为学生自我探索新世界的资源，课堂教学成为学生结合自身体验建构知识并内化为个人成长体验的过程。所谓行动逻辑，即在特定时空场域下，师生通过合作、对话、交往和做事，推进课程文化的传授、发展和创新，最终促成学生个性发展的过程。教师在本质上是学生学习的促进者和服务者，只有借助情境创设、发问质疑、现场体验等多种教的艺术，引起学生思考、协作、猜测、讨论、实验等，逐步将思维的主动权、课堂的话语权和知识的探究权交还给学生，才能实现由教的逻辑到学的逻辑的真正转向。当师生从各自的已有"视界"出发，融入文本情境、释放本真情感、创造精神对话和达成意义建构，学生才能因此体验到学习的内在价值,开始追求愉悦自在的学习自由,学习逻辑的品质才能得以跃升。所谓创新旨趣,即以创新作为课堂教学的要旨,视创新为全体学生个性健全的自然表现。需要强调的是,源智课堂坚持的创新根本上是希望每一名学生都能够找到符合个人天性和发展可能的个性化的健康人格,同时学生需要能够通过课堂实践将创造性观念、创造性思维转化为创造性行动、创造性产品。

当前,我们要进一步聚焦新课改发展契机,全面深化新课标解读,有效增强教学指导功能,根植课堂教学,切实提升常规教学效果。

1. 创新课堂教学模式:规范师生课堂用语,语文学科坚持主题学习实践,数学坚持"学导练与三疑三探"相结合,英语尝试情境学习,体音美等学科实施主体学习,让学生快乐幸福成长。开展跨学科融合(不同学科之间的融合、学科与活动实践的融合)、信息化教学(ip班)模式试点课程。积极探索思政课程教学改革。构建循序渐进、螺旋式上升、全段育人的一体化课程体系。打造习近平新时代中国特色社会主义思想系列课程、新时代深圳系列思政精品课程。实施思政"金课"计划。创新思政教研模式,探索"思政大课堂"教学新方式,建构"行走思政课""集体思政课""活动思政课"等多元融合创新课型。

2. 建设高效的教研组:加强学习型科组建设。建设高水平学习型科组,持续开展优秀教研组、优秀备课组、优秀教师个人评选活动,提升总体教研教学能力。加快构建统一的优质备课资源库、示范课信息库。创新教研工作机制。构建年级教研——科组教研——跨学科教研三层合一教研。强化以学科教学指引、教学改革项目协同研究、优秀科组教研经验推广、主题研讨与示范课引领、学业质量监测分析为主的教研方式。构建智慧教研新模式,加强线上教研,借力大数据分析,构建教育教学大数据平台和教与学诊断系统,实施精准教研、精准教学诊断。高效开展学科教研活动,深度落实五课一体化教研活动(个人备课、集体研课、汇报课、说课、议课)。

3. 落实"双减"提升素养:实施义务教育高质量提升五年行动计划,落实"五项管理",系统化设计日常教学、课后服务和暑期托管课程内容,真正减轻学生过重的课业负担。推进教学方式变革,提升教学质量;加强作业设计指引,提高作业设计的科学性和精准度,统筹控制作业总量和时长,探索弹性作业和跨学科作业,提高作业设计质量。建立多维度、菜单式学生自选课程和多样化社团活动,满足学生个性化成长需要。

4. 打造智慧教育,实施精准教学:以信息化为主导,建设智慧教育云平台和数据中心,深入探索基于教学改革、融合信息技术的新型教与学模式;利用互联网、物联网和人工智能等技术,开发遴选各类教学资源,形成多层次的云端课程体系,精准采集学生的考勤数据、课堂表现数据、随堂测试与作业数据、课业考试数据、体质健康数据、综合素质数据、参与活动数据(品质力、健康力、学习力、阅读力和创新力),从而实现精准教学。

二 建设"源智学科",丰富学校课程体系

我校以建设"源智学科"为抓手,推进学科特色课程建设。学校围绕学科素养目标,将基础课程与拓展课程组合,建设"源智学科"。学校从两个方面入手:一方面通过挖掘学科内部或学科之间的逻辑来建构专业的学科课程,另一方面充分利用学校特色来渗透多门学科,统整建构学科课程群。各学科教师基于学校课程特色追求,又根据对学科的独特理解,结合学科独特优势、独特资源,研发丰富的学科延伸课程,形成独具特色的学科课程群。

1."诗意语文"课程群。以《义务教育语文课程标准(2022年版)》为依据,语文课程是一门学习语言文字运用的综合性、实践性课程。语文课程基本理念是全面提高儿童的语文素养,激发和培育儿童热爱祖国的思想感情,引导儿童丰富语言积累,掌握学习语文的基本方法,养成良好的学习习惯,且能够通过文化熏陶,形成健全人格。学校"诗意语文"课程群以国家语文课程为核心,引入经典诵读、整本书阅读、小古文课程等,构建多层面的课程群,将学生引领到美好的语文天地,共同构成"诗意语文"课程群。

2."慧美数学"课程群。以《义务教育数学课程标准(2022年版)》为依据,我校"慧美数学"课程立足数学核心素养,教师引领学生围绕具有挑战性的学习主题,全身心地积极参与,体验成功,从而获得发展。我校引导学生在生活中寻找数学,认识数学,挖掘生活和教材中的数学问题进行探究,密切学生与生活、学生与社会的联系,提升学生数学素养。"慧美数学"课程内容的选择以注重基础性、贴近生活性,以及适应学生和学校的特点性为原则,准确把握教材和课程标准要求,并据此进行拓展延伸,内容面向全体儿童,适应儿童的个性发展需求,让每个学生在数学活动中得到不同的发展。"慧美数学"课程采用灵活多样的教学形式,在数学课程基础上拓展延伸学生的数学知识,开阔儿童数学视野,提高儿童的学习积极性。实施过程中,学生亲身实践,通过观察、

实验、猜想、计算、推理、验证等活动过程多感官并用，使得学生思维始终处于活跃状态。这样的数学活动有利于学生进行数学思考，并产生创造性思维。结合数学教材编排特点、学生年龄特征，以及学校具体情况，在实践、思考、表达、数感、计算、推理六个方面进行了课程内容的设置。实施过程中，引导学生亲身实践，动手操作，手脑并用，融知识性和趣味性于一体，让学习变得生动活泼且富有个性。

3.“博雅英语”课程群。以《义务教育英语课程标准（2022 年版）》为依据，英语学科课程的学习既是儿童通过英语学习和实践活动，逐步掌握英语知识和技能，增强语言实际运用能力的过程，又是他们磨砺意志、陶冶情操、拓宽视野、丰富生活经历、开发思维能力、发展个性和提高人文素养的过程。“博雅英语”课程应面向全体学生，注重素质教育，其核心是让每个学生都得到发展。“博雅英语”课程群以上述理论为依托，主要从“博雅听音”“博雅说音”“博雅读文”“博雅写意”和“博雅践行”五个方面进行。以一年级为例进行说明，根据一年级学生身心特点，“博雅英语”课程群一年级以听音模仿为主。一年级的内容主题设计为“倾耳听”，通过听音模仿单词、简单的句子、童谣歌曲等进行学习，与此同时，通过采用各种学生喜欢的形式进行听的训练和检测，调动学生学习的积极性，激发其学习兴趣，增强其学习信心。

4.“魅力科学”课程群。以《义务教育科学课程标准（2022 年版）》为依据，为帮助儿童树立科学的教育质量观，培养儿童的科学素养、创新精神和实践能力，科学课程内容以儿童能够感知的物质科学、生命科学、地球与宇宙科学、技术与工程中一些比较直观、儿童有兴趣参与学习的重要内容为载体，重在培养儿童对科学的兴趣、正确的思维方式和学习习惯。整个义务教育阶段，以探究式学习为学习科学的重要方式。“魅力科学”课程群，以培养学生的科学素养、增强学生的探究能力为目标。

5.“开心体育”课程群。以《义务教育体育与健康课程标准（2022 年版）》为依据，课程设置以锻炼学生身体、开发学生智力为主体，关注学生的学习过程和学习体验。我校遵照“健康第一”的指导思想，重点突出学生的学习主体地位，强化实践特征，构建较为完整的课程目标体系和发展性的评价方式，重视教学内容的选择性、基础性及教学方法的多样化、有效化，着重提高学生的积极性，激发学生运动兴趣，引导学生掌握体育与健康基础知识、基本技能和方法，增强学生的体能，培养学生坚强的意志品质、合作精神和交往能力，为学生终身参加体育锻炼奠定基础。“开心体育”课程群做到以人为本、健康为本，面向全体学生，实现每天锻炼一小时，使体育课程在学校诸多课程中成为教学形式最生动活泼，教学内容最丰富多彩，最受学生喜爱的一门课程，让每一个学生都积极地参与到体育活动中来。严格执行学生体质健康合格标准,学生体质健康测试合格率达 98% 以上,优良率达 70% 以上。努力创建体育特色学校,高质量开好"每天一节体育课",至少创建一项体育特色项目,全面开展校园足球改革实验;定期举办校际体育比赛和校内班级联赛,培养学生熟练掌握两项以上运动技能;每年举办足球、羽毛球、围棋等各项体育联赛。

6. "唯美音乐"课程群。以《义务教育艺术课程标准(2022 年版)》为依据,发挥本校艺术教育资源优势、依托本地民族的民间优秀传统文化和其他艺术资源,形成学校艺术教育发展特色,构建"唯美音乐"课程。充分利用社会艺术教育资源,利用当地文化艺术场地资源开展艺术教学、实践活动和校园文化建设,面向全体儿童组织开展艺术活动,因地制宜建立儿童艺术社团或兴趣小组,保证每周有固定的艺术活动时间,每年组织合唱节、美术展览和艺术节等活动。充分利用学校校歌、广播、电视、网络,以及校园、教室、走廊、宣传栏、活动场所等,营造格调高雅、富有美感、充满朝气的校园文化氛围。结合学校学生情况和教师自身特长,音乐学科在完成规定课程的基础上,开设"小乐器进课堂"特色课程,包括陶笛、竖笛、葫芦丝、口风琴等课程。此外,学校还根据学生的自主选择在课后开设民族舞、合唱社团等课程。

7. "创意美术"课程群。以《义务教育艺术课程标准(2022 年版)》为依据,为了让学生接受相对系统的美术学习,学校构建了"创意美术"课程,将美术课程进行了整合。"创意美术"课程是具有艺术特色的美术课程,注重让学生在美术学习的过程中,逐步体会美术专业学习的特征,根据不同学段,形成系统的美术知识体系和基本的文化艺术素养,力求体现素质教育的要求。"创意美术"以学习活动方式划分美术学习领域,加强学习活动的综合性、探索性和实效性,培养学生对艺术、生活与审美的追求,让儿童在积极的情感体验中增强想象力和创造力,增强审美意识和审美能力。根据学生学情和教师专业特长,通过对国家规定课程的整合、筛选、补充和延展,分别开设富有中国传统特色的社团,如国画、线描、书法等,以及富有西方特色的绘画社团,如水彩、彩铅画、儿童装饰画等。根据学生的年龄特点,不同年级设定不同的教学主题和内容,把课程内容和学校的艺术活动、校园文化有机结合起来,为学生提供丰富多彩的艺术展示平台。

除了上述学科之外,根据《义务教育课程方案和课程标准(2022 年版)》,也采取类似方法推进其他特色学科建设。

三　激活"源智节日"，浓郁学校课程氛围

我校"源智节日"课程包含传统节日、现代节日和校园节日三类课程，将传统节日、现代节日课程整合于学校课程架构之中。在校园节日课程中，我校设计了"源智读书节""创意科技节""智慧数学节""唯美艺术节""跃动体育节"和"丰收劳动节"。

1．"源智读书节"。为了增强我校学生好读书、读好书的积极性，激发学生读书的兴趣，让每一名学生都亲近书本，喜爱读书，学会读书，也为了展示学生的阅读成果，从而促进学生个性的和谐发展，学校将分年级举办一至九年级"读书节"活动。课程设计如下：第一阶段进行活动准备。（1）召开全体语文教师会，通知活动内容，鼓励全体语文老师和学生积极参与活动。（2）通知家长与学生，提交分享的书名，积极准备分享材料，可以通过分享精彩故事、阅读方法、阅读感悟等形式，将自己喜欢的书目推荐给其他同学，分享时间控制在三分钟左右。老师提前准备对学生分享的书目的问题设计。（3）各年级利用两周时间举行班级"读书节"海选活动。通过海选评选出部分优秀的学生参加学校的读书分享活动。（4）各年级教研组长做好评委、记分员、道具等年级人员分工工作。提前购买活动需要的奖品和互动小礼品。第二阶段进行活动展示。（1）年级活动展示，参与"读书节"活动的选手按次序一一进行推荐分享。（2）由老师和家长代表组成的评委根据学生的表现进行打分，最终评选出一等奖、二等奖和优秀奖，为他们颁发奖状和奖品。第三阶段进行活动整理。各年级整理活动视频、照片等相关资料，做好活动总结。"读书节"根据课程设计，将从演讲内容、语言表达、表情仪态和整体效果等四方面分别进行评价。

2．"智慧数学节"。为了弘扬数学文化，激发学生爱数学、学数学的兴趣，让学生感受到生活中处处有数学，学会用数学的眼光去关心社会，去获取和发现新的知识，培养学生观察、空间想象、动手操作能力及无限的创造能力，学校举办了"智慧数学节"活动——每年将于五月中旬和九月下旬各举办一次为期一天的数学活动。通过此次活动，希望学生与数学为伍，以兴趣为伴，启迪智慧人生。"智慧数字节"包括两个类型的活动。活动类型一：第一阶段为活动准备阶段，由各年级根据自己年级特点自行选择活动主题，并制定具体的活动方案。结合活动方案与活动主题选择进行教师分工，明确活动任务到人，修改并形成规范的活动方案。第二阶段为活动开展阶段，以班级为单位，年级为主题，严格按照制定好的活动方案开展活动。第三阶段为活动总结交流

阶段,各年级结合活动效果,明确评价标准,设置评价奖项并报给学科负责人,由学校统一颁发奖状。教师结合活动开展情况,以同一活动主题为单位进行经验交流分享,为进一步提升活动品质指明方向。活动类型二:中低年级开展"我心中的数学"主题活动,高年级开展"小小数学家"主题活动。第一阶段为召开年级教研组长会,明确活动主题,制定活动方案。第二阶段为中低年级分别收集不同类型的作品,先在班级内进行展评,每个班级评选出十份不同的作品。再根据不同的作品类型进行分类,以微信公众号投票和校园展板的形式进行展出。最终,根据得票情况评选出一等奖、二等奖和优秀奖。高年级第一阶段先在班级内开展比赛,同一年级,相同主题,相同问题,每个班级评选出五名代表,参加学校内决赛。

3."创意科技节"。为了提高学生的科学素养,激发学生对科学知识的兴趣,培养学生的创造性思维,也为了丰富学生的课余生活,让学生在活动中增长知识、提高素质,同时,为给学生提供一个相互交流和同台竞技的机会,学校将分年级举办一至六年级"走近科学"活动,课程设计如下。第一阶段进行活动准备:(1)召开全体科学教师会,通知活动内容,鼓励全体学生积极参与活动;(2)通知家长与学生,提交分享的书籍或期刊,积极准备分享材料,将自己喜欢的书籍或期刊分享给其他学生,分享时间控制在六分钟左右,老师提前阅读学生推荐的书籍或期刊并提出重点问题。第二阶段进行初选:(1)各年级提前举行班级"创意科技节"活动,并选出优秀的学生参加学校的展示活动;(2)各年级科学老师结合本年级科任老师做好评委、记分员、道具等年级人员分工合作,提前购买活动需要的奖品和互动小礼品。第三阶段进行比赛:各年级按照活动安排的时间进行活动展示。评委组将按照演讲内容、答疑情况、表情仪态和整体效果等四方面分别进行评价,依据总体得分的高低,每个年级评定出特等奖、一等奖、二等奖和三等奖,并向获奖学生颁发证书、给予奖励。第四阶段为活动整理阶段。各年级整理活动视频、照片等相关资料,做好活动总结。

4."唯美艺术节"。音乐和美术是心灵的艺术,也是人类情感与精神的结晶,并能让学生从中获得视觉的愉悦和美的陶冶。学校坚持根植中华优秀传统文化深厚土壤,坚持以美育人、以美化人,引导学生树立正确的审美观念,陶冶高尚的审美情操,丰富学生艺术文化生活,培养艺术素养,展示学校艺术教育成果,营造全校性的艺术氛围,提高校园艺术教育品质。由学校教导处牵头,音乐和美术教研组具体实施,课程设计如下。活动一:"童心绘画节"。定期举办艺术展览活动,利用校园宣传栏定期展示优秀学生作品,丰富学生的文化生活,促进校园文化交流,为学生施展自我才能提供艺术平台。活动二:"童艺音乐节"。第一阶段进行活动准备:音乐老师和学生双向选择,开始筹备节目和排练节目。第二阶段进行活动展示:以舞蹈、合唱、歌舞剧等形式呈现。让学生在实践中体验和感悟,提升艺术素质。第三阶段进行活动整理:各年级整理活动视频、照片等相关资料,做好活动总结。

5. "跃动体育节"。为增强学生体质,展现全体师生精神面貌,发现和培养体育后备人才,结合《儿童体质健康标准》的测试及数据上报工作,学校每年组织举办一次"跃动体育节",以班级为单位进行报名,参赛项目丰富多彩,在测试每个学生体质健康成绩的同时,让每一个有专长的学生来展示自己的风采,让每个人都能感受到运动的快乐,活动设计如下。第一阶段进行活动准备:(1)确定活动时间,体育组编排活动方案,召开全体教师会议,通知活动内容,安排人员分工;(2)进入前期项目报名阶段,比赛项目包括 50 米跑、仰卧起坐、坐位体前屈等内容,鼓励班级学生积极参与活动,展现自我风采;(3)统计报名情况,进行方案细化,编排秩序册;(4)为活动进行安全、后勤等保障,以保证活动顺利进行。第二阶段进行活动展示:(1)进行开幕式活动,以班级为单位进行展示表演,展现班级风采,发扬集体主义精神;(2)根据比赛成绩进行评奖,个人比赛取得前 6 名,团体成绩进行积分制,最终评选出一等奖、二等奖和优秀奖,颁发奖状和奖品。第三阶段进行活动整理:各年级整理活动视频、照片等相关资料,做好活动总结。

四 落实"源智探究",推进项目学习课程

"源智探究"学习活动在于让学生保持独立的持续探究的兴趣,获得参与研究、社会实践与服务学习的体验,增强发现问题、提出问题和分析与解决问题的能力,掌握项目学习技能,增强服务意识与奉献精神,具有关注社会的责任心和使命感。

"源智探究"以课题小组合作研究为基本组织和实施形式。每组一般由同一班内的六至十人组成,原则上每班不超过 10 个课题,一位教师指导课题小组数不超过三个。项目学习课题组内要进行课题分工和角色分工,即每个成员都要承担一部分相对独立的课题工作,每个成员都要承担一个角色,确保真正参与课题研究,如组长、协调员、资源管理员、信息技术员等,既各展所长,又密切配合,以保证课题研究顺利开展。"源智探究"学习活动时间基本安排在暑假期间,建议由家长协助,在老师的指导下进行集中活动。具体内容如下。

1. 学科应用类。主要是进行学科内的拓展与跨学科的综合应用方面的探索,如六年级学习"百分数"之后进行相关的应用研究,四年级学习"一个豆荚里的五粒豆"后开展劳动教育活动,在学校楼顶农场种植豌豆,研究文章中的豆荚与自己亲自种出来的豆荚是不是一样等。

2. 自然环境类。主要是从人与自然的关系角度提出的课题,如环境保护、生态建设、能源利用、农作物改良、动物保护和天文研究等方面与个人生活背景相关的课题。

3. 社会生活类。主要是从研究人与社会的关系角度提出的课题,如学校规章制度研究、社会关系研究、社区管理、社团活动、人口研究、城市规划、交通建设等与个人生活背景相关的课题。

4. 历史文化类。主要是从研究历史与人的发展角度提出的课题,如乡土文化与民俗文化研究、历史遗迹研究、城市变迁研究、名人思想与文化研究和校园文化研究等与个人生活背景相关的课题。

五 设计"源智有约",落实周末亲子课程

"源智有约"是我校家校共育课程的组织形式之一。学校教师团队专门开发了"源智有约"课程,依据儿童的年龄段特点推出了"亲子课堂(小学段)""周末有约(中学段)"两个版本。把国内外有影响力的、在某个领域有极高造诣的、为推动社会发展进步做出过突出贡献的人物、行业和团体等的具体事迹,作为素材推荐给学生;开发时事话题类课程,为学生打开一扇认识世界的大门。

1. 课程目标。通过学生自主学习、自主探究、交流合作的学习方式,学校丰富学生的学习场域、学习形式,拓展学习时长,将"源智有约"课程打造成为一个开放、自主、多元的学习平台,以此丰富学生生活、张扬学生个性,增强学生学习能力,帮助学生树立正确三观,最终实现立德树人的根本任务。

2. 活动形式。每周五下午,班主任老师在少先队活动课上介绍本周的"源智有约"课程。同时在学校公众号平台中发布"源智有约"的两个版本。把课程安排在周末,确保学生有足够的时间去研究、思考。不同学段的学生查看本学段的版本,利用周末时间自主完成或邀请家长共同完成。既可以在学校公众号中查看导语、视频,思考问题,也可以通过上网或到图书馆,以及实地考察的形式搜集资料进行学习。

3. 作业提交。学生通过学习文字和视频材料,提交以思维导图、文字资料、PPT

和路演视频（讲解视频）为主要形式的作业。提交时间为周日晚上。提交方式是以家长拍摄学生作品为主,拍摄时要清晰、有亮度,方向正确,能修图、加边框最好。家长将作品提交至班级群或以钉钉作业打卡的形式提交,学校保存一部分优秀作品的纸质稿,为展示学生丰富的课程学习成果做准备。

六　激活"源智校园",打造环境隐性课程

环境是最好的教育者。营造有益于学生身心健康发展的教育氛围,培养学生的审美能力、想象力和创造精神。为了进一步丰厚学校文化底蕴,促进学校特色办学,提升学校的办学水平,学校将加大力度推进"改扩建"进程,规划建设主题教育基地工程,具体内容如下。

1. 未来导向,整体规划。立足儿童乐园、幸福校园、未来学习,整体规划学校物理空间、网络空间,稳步推进空间建设,形成空间建设图案。

2. 课程导向,指向素质。学习空间基于课程,指向学生的未来学习。学校物理空间与虚拟空间,活动空间与学习空间,均应以课程为核心,应有助于学生开展无缝学习、普适学习、无处不在的学习,让学生时时能学、处处能学。

3. 技术导向,提升质量。运用信息技术,全面提升所有空间的内容质量、管理质量和育人质量。

4. 文化导向,打造特色。鲜明打造社会主义先进文化,探索未来学习的空间文化建设机制。

5. 生态导向,持续发展。建构馆—场—室—台—网空间链,促进空间发展生态化、可持续化。建设屋顶生态劳动基地。

广场空间布局

1. 科技广场。以反映我国在卫星、通信、高铁、人工智能等高新科技领域取得的成就为主题,打造支撑观看、讨论、设计、组装、调试、操作、演示等系列活动的空间,系统反映我国在科技领域取得的成绩,培养学生对未来科技的憧憬和向往,对祖国取得高科技成绩的自豪和骄傲,引导学生对科技工作者怀有敬仰之心。

2. 文化广场。以社会主义先进文化为主题,建设系统设计、讨论、组装、展示、欣赏中国特色社会主义在外交、军事、政治、经济、文化、体育等方面取得的成绩的空间,

落实习近平中国特色社会主义思想进教材、进课堂、进头脑。

3. 艺术广场。以社会主义先进文化为主题,建设系统宣传、设计、讨论、体验、展示、欣赏的艺术空间,体现优美课程理念。

4. 数字媒体。为学生打造设计、演出、制作课本剧、短视频的数字媒体空间。弘扬社会主义先进文化,提升学生艺术、信息素养。

5. 生态广场。打造以中医药、现代农业为主题的空间,实现中药材和现代农业的种植、养殖、加工、宣传。全面提升学生对中医文化的认同和践行,同时使其能探索低碳绿色农业发展理念和模式。

6. 体育广场。打造武术、棋牌类、体操等体育主题空间,实现体育特色项目训练、游戏、表演等,全面提升学生体质健康水平。

7. 学习空间数字化。通过智能设备和物联网技术,自动感知、采集学生客观数据,实现学习空间的数字化,完成精准治理。

第五节　优化课程发展生态

为深化课程改革,深化教育体制机制改革,规范实施国家、地方、学校课程计划,有效管理和评价课程,体现对不同阶段的学生在知识、能力、素养等方面的基本要求,积极促进符合素质教育的教师教学行为与学生学习方式的形成,全面推进素质教育,大力提高我校教育教学质量,构建设计和优化学校课程管理体系。

一　思想领导与价值引领

我校全面贯彻党的教育方针,坚持以学生发展为本,深入实施素质教育,充分利用各类课程资源,优化课程结构,构建全面体现办学理念的特色教育体系。我们将秉承"源智教育"之哲学,并将这一教育哲学融入我校课程建设的方方面面。建设特色鲜明、与未来学校相适应的课程体系,探索九年一贯制整体课程方案,注重小初课程衔接方面的研究,形成一套可推广、可借鉴的校本课程资源。实现横向融合、纵向贯通九年一贯的引领性课程、普及性课程、个性化课程体系。为每一个学生全面而有个性的发展奠基,为每个学生的成长奠基,高水平落实立德树人根本任务,培养兼具科学与人文精神的社会主义幸福生活创造者。

二 组织建设与课程统整

我校的培养目标指导课程实施的全过程。教导科是学校课程管理机构,主要职责是计划、执行、检查、指导、评估全校各门课程的教学工作,并与各学科教师间密切合作,以促进我校课程合力的形成。与此同时,强化教师的课程意识,树立"教师即课程"的观念;加强专业化和个性化学习,深入挖掘教师课程开发的潜能;鼓励每位教师都能通过课题研究与实践,研究课程实施的规律,增强课程开发、实施和评价的能力。学校建立、健全课程开发与实施组织机构和职责。基于学生的发展,从课程统整的角度负责学校课程的整体规划,对课程布局进行优化。

三 制度保障与常态推进

为保证课程建设工作顺利开展,学校进一步加强课程制度建设,从规划制度、审议制度、实施制度、评价制度、监控制度、激励制度等方面建立一套较为完整的课程管理制度。

1. 课程规划制度。学校制定科学合理的课程规划,作为学校课程建设的顶层设计,统领学校的课程建设工作。每个学科组在学年之初根据学校课程规划,结合本学科课程建设实际,构建学科课程群,从学科课程哲学、课程目标、课程群构建、课程设置、课程实施、课程评价、课程管理等方面撰写学科课程规划。学科组长根据各年级学科设置情况,进行合理分工,组织学科课程骨干教师在寒暑假中完成课程纲要的撰写,对开设的每门学科从课程简介、背景分析、课程目标、学习主题(列出教学进度,包括日期、周次、内容、实施要求)、课程评价等方面做出详细的规划。每学期开学后,各学科组把学科课程规划、每门学科的课程纲要交到学校课程中心进行审议。完善课程规划制度旨在实现课程规划的价值统一、逻辑一致、设置科学,确保学校课程的丰富性、适切性和各类课程的质量。

2. 课程审议制度。课程审议的组织机构是学校课程中心。每学期开学之初对学校各学科的课程规划、各类课程的课程纲要进行审核,提出完善和修改意见。审核的重点是各类课程纲要,主要审核课程开设的价值、课程目标和内容的科学性、课程实施的可行性、课程评价的合理性。审核完成后,形成书面意见,下达学科组,学科组根据审核意见,对本学科课程设置进行调整,组织课程实施。

3. 课程实施制度。从不同类型的课程实施角度建立相应的课程研发、整合、实施、评价机制。从学生选课角度,学校课程分必修和选修两大模块。必修模块主要包括学科基础课程和拓展课程,选修模块主要包括活动课程。学科基础课程按照国家课程设置标准,开足开齐,拓展课程利用学科课程时间进行规划实施。选修课程采用"四定一动"的模式进行:定时间、定地点、定教师、定学生,学生选课走班。

4. 课程评价制度。课程的评价着眼于学生的个性与能力的发挥和增强,从指导思想、师生参与程度、创造性地发挥学校办学育人的特色等方面,对学校课程和学生发展进行评价。为了保证课程的开发质量,促进教师的专业发展,张扬学生的个性,彰显学校全面育人的办学特色,主要从两个方面对学校课程进行评价:课程实施、学生学业成绩。课程实施评价是对教师教学过程的评定,主要包括教学的准备、教学方式、教学态度等方面的评价。教务处通过听课、评课、问卷、座谈等形式,对教师进行考核,并归入业务档案。主要从四个维度来测评:学生实际接受的效果;学科带头人听课后的反馈;学生对教师的教学评价;学生选择该科的人数,从而有利于促进教师的专业发展。学生学业成绩评价,主要是对学生在学习过程中,在知识、技能、情感、态度、价值观、学习方法等方面取得的成绩作出评价,评价要有利于促进学生个性的发展。对学生的评价主要从三个方面展开:学生学习该课程的学时总量;学生在学习过程中的表现,如态度、积极性、参与状况等,用"优秀""良好""一般"等形式记录在案;学生的学习成果,学生成果可通过实践操作、作品鉴定、竞赛、评比、汇报活动等形式展示,成绩记入成长档案中。

5. 课程激励制度。学校从绩效工资中列出专项,对课程建设先进个人、优秀学科组进行表彰奖励。课程建设与教师年度考核相结合,发挥激励机制,充分调动教师参与课程建设的积极性和主动性。此外,学校创造条件,保证课程研发和实施过程中必需的经费、器材、场地、配置等物质条件。拓展课程、特色课程与基础课程一样,计入教师工作量,工作业绩计入绩效,载入教师业务档案。

四 课程研修与教师发展

在学校课程建设的实践过程中可以发现:只有学校和教师有明确的课程意识,才能主动关注课程发展和课程实施。只有明确课程意识,才能在实践过程中积极地反思并做出必要的调整。学校组织教师参加学校课程规划培训,使教师认同学校的教育哲学、课程哲学、育人目标、课程目标、课程结构、课程设置、课程实施、课程管理与评价等,宏观指导教师积极参与课程建设及课程开发实施。通过"国家课程校本化""课程整合""课程开发与实施"等专题培训,增强教师的课程意识,增强课程执行力以及课程整合、开发和实施、评价的能力。通过课程建设核心团队培训,以点带面,引领教师增强课程能力。

学校贯彻党和国家新时期对教师队伍建设的要求,坚持立德树人,为党育人,为国育才。在学校党建引领下,本中心把教师队伍建设摆在学校事业发展的突出位置,持续推进教师队伍建设改革创新,提升教师工作幸福感与成就感,努力建设一支政治素质过硬、业务能力精湛、育人水平高超的新时代高素质教师队伍,打造一支具有较强的国家课程执行力、课程研发能力、课程品质保障能力的教师队伍。

五　评价引导与过程监控

课程评价应以尊重学生为基本前提,以促进学生发展为根本目的。课程评价应根据义务教育阶段和普通高中教育的性质和任务,重视学生个性健康发展和人格完善,促进学生的全面发展;应根据小学、初中、高中学生的成长规律和发展需要,正确地确定评价标准和使用恰当的评价方式;积极地发挥评价结果的作用,通过评价帮助学生正确地认识自己在态度、能力、知识等方面的成绩和问题,增强自尊和自信,改进学习方法,提高学习质量。课程评价着眼于学生的个性与能力的发展和提升,要从指导思想、师生参与程度、创造性地发挥学校办学育人的特色等方面,对校本课程和学生发展进行评价。为了保证校本课程的开发质量,促进教师的专业发展,张扬学生的个性,彰显学校全面育人的办学特色,主要从三个方面对校本课程进行评价:课程纲要(教材)、课程实施、学生学业成绩。

课程过程管理是课程实施质量的保障基础,课程的实效很大程度上取决于在实施过程中有没有得到有效的管理,为此,采取以下措施:一是听评课监督:任课教师认真备好每一节课,按计划实施,学校课程开发与建设领导小组随机听课,随时测评。教师必须有课程纲要和教学方案设计,有学生考勤记录。教师应按学校整体教学计划,达到规定的课时与课程目标。教师应保存学生的作品、资料及在活动、竞赛中取得的成绩资料。二是定期总结和研讨：每月召开一次课程研讨会，展示优秀教师的成功经验，解决存在的问题，及时总结本课程的实施情况。学校还会设立课程统整与开发专家指导小组，定期聘请专家团队来校进行专项指导，跟踪开展相关的科目研讨活动。通过专家引领、专题讲座、分析交流、成果展示的形式，对教师进行系统的课程培训，使学校教师人人参与到学校的课程规划、实施、评价中来，增强每位教师的课程领导力。

六　家校协作

学校在家长和教师的共同努力下，开通了多条家校联系的渠道，形成家校协调、合作、互动的局面，有效促进了课程的开展。

1. 建立家长学校制度。家长委员会的成员是家长学校中的引领者，既可以及时反映家长对学校工作的意见和建议，又可协调家长之间、家长与学校之间的关系，是学校与家长联系的桥梁。每学期的新学期家委会第一次会议上，学校会向家委会介绍本年度学校工作计划，广泛听取家长的意见和建议，同时诚恳地请家长就学校在教育教学管理方面存在的不足提出自己的意见，就学校的发展请家长建言献策，以协助学校科学治校、科学育人。

2. 发挥家长学校职能。及时传授家教新理念、介绍和交流有关家庭教育的知识、经验和方法，为家长进行系列家教培训，提高家长素质和家庭教育的质量，促进学生身心健康发展。学校定期举行家长开放日、家长座谈会，使学校与家庭建立起了和谐、互助的家校关系，保证家校教育目标的协调一致。为了建立良好的沟通平台，我们组建了校级、班级家委会微信群，方便家委会与学校及时沟通。

七　资源挖掘与技术赋能

为了更好地推进课程实施，我们要对现有的资源进行整理，深度挖掘和有效应用课程资源。继续推进课程资源的挖掘，包括学校资源、教材资源、家庭资源、社区资源及社会资源，等等。一切有利于提高学生核心素养的各种资源既是知识、信息和经验的载体，也是课程实施的媒介，其中教师和学生也是重要的课程资源。加强课程内容与学生生活，以及与现代社会和科技的联系，关注学生学习的兴趣与体验，以适应学生发展的需要。

学校立足"为集体授课而建"转向"为个性学习而建"。丰富、拓展线下课程空间、物理空间与线上虚拟空间。一是灵活，创新教室布局，支持教师开展多样化的教学活动；二是智慧，实施信息技术教学融合，打造数字化学习社区；三是可重组、扩展学校的公共空间，打破固定功能的设计思维，促进学习区、活动区、休息区等空间资源的综合利用。

适应教育信息化的高速发展，以及物联网、大数据、泛在网络、云计算等新一代信息技术的普及应用的新形势，推进学校智慧管理，努力实现管理业务全面数字化、可视化；教育管理实现实时监控、事前预警、基于大数据决策、提供智能推荐与精准服务；有效促进家、校、企、社合作；学校组织管理趋向扁平化，探索集团化办学新模式。建设教育大脑，对学生、教师、班级、学校等进行数据采集和分析，形成基于数据的精准管理，形成与未来学校管理相适应的组织体系。特别是，学校需要在技术赋能上下功夫，围绕精准学习、精准教学和精准治理的要求，充分利用"互联网＋"、人工智能、虚拟仿真、云计算、大数据等技术，从智能教学环境、云端大数据综合分析系统、智能管理系统等方面建设、改进、完善学校治理，逐步形成可感知、可诊断、可分析、可干预、可持续的未来学校教育生态体系。

总之，学校将进一步围绕课程变革，强化五项管理，落实双减政策，以高质量发展为目标，努力打造"区内示范、市内领先、省内知名"的未来学校。

（撰稿者：深圳市坪山区科源实验学校　齐宏亮　周景斌　吴娟娟）

后 记

　　学校课程承载着精神文化体系,是教育实践的生动载体。个性化课程聚焦学校文化、教育理念、育人目标与现实基础,通过国家课程创新化实施、地方课程专题化整合、校本课程特色化培育等策略,为学生发展提供丰富可选择的多元课程,切实满足学生个性化发展需求,形成一校一课程规划、一校一课程图谱、一校一课程特色、一生一特长的育人方略。经过学校自主规划、专家论证指导、视导诊断改进、动态优化学校课程,形成了素养化课程目标、结构化课程框架、模块化课程内容、图表化课程纲要、手册化课程指南、任务化课程实施、活动化学习体验、混融化课程评价、清单化课程管理等课程治理"九大经验",持续促进学校课程规划与实施的动态发展。每一所学校都有着独特的文化基因、课程密码,绘就了与众不同的师生画像。

　　在坪山区课程建设的十年历程中,我们经历了新区时期的校本课程建设自由发展阶段,经历了行政区成立后的学校整体课程建设规划阶段。2019 年为推进区域课程整体性变革,开始研制《坪山区品质课程系列建设方案》,十易其稿,五番论证,2020 年颁布实施,形成了坪山区第一份基于坪山课程建设实际问题解决的、以学生素养目标为导向的、具有坪山区特质的课程变革方案。开展了"引领性课程、普及性课程、个性化课程"的三维变革路径的深度探索。经过三年周期,五年沉淀,我们回顾课程建设的所思、所行、所见、所得,着手课程治理现代化丛书的编写,把点点滴滴的实践真实地呈现出来,把点点滴滴的成长记录下来,使坪山课程变革行动有了系列化的具象呈现。

　　作为坪山区课程改革项目的参与者、推动者、执行者,我由衷地感谢区教育局领导的信任和支持,有幸主编丛书书稿,无不用心去揣摩每一章、每一节,每一段、每一行,无不用心去斟酌每一幅图、每一份表,每一个文字、每一个符号。在《高品质学校课程体系》《个性化学校课程体系》这两本书的编写中,我们得到了上海市教育科学研究院知名课程专家杨四耕先生的悉心指导,得到了来自一线校长、主任、老师们的大力支持,尤其是参与书稿编写的成员们付出了巨大的努力,贡献了他们的心血、智慧和汗水,才能最终将学校各美其美、美美与共的课程规划与实施样例呈示于此。

在此,满怀敬意,感谢大家!

王琦

2024 年 6 月 30 日

"品质课程"阅读书目

学校整体课程规划 18 问
学校整体课程规划的七个关键
学校整体课程规划

课程治理现代化丛书

阳光阅读的校本设计与特色创建
CIM 课程：创客教育的要素设计与实践探索
高品质学校课程体系
个性化学校课程体系
家校共育的 20 个实践模式
进阶式生涯教育
跨学科学习创意设计
美术特色课程设计与实施
体育，让儿童嗨起来：悦动体育课程的设计与实施
小剧场学校：激活戏剧课程的育人价值
小课题探究：激活学习方式
小切口课程设计：劳动教育的创意实施

新质课程文化丛书

实践性学习的七重逻辑
面向每一个生命的课程
多模态学科实践
大规模因材施教的课程模式
为未来而学：未来课程的校本建构与深度实施
面向每一个学习者的课程设计
可感的学习经历：习性教育课程体系探索
单元课程要素统整与深度实施
具身学习与课程育人
把学生放在心上：学校课程变革之道

课程治理新范式丛书

以学生为中心的教育治理
实践型学科课程设计与实施
共享式课程治理：集团化办学的课程治理方略
高具身性课程实施：路径、策略与方法

📖 特色学校聚焦丛书

让个性自然发荣滋长:"引发教育"的理论寻源与实践探索
面向每一个生命的教育
让每一个生命澄澈明亮:"小水滴"课程的旨趣与创意
新劳动教育:时代意蕴与实践创新
自信教育与个性生长
好学校的精神特质
教育,让个性舒展:"有氧教育"的模样与姿态
唤醒教育:触发生命的感动
生命的颜色与教育的意蕴
人格教育的四个关键点
做精神澄澈的教师

📖 特色课程建设丛书

幼儿园特色课程的框架与实施
课程是鲜活的 :"大视野课程"的旨趣与活性
指向核心素养培育的学校课程图谱
让儿童生活在美的世界里:幼儿园全景美育的课程探索
核心素养与学习需求:学校课程建设导引
儿童自然探索课程
幼儿园视觉艺术创意活动设计与实施
连续性课程:特色课程发展的实践探索

📖 课堂教学新样态丛书

课堂,与美最近的距离:基于学科核心素养的课堂教学变革
协同教学:意蕴与智慧
决胜课堂28招
一百个孩子,一百个世界:基于差异的教学变革
课堂如诗:"雅美课堂"的姿态
在教室里眺望世界:基于BYOD的教学方式变革
课堂教学的资源设计与方式变革
境脉教学的实践范式与创意设计
任务驱动与学科实践
课堂教学的智慧属性与意义增值:"灵动课堂"的六个关键词

📖 "一校一策"课程体系建设丛书

课程坐标及其应用:教师专业视角
"一校一策"课程规划
"一校一策"课程实施